U0067428

教導重度障礙學生溝通技能

融合教育實務

曾進興　譯

TEACHING COMMUNICATION SKILLS TO STUDENTS WITH SEVERE DISABILITIES

by

June E. Downing, PhD
Department of special Education
California State University-Northridge

With invited contributors

Originally published in the United States of America
by Paul H. Brookes Publishing Co., Inc.
Copyright © 1999 by Paul H. Brookes Publishing Co., Inc
Complex Chinese Edition Copyright © 2002 by
Psychological Publishing Co., Ltd.

目錄

■ **作者簡介**

瓊恩‧唐寧（June E. Downing）博士，加州州立大學北嶺分校特殊教育系（Department of Special Education, California State University-Northridge, 18111 Nordhoff Street, Northridge, California, 91330）副教授。瓊恩‧唐寧博士的工作是培育教導中重度多障學生的師資，她教學、指導學生、並負責實習的督導。她也花時間在全美各地從事教師、行政人員、家長、支持性人員的在職訓練。一九七四年以來，她就致力於重度和多重障礙學生的教育，她擔任過的職務有助理、教師、聯絡人、顧問、師資培育人員。她的研究領域包括融合教育、重度障礙學生社會溝通技能的訓練、因應個別需要所做的教室調整、發展教師助理的知能、培育融合教育的師資等。她也是 *Including Students with Severe and Multiple Disabilities in Typical Classrooms: Practical Strategies for Teachers*（Paul. H. Brookes Publishing Co., 1996）一書的作者。

■ 其他作者…（第六、七章）…………

vi

派特‧米任達（Pat Mirenda）博士（第六章），加拿大卑詩大學教育心理與特殊教育系（Department of Educational Psychology and Special Education, University of British Columbia 2125 Main Mall, Vancouver, British Columbia, V6T 1Z4 Canada）副教授。米任達博士從威斯康新大學麥迪遜校區特殊教育系得到她的博士學位，專長是重度、極重度障礙學生的教育。她曾在內布拉斯加大學林肯分校的特殊教育與溝通障礙系任教八年，一九九二至一九九六年之間她在加拿大卑詩省溫哥華的 CBI 顧問公司任職，擔任訓練、研究、支援的工作，為重度障礙人士提供服務。多年來米任達博士致力於輔助溝通法，並對如何在普通班當中協助輔助溝通法的使用者頗有心得。她和大衛‧包可曼（David Beukelman）合著了 *Augmentative and Alternative Communication: Management of Severe Communication Disorders in Children and Adults, Second Edition* （Paul H. Brookes Publishing Co., 1998）。在重度障礙和輔助溝通法上著述頗豐。她也是 *Augmentative and Alternative Communication* 期刊的編輯。

馬克‧都蘭（V. Mark Durand）博士（第七章），紐約州立大學阿巴尼分校心理系（Department of Psychology, University at Albany, State University of New York 1400 Washington Avenue, Albany, New York, 12222）教授兼主任。都蘭博士從紐約州立大學石溪分校取得臨床心理學博士學位，該校在一九九一年時頒發「傑出教學獎」給他，表彰他對大學部及研究所教育的貢獻。他的研究範圍包括嚴重行為的本質與介入、睡眠問題、溝通問題。他在國內和國際間經常有演講，論文散見 *Journal of Autism and Developmental Disorders*、*Journal of Applied Behavior Analysis*、*Journal of the Association for Persons with Severe Handicaps* 等期刊。都蘭博士的專著有 *Sleep Better! A Guide to Improving Sleep for Children with Special Needs*（Paul H. Brookes Publishing Co., 1998），是十年研究的結晶，另外還和大衛‧巴羅（David Barlow）博士合寫了兩本異常心理學的書。他的暢銷書 *Severe Behavior Problems: A Functional Communication Training Approach*（Guilford Press, 1990），介紹使用溝通策略來處理行為問題。他同時也是紐約州自閉症網站的主任，提供州內自閉症教育的資訊。

依蓮‧麥士通（Eileen Mapstone）（第七章），密西西比大學醫學中心精神醫學與人類行為系（Department of Psychiatry and Human Behavior, University of Mississippi Medical

Center 2500 North State Street, Jackson, Mississippi 39216）博士候選人。<u>麥士通</u>女士的研究興趣是自閉症兒童的睡眠問題、環境事件在行為問題裡的作用、對話技巧訓練、盲聾生的功能性溝通訓練。

　　<u>萊絲・楊柏來</u>（Lise Youngblade）博士（第七章），科羅拉多大學科羅拉多泉分校心理系（Department of Psychology, University of Colorado at Colorado Spring 1420 Austin Bluffs Parkway, Colorado Spring, Colorado 80933）講師。<u>楊柏來</u>博士是發展心理學家，著作領域是兒童家庭與友伴關係、兒童虐待、無家可歸的家庭。她也是 *Journal of Family Relations* 的副編輯。

譯者簡介

曾進興博士，國立高雄師範大學聽力學與語言治療研究所教授退休，曾任國立高雄師範大學溝通障礙教育研究所及特殊教育學系教授兼任所長及主任，也擔任過特殊教育中心主任。一九九〇年從美國威斯康辛大學麥迪遜校區溝通障礙系取得語言病理學博士學位，返國後曾任教於中正大學心理學系。他的專長包括兒童與成人語言障礙、特殊教育中的實用語文課程與教學、言語科學、語言心理學。他曾編輯一套三卷的《語言病理學基礎》（心理出版社，1995、1996、1998），以及《語言與聽力障礙之評估》（心理出版社，1994），另外也翻譯了《教導重度障礙學生溝通技能》（心理出版社，2002）、《兒童語言發展》（心理出版社，2006）、《腦性麻痺與溝通障礙》（第二版）（心理出版社，2009）等三本書，並出版了《中文色塊測驗》（與林月仙、吳裕益共同編製，心理出版社，2002）。

依琳・席格 （內布拉斯加大學林肯分校）

很高興有幸向讀者介紹本書。過去二十年來本人做過教師、顧問、研究者、大學教授，這些工作都和溝通有困難的重度障礙人士有關。就在十多年前，我出版了有關如何促進重度障礙學生溝通互動的文章，那時特教界和溝通障礙界才剛開始為沒有符號溝通能力者考慮介入方法。實際上有人勸我這個博士班學生不要寫這方面的文章，因為方向不對而且沒什麼價值。不過，那時影響我的人包括研究早期溝通技能和輔助溝通法的人士（Goetz & Sailor, 1988; Halle, 1982; Musselwhite & St. Louis, 1988; Reichle & Keogh, 1986; Rowland & Stremel-Campbell, 1987; Stillman & Battle, 1984; van Dijk, 1986）以及我所教導的學生。

啟發我有興趣去探究溝通介入的就是我所服務的對象——重度障礙學生和他們的家人。當時我在大學所學到的介入方式以及可以找到的資源，都和我的學生（既不會說話也

不用美國手語）的需要搭不上邊。我對這些學生的記憶猶新。小樓聽到人家的句子裡有「這個」或「那個」時，就會「這個、這個」或「那個、那個」重複說個不停。他會逐漸興奮起來，高聲尖叫這些詞，像瘋了一樣破壞四周圍的東西。除此以外，他很少說些什麼。小河會把口水積在口腔裡，然後發出「一」聲，結果口水流個不停。人家問琳達問題時，她就會用有限的手語慢慢地打出，如果對方的反應不如她的預期時，她就攻擊別人或自我傷害。這些學生教了我寶貴的一課，原來障礙程度很嚴重的兒童與青少年也都會想辦法和人溝通！因此，我終於恍然大悟，教導這些學生和伙伴學習彼此如何互動是多麼重要（Siegel-Causey, 1989）。

　　我把重度障礙學生介入方式的改進看成一趟旅程，我們在融合班級中支持這些學生以及改善介入方案上，已經有了很多成果，可是還有更多不足的地方。有機會從這本書得到先睹為快的好處，真是太棒了，不過對有些人來說，這裡的訊息都還是新的！雖然在改進教育方法上我們已有長足的進展，但是我常被點醒，還有漫長艱辛的路要走。例如，就在今天我在寫這篇前言時，我接到一位媽媽的電話，她自我介紹說是東岸某大學的教授轉介她給我的。她認為她的孩子應該可以在普通班當中接受語言治療的服務，她希望他在班上的活動中和一般同學學習使用溝通技能。然而，他兒子的語

言治療師提供的卻是抽離式的治療，他擔心小孩子的自閉症使他沒辦法在班上與人溝通。由於學校 IEP 會議的日子已經逼近了，她十分擔心。我盡力告訴她怎樣用可以掌握的資源去傳達她的想法，也幫她把問題的優先順序排列來。她的問題是，她希望孩子安置在普通班和同齡孩子在一起，而且希望治療服務在教室中實施，不要被抽離出去。

和這位家長的談話讓我很困擾，原因很多。例如，她所做的就是為他孩子伸張權利，而這正是重度障礙界倡導多年的標準作法。我相信這個孩子的教育團隊，有好的訓練和經驗，一定是把可能提供的服務盡量作得最好，但他們可能欠缺自閉症和溝通介入的專長。顯然，我們離開讓家長不必煩心去伸張子女權益的地步還有一大段距離。本書很多觀念都取自語言障礙和特殊教育的相關文獻，提供的例子都適用於普通班的教育環境。這些觀念正好可以提供那名孩子的學校同仁參考。

為重度障礙學生服務的專業人員，不管是特教老師、普通班老師、物理或職能治療師、語言治療師、教師助理、還是其他人，都面臨嚴重的挑戰。最重要的是他們必須針對這些學生的個別需求作反應，其次，他們必須視這些學生為具有溝通意願的人。再者，他們應隨時更新改善溝通能力的教學策略。最後，他們應設法在普通班的環境中提供支持，讓

不同的對象（同學、家人和教職員）能和障礙生有更好的互動。

本書主要的作者瓊恩・唐寧和其他的撰稿人如派特・米任達、馬克・都蘭、依蓮・麥士通、萊絲・楊柏來所寫出來的文章很實用，對融合教育裡的介入措施提供最新的參考資訊。這本高水準的書含有許多最新的策略，你可以用來訓練班上溝通困難的重度障礙學生。融合教育是一個很複雜的概念，本書有實用的建議、活生生的例子以及研究的證據。本書另一個重點是教育團隊的組織動力，唯有透過全體成員的共同努力，才能在融合的環境中提升學生的溝通能力；而也唯有大家改變觀念才能成功，讀者或許因而不得不省思當前介入觀念的合適性。這些關於溝通訓練本質的老觀念（如先備技能、發展的課程模式、抽離式服務）開始鬆動了，也是往前學習和理解的契機。我相信本書的可讀性和實用性會讓讀者獲益良多，期盼您從中學到有效的教導策略，因而重新訂出對重度障礙學生較高的期望，給他們一個有效的溝通機會！

教導重度障礙學生溝通技能：融合教育實務

參考書目

Goetz, L., & Sailor, W. (1988). New directions: Communication development in persons with severe disabilities. *Topics in Language Disorders,8*(4), 41-54.

Halle, J. (1982). Teaching functional language to the handicapped: An integrative model of natural environment teaching techniques. *Journal of The Association for the Severely Handicapped, 7*(4), 29-37.

Musselwhite, C.R., & St. Louis, K.W. (1988). *Communication programming for persons with severe handicaps: Vocal and augmentative strategies.* San Diego, CA: College-Hill Press.

Reichle, J., & Keogh, W.J. (1986). Communication instruction for learners with severe handicaps. Some unresolved issues. In R.H. Horner, L.H. Meyer, & H. D.B. Fredericks (Eds.), *Education of learners with severe handicaps:Exemplary service strategies* (pp. 189-219). Baltimore: Paul H. Brookes Publishing Co.

Rowland, C., & Stremel-Campbell, K. (1987). Share and share alike:Conventional gestures to emergent language for learners with sensory impairments. In L. Goetz, D. Guess, & K. Stremel-Campbell (Eds,), *Innovative program design for individuals with dual sensory impairments* (pp. 49-75). Baltimore: Paul H. Brookes Publishing Co.

Siegel-Causey, E., & Guess, D. (1989). *Enhancing nonsymbolic communication interactions among learners with severe disabilities.*Baltimore: Paul H. Brookes Publishing Co.

Stillman, R.D., & Battle, C.W. (1984). Developing prelanguage communication in the severely handicapped: An interpretation of the van Dijk method. *Seminars in Speech and Language, 5*(3), 159-170.

van Dijk, J. (1986). An educational curriculum for deaf-blind multi-handicapped persons: In D. Ellis (Ed.), *Sensory impairments in mentally handicapped people* (pp. 375-382). London: Croom Helm.

■ **著者序**

瓊恩·唐寧 （加州州立大學北嶺分校）

　　表達感受、分享訊息、玩笑捉弄、表示需要等溝通互動的行為，是自信、自尊和喜悅的泉源。溝通是人類重要的技能，通常也很容易學會。然而，很多重度障礙的人士偏偏在這方面遭遇到極大的困難。即便是表達基本的需要，他們也要費盡力氣去克服肢體、感官和心智上的障礙才能達成。

　　溝通上的困難不能豁免去學習了解別人和被人了解，因為這都是生活上必備的技能。無法有效的溝通會造成挫折感、沒有朋友、就業困難、孤立沮喪。教育工作者應幫助每個人學習溝通，激勵他們、勉勵他們、尊重他們。有了這個心態，介入和教導的良好成效應當是可以預期的。

　　本書想傳達的觀念是，在普通班的情境中可以教會重度障礙學生有效地和師生溝通。這些想法來自老師、語言治療師、家長、教師助理、甚至是學生本人。我們希望，隨著科技和實務的進步，本書傳遞的訊息很快就會成為明日黃花。

不過，我們仍盼望本書對促進重度障礙學生的溝通能力和生活素質有所貢獻。

吳序

　　我們都生活在一個比我們自身更廣大一點的社會情境中，從家庭到學校、社區到職場，以至於整個社會、整個世界。我們從出生就開始學習參與社會生活，我們從中領悟到人事物之間的關聯，從中尋找自己的定位，也從中產生行動的意義。

　　廣義地說，這是一本關於重度障礙者如何參與社會生活的書，狹義地說，這是一本關於如何訓練重度障礙者產生溝通行動的書。我這裡使用「行動」，而不用「行為」，那是因為你在本書中會看到很多行為的觀察與教導，但是單是行為的教導就能產生行動的意義嗎？在閱讀本書時，你不妨嘗試找出能夠產生這些行為的脈絡是什麼。

　　我在大學部開了一門「重度障礙者的溝通訓練」，這門課幫助我從另一個角度思考溝通的問題，也就是說，當一個人被剝奪了健全人視為理所當然的溝通條件時，那該怎麼辦？難道這個人就不具備溝通能力了嗎？還是我們需要更敏銳的觀察力以及更多的環境支持，讓這個人感知到自己的溝通能力，進而產生更多、更有意義的溝通行動？我一直希望能找

到一本適合的書，幫助學生認識重障者的溝通需求和環境應該提供的支持。得知曾進興教授要翻譯 Downing 的這本書，心中就殷殷期盼譯本能盡早問世。等待良久，曾教授終於在我開課前完成翻譯初稿，雖然尚未出版，修課學生卻因為能成為本書的「初稿校訂群」而與有榮焉，我也很榮幸能為本書寫篇譯序，與各位分享我和學生們閱讀此書的一點點心得，同時也藉這小小的篇幅給曾教授大大的支持，感謝他百忙中不忘為國內溝通障礙領域引進理論與實務兼顧的書籍。

Dowing 這本書談的對象是連基本溝通互動能力都感到困難的重度障礙學生，而且是從參與普通教育的角度來談，你大概會質疑書中的一些建議能否適用於國內的特殊學校或啟智班，我心有同感。在「重度障礙者的溝通訓練」這一門課中我出了一份作業給學生，請學生在自己所實習的啟智學校，用一份溝通環境分析檢核表，檢測一下重度障礙學生身處的溝通環境，再根據分析的結果，從教學生態思考可能面臨的困境。這份檢核表從六個方向分析：學生進行的活動、學生的溝通媒介、教師的互動風格、團體動力、教材教具、明確的溝通機會。我列舉一些學生對教學生態的觀察，或許可以幫助我們思考一下，在學校這樣的社會情境中，有哪些因素與提供適當的溝通環境是相關的：

＊活動的類型會影響溝通互動的機會。

＊教學目標大多考量學生是否熟練某技能，或增加其認知，較少考量是否要提供溝通機會，學習經常是靜態的進行。

＊對於要進行什麼活動，學生沒有決定權。

＊一成不變的生活：一樣的日子、一樣的同學、既定的順序。

＊老師難以接受學生獨特的溝通方式。

＊老師應該增加設計溝通輔具的能力。

＊老師與具口語能力的學生互動較佳，同時對重障學生的期待亦較低。

＊一個班級的學生個別差異很大，老師很難兼顧所有學生的溝通需求，人力資源有限是老師的主要困境。

＊在自足式的特殊班環境中，同儕互動有限。

＊老師互動大多採用命令式的語氣。

＊老師的人格特質會影響與學生的溝通互動。

＊應該經由師資培育課程或進修管道增加老師的相關專業知能。

＊需要家庭和老師的配合。

不論學生這些觀察是否成熟或適切，我們或許都可以從

個人、環境和制度層面思考大家還值得努力的地方。這本書適合給特教老師和語言治療師閱讀，我也希望語言治療師能從本書中看到，溝通訓練專業人員能扮演什麼角色，幫助重度障礙者在日常生活中發揮溝通的力量。

吳咸蘭 謹識

高雄師範大學特殊教育系講師

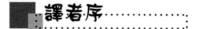

譯者序

　　國內以重度障礙教育為主題的書原本就少，若以「溝通訓練」為核心的，那更是絕無僅有了。譯者在兩年前看到本書時，就下定決心要把它介紹給中文讀者，很興奮現在總算完成了。關於書名，中譯本多了一個副標題——融合教育實務，這是原著沒有的。那麼為什麼中文本要加上呢？因為，目前國內特殊教育界雖然高唱融合教育的理念，但在作法上卻一直處於瞎子摸象的窘境，讓實務工作者和家長對融合教育的疑慮多於擁抱，真的需要有一些例子讓大家聽聽、看看。本書譯者雖然對「完全融合」的作法也有些保留，但對於本書所揭示的理念也有敬佩的意思。更令譯者下定決心來翻譯這本書的重要原因是，它所舉的融合教育實例太生動、太實際了，完全不是紙上談兵或書生之見！更重要的是，作者所說的融合教育絕非特教老師單打獨鬥的措施，而是要結合校內和校外各種人力和資源才可能做到的。本書再三強調的教育團隊絕對不是一個口號，準此觀之，國內一定要有心態的調整和種種配套措施，融合教育才可以上路，否則光喊口號絕難成事。

　　筆者在美國念的是溝通障礙系，很可惜，十多年前重度障礙者的溝通訓練可能還不是這個領域關注的焦點。因此，語言治療師對重度障礙的孩子常有使不上力的感覺，這和外界對語言治療師的期待有一些落差。本書的原作者是特殊教育的背景，而非語言病理學博士，表示語言治療師的訓練在方向上可能要有一些調整，這點是今後國內溝通障礙專業人員訓練課程中應該加以注意的。原作前言對本書的特色已有若干介紹，筆者不再贅述。希望本書對特殊教育教師、語言治療師、相關人士、學生家長，都能有所幫助。

　　本書的翻譯歷經一年多，大部分是利用譯者休假期間偷閒完成的。其間協助過的人很多，包括我的助理、學生、甚至是姪女，都曾經幫忙打字、整理。心理出版社的許麗玉總經理、吳道愉總編輯、林怡君小姐在本書取得版權、簽約、編輯、排版、出版等過程中給與譯者許多協助與支持，萬分感謝。

曾進興　謹識

很少人能獨力完成一本書，我很感謝很多幫忙我的朋友。首先，我特別要感謝派特·米任達、馬克·都蘭、依蓮·麥士通、萊絲·楊柏來，他們的文稿為本書增色不少。我很佩服他們各自的成就，因此當聽到他們同意為這本書撰稿時，我整個人都興奮不已！我的好友依琳儘管面臨她人生重大的危機，卻仍答應花時間精力看稿子寫前言，這份寶貴的厚禮讓我永遠衷心銘感。謝謝妳，依琳！

兩個以前我教過的學生（亞力桑納大學和加州州立大學北嶺分校）願意花時間貢獻學生的相片，瑪歌·泰樂照的是小學生的相片，而瑪歌·楊格照的是中學生。這些相片讓本書增色許多，我非常感激兩位瑪歌的幫忙。我還要感謝加州州立大學北嶺分校的黛安·安德，她重新為我補照了一些我失敗的攝影，她的作品勝過我太多了。

我更要感謝幾位家長同意讓我們使用他們子女的相片，我很榮幸認識其中三個家庭並為他們服務，能把這些孩子的相片放進本書裡，叫人十分興奮。為了保護他們的隱私，我們不提他們的大名，但是絲毫不減他們的貢獻。我非常感激

這些孩子和他們的家人，他們知道自己是誰，他們就是本書的主人翁。

xxiv

我的助理，席絲‧麗雅，幫我處理好多圖表，為我解除了電腦文盲的窘迫。她也很有耐心地幫我不斷地印出一遍又一遍的稿子，這裡改改那裡修修，非常繁瑣。再者，她不嫌麻煩為我查對引用的文獻，幫我省下不少時間。我對她能幹的支援由衷的感謝，我知道本書完成時她大大吐了一口氣！

出版社的先生小姐在寫作上鼎力相助，編輯麗莎‧本生在文稿的管理上很有一套，我謝謝她的諒解與支持。她的秘書麗莎‧尤為居間協調的功勞很大，出版部編輯哈夫理‧泰樂在編排初稿時盡心盡力，令人敬佩。

最後，我要感謝本書寫作的對象，他們不斷教我新知。儘管少了真正的語言，又有加諸於他們身上的障礙標籤的負擔，但只要你願意傾聽，他們會用力地說出屬於他們的故事。而我也希望我能繼續傾聽和學習。

為無法表達所困的朋友們
希望你們再接再勵！

第一章  教導溝通技能的重要性

溝通是打開學習的鎖鑰，因為我們的學習多半仰賴和他人的互動。雖然幾乎所有人都有溝通能力，但是部分障礙者的溝通能力卻受到了限制。多數人所擁有的溝通管道，如說話、臉部表情、肢體語言、書寫，重度與多重度障礙人士僅有少許的控制力，甚至完全無法控制。這些人士表達能力的困難，並不意味他們沒有東西要說，也不表示他們溝通的需求和權利消失了。教師和專業人員應尊重這些學生想溝通的願望，並運用專業知能來實現這個願望。就如布朗與高哲夫（Brown & Gothelf, 1996）所說的，重度障礙者也許困難重重，但是他們想控制周圍環境的心依然堅強。

一 誰是關心的對象？

有些人學會了簡單的說話技能，在表達基本的概念上（如要求食物或活動）沒有困難，但在使用複雜的語言形式上有缺陷，因而很難進行抽象的溝通，如與人分享夢的內容、擔憂、計畫未來等。儘管這些人透過非抽象符號的多種方式溝通，但少了表徵符號的輔助，他們無法清楚表達複雜的思想和情感。

無法正常學習語言的障礙兒童，會有理解和表達溝通上

的困難。重度認知障礙者在學習抽象的溝通方式（如美國手語）時通常很困難。自閉症、嚴重發展遲緩及重度聽視障礙者也會有溝通困難之憾（Heller, Alberto, & Bowdin, 1995）。重度肢體障礙若加上智能缺陷，更有可能損及說話語言的發展。說話所需的口腔肌肉之精巧運動往往受到肢體障礙的不利影響，而認知缺陷則造成連結符號和指稱物的困難。根據黑凌和布林（Haring & Breen, 1989）的說法，重度或極重度認知及肢體障礙者的表達性語言也許會一直停留在幼童的階段。

　　本書的訴求對象是連基本溝通互動能力都感到困難的重度障礙青少年，他們當中很多人在與人相互了解的過程中，不得不使用替代的溝通方法。由於這是一群差異性大的群體，本書的重點是在普通班接受教育的三至二十二歲的兒童、青少年，他們有老師、同學、教師助理、家長、行政人員，及相關專業人員的協助。目前的教育思潮是隔離教育不利於學習，而融合教育讓學生學習的機會大為增加（Downing, 1992; Stainback, Stainback, & Jackson, 1992; Stremel & Schutz, 1995; Villa & Thousand, 1995）。本書所提供的訊息同樣也可以應用於其他自然環境中，如家庭、職場及社區場所。

三 什麼是溝通？

溝通就是把信息傳送給另一個人而使其接收理解的過程（Butterfield & Arthur, 1995）。語言系統包含字詞的表徵和規則，但光會這些表徵和規則並不能保證溝通會發生。實際上，如果沒人可以交談或沒人要聽你說，那麼，即使是口語便捷，溝通也是枉然的。走訪一趟國外或和心不在焉的青少年說話，就可以得到印證。

有語言並不保證有溝通，沒有語言也不盡然就無法溝通。事實上，不使用語言往往也可以達到良好的溝通。例如，學生收拾文具的動作就是暗示老師「下課了」；腸肚咕咕作響、雙眼矇矇矓矓，也表示「主席，會議該結束了」；內急想如廁的小朋友，其焦躁不安的行為很容易就一眼望穿。太多諸如此類的情景，有沒有符號式的語言，根本就無關閎旨。事實上，在兩個以口語對談的人之間，有多達百分之九十的訊息可以從非口語中獲得（Evans, Hearn, Uhlemann, & Ivey, 1984）。再者，許多非口語行為舉世皆然（Ekman, 1980, 1982; Izard, 1994）。由於這些行為易教易學，它們乃是溝通互動的基礎（Siegel-Causey & Downing, 1987; Siegel-Causey &

Guess, 1989）。有些行為（如臉部表情、身體動作、姿態）不具符號性，但卻有高度的溝通力量，對重度障礙學生而言十分重要。

6

三 誰需要溝通訓練？

一旦學生自我表達的能力有限，外人便很容易猜想他們不想溝通。這種猜想相當危險，會讓學生處於更依賴的地位（Biklen, 1993; Crossley, 1992; Kochmeister, 1997）。我們最好假定不管障礙和表達困難的程度如何，所有學生都會有表達的意念，因此協助障礙生發展理解和表達能力便是教育家的責任。

既然假定所有的學生都可以溝通，那麼，想等到學生有了「先備技能」之後再行訓練的作法便毫無意義。米任達（Mirenda, 1993）堅稱「呼吸」是溝通唯一的先備技能。這麼一來，判斷重度障礙學生是否夠格接受溝通訓練是一件極為容易的事。問題不是學生可否從溝通訓練中獲益，而是應該怎樣做才會使訓練成效最佳。

不幸的是，許多實務工作者花了許多寶貴的時間和精力，只為了決定誰有資格接受溝通訓練，很多家長和老師抱

怨無口語的學生不能接受語言治療讓人十分挫折。假如說話是溝通訓練的必要條件，那麼，許多重度障礙學生就會被擯除在這項服務的門外。許多地方以認知能力作為語言治療的標準（Notari, Cole, & Mills, 1992），只有在認知與語言能力有差距時才可以接受治療。如果語言和認知能力相當，則會被判定不需要溝通訓練，理由是這些學生無法從溝通訓練中獲益。雖然這種作法很普遍，但其想法毫無根據（Cole & Mills, 1997; Fey, Long, & Cleave, 1994）。事實上，這些學生可以從訓練中獲益，這種資格判定十分不妥。

四 溝通的特質

　　就定義來說，溝通至少包括兩個人，即信息的發送者和接受者。換句話說，擁有適切的夥伴是溝通不可或缺的社會因素。其他重要的成分還包括：形式（即發送信息的方式）、內容（即談論的主題）、以及溝通的理由或目的（Gruenewald, Schroeder, & Yoder, 1982）。除了這些條件外，不需要其他特殊的技能。由此可見，任何人都可以與他人溝通，不過，有時有能力的社交夥伴並不存在（如身在特教班）或溝通形式不被理解，造成重度障礙學生的困難。再

者，障礙者的生活經驗受到嚴重的限制，導致沒有太多題材可以和人交談，或沒有理由需要和人溝通。教育團隊因此就得確保溝通的各個層面都獲得適切的注意。

1、社交層面

特殊班的重度障礙學生主要的困擾之一是他們和成人會有很密切的互動，但和其他學生的互動卻極為貧乏（Lewis, Feiring, & Brooks-Gunn, 1987）。由於缺乏社交的機會，重度障礙學生在溝通技能的學習上倍顯困難，而交友能力也受到了影響（Falvey & Rosenberg, 1995; Hendrickson, Shokoohi-Yekta, Hamre-Nietupski, & Gable, 1996）。由同樣都有溝通困難的學生所組成的特教班裡，只有老師或其他成人能勝任溝通夥伴的角色。教室裡每個學生都需要很多照料，老師分身乏術的結果就使得學生有意義的溝通機會受到很大的限制。當障礙生被安置在普通班時，班上的同學就是溝通夥伴，由於年齡相近，同學更有同理心也更能理解障礙生的心聲，在溝通技能上他們理所當然成為好的同儕楷模（Calculator, 1994; Janney & Snell, 1996; Werts, Caldwell, & Wolery, 1996）。再者，有了普通生為伍，溝通可以導致友誼，而重度障礙學生不必先向成人學習溝通，再遷移至與同儕互動。另外帶來的

利益是普通生也可以學會尊重人類的多元性,並學會和重度
障礙學生互動。

2、溝通的形式

　　人們用易於辨認的形式來溝通信息。有時所使用的形式
十分清晰(如口語、手語、通用的手勢),有時則不那麼易
懂,而重度障礙者使用的形式往往難以理解(如以急速喘息
代表「不」,緩和的氣息代表「是」)。讓夥伴理解是任何
溝通形式存在的必要條件。

　　溝通障礙專家知道溝通具有多種管道的特性(Coots &
Falvey, 1989; Johnson, Baumgart, Helmsteter, & Curry, 1996; Na-
tional Joint Committee for the Communicative Needs of Persons
with Severe Disabilities, 1992; Reichle, 1997; Reichle & Karlan,
1985),而沒有一種溝通形式能滿足所有的需要。既然傳遞
信息的方法有那麼多,我們便有多種替代溝通方法可供選擇。
例如,有些重度障礙學生由於聽覺困難而不懂口語,但他卻
可能從視覺管道(圖片、相片或自然的手勢)中接受信息
(von Tetzchner & Martinsen, 1992)。全盲或弱視的重度障礙
學生也許可以使用簡單的口語或使用觸摸去了解事物。無法
仰仗口語傳遞信息的學生,手勢、表情、實物、圖片、發聲

都可能是良好的替代品。只要管用，什麼方式都好；師長應避免僅依賴單一的管道來理解或表達，多種管道混用有時是必要的。就如佛格森（Ferguson, 1994）所言，重要的不是形式而是互動的有效性。

3、內容

假如沒題材好說，當然也就沒有溝通的必要。人與人之間的談話有時會因突然失去話題而造成尷尬的中斷，「沒內容就無溝通」就是這個意思。要重度障礙者想出可說的事也許會有困難，因此應協助他們想法子記住話題和表達的方式，讓他們有機會接觸到各式各樣的物件、物件的部分、圖片、相片等，都是協助他們有話說的好方法。這些溝通輔助都是靜態的，因此可以放在學生面前作為明顯的提示。再者，就因為這些事物對一般人的作用也是相同的，所以也不會引起他人異樣的眼光。

如果個人日常的作息已有一陣子相當固定，而缺少任何新鮮的事物，那麼，想找些有趣的事和人分享便是一件極其困難的事。一旦個人從事了有趣、新奇、刺激的活動，在與人互動時他就有話好說。度假、新的工作、難度高的任務、新朋友、有意思的學校作業就是好的話題。如果每天都是很

平常的事，沒有驚奇、沒有趣味，這樣除了基本需求之外，怎麼還會有話可說呢？找出話題的挑戰，對於溝通困難的障礙者而言更是雪上加霜。

普通班裡的社交互動自然會引發許多有趣的話題。學生會帶東西到學校來「現寶」，老師也會帶來新奇刺激的材料。麗珍對同學間的流行事物十分著迷，各式各樣的耳環，還有各色的染髮。同學也喜歡用一些創發性的自我表現方式來吸引她的注意，這樣一來，就有可談論的話題。透過語音溝通板（Speak Easy）和表情，就可以讓同學知道他的感受（如，「太炫了」、「哇塞」、「我媽才不會讓我這樣呢」）了。

重度障礙學生需要協助才能分享訊息和詢問他人，協助的措施不只是教「休息、上廁所、取一杯水」而已。第六章將討論溝通輔具，而這些輔具的設計，不僅要應付「提出要求」，更要顧及與朋友對話的需求，對話簿（conversation books）就有這個作用。韓特等人（Hunt, Alwell, & Goetz, 1991; Hunt, Farron-Davis, Wrenn, Hirose-Hatae, & Goetz, 1997）的研究印證：輔具在學生交友上幫了大忙。這些研究者藉由本子裡的圖片引發使用者「說出」有趣的話題，夥伴也能經由溝通輔具來促進互動，如此的對話較為平衡，也讓重度障礙者可以掌握談論的話題（Hunt et al., 1997）。

4、目的

一個人一定要有想和他人溝通的念頭，溝通才有可能發生；他會運用任何方式來傳遞信息。「想要溝通」是動機，而增強這個動機的方式就是去滿足它。需要或目的不存在時，溝通就不可能發生。教育團隊的目標就是鼓勵學生溝通，這意味著他們必須積極地創造出讓學生溝通的理由。

有一種方法是佯裝漫不經心的模樣，刻意製造出一種情境，讓學生覺得某種需要。例如，派美勞或自然作業給學生，但給的材料不要完全，這樣一來，學生就會發出「我要材料」的請求。「偶然」把教室的門堵死，這樣一來，學生就會「請求」別人把門打開。上自然課時，請同學把燈關掉以便放映影片，學生就有機會去「聽懂別人的請求並給與回應」。發給學生他不想要的書或材料，這樣他就有機會去表示「拒絕」，同時學習去要求其他事物。「拒絕」及「抗議」是一般人一天當中很普遍的事，迎合重度障礙學生的每個需求反倒無法幫助他學會溝通。每天學生都要有機會去說不、去設法使別人了解他；而可能的話，也要讓他做點什麼不一樣的事。舉例來說，學生可能會拒絕用鉛筆去寫作業，但卻願意使用紅色螢光筆。或許他不想請張三為他唸書，但卻對李四

說「好」。對普通人來說，表達「好惡」是再尋常不過的事，但重度障礙學生常需要老師的鼓勵才會表達。

學生也要有機會來對事物「品頭論足」一番。午餐時同學或許會向其他學生展現他從家裡帶來的東西，而學生就會對此表示意見。我們應當鼓勵學生使用各種不同的形式去表示「興趣」、「厭惡」、「著迷」、「欣賞」、或「沒有興趣」。臉部表情是一種「不需設備」的溝通輔助，可以表達出不少東西。對不熟的人來說，在開頭時可能要有人幫忙解讀重度障礙學生的表情，才能使對話持續下去。

教師應察覺出自然發生的和刻意製造的溝通機會，才能確保學生有交談的機會，有不同目的和理由來練習溝通。當二年級同班同學帶小狗到班上時，重度障礙學生就有理由來表達「評論」、「詢問訊息」、「請求」觸摸小狗等。別的時候，教師也可以想出一些小理由來讓學生練習溝通，例如在分發色紙製作耶誕裝飾時，老師可以故意「忘記」發給重度障礙學生小青和鄰座小華，這時，小華也許會揮動他的手叫道：「老師！我也要色紙」，於是老師走到小華座旁發紙給他，同時靠近小青等候他的反應。如此一來，老師便製造出小青溝通的需要，同時也提供了一個最佳的楷模（小華）讓他模仿。

五 溝通在日常生活中的作用

　　溝通在積極健康的人生中不可或缺，不幸的是，當一個學生有了極大的溝通困難時，夥伴卻往往付不出多餘的精力來協助他，甚至認為他沒什麼需要溝通，因為如果他有這個需要，溝通早就自然發生了。正如生命中其他事物一樣，除非我們失去了它，要不然我們很少感覺到那個事物的重要性。同理，障礙造成的溝通困難並不表示溝通再也不重要了，反之，它的重要性更甚於以往。溝通使人對環境有掌握的感覺、是宣洩情緒的途徑、更是建立友誼的管道，而這全都是生命中重要的成分。

1、溝通與掌控力

　　有效的溝通讓人有能力去掌控周遭的物理和社會環境。有了相當程度的掌控力，自尊心就油然而生（Mirenda, Iacono, & Williams, 1990; Noonan & McCormick, 1993）。人都應有掌控自己生命的能力和權利，固然重度障礙者在獲得掌控力上或許需要一些協助，但他和一般人一樣都有這個心理需求

（Shevin & Klein, 1984）。年紀漸長，這種掌控力更重要。
為了增強重度障礙學生的信心，使其有好的生涯發展，師長
應體認到，學生表達意願的能力極為重要。好的溝通技能會
讓學生自我決定，增進生活的掌控力（Whitney-Thomas,
Shaw, Honey, & Butterworth, 1998）。如果個人常無法自決，
他就會很被動，挫折與忿怒的心態都會出現。齊施等人（Kis-
hi, Tellucksingh, Zollers, Park-Lee, & Meyer, 1988）就發現，發
展障礙者極少有機會作「選擇」、表示偏好。

　　和人溝通以便掌控周遭環境是必備的生活技能，然而，
光有需求並不保證就學得會這項技能。如欲期望成人能作生
活中的各種選擇，在兒時他們就得有機會去學習。因此，教
導學生如何作選擇以獲得掌控力十分重要（Beown & Cohen,
1996），在早期教育中教導溝通技能等於為日後複雜的判斷
力打下良好的基礎。

2、溝通和學習

　　懂得某種技能的人（老師）和不懂的人（學生）透過互
動而發生了學習。老師引導學生練習技能、精熟技能，師生
互動是否成功就看他們的溝通是否良好。而效率差的溝通會
嚴重妨礙新技能的學習。皮亞杰（Piaget, 1926）與維果茨基

（Vygotsky, 1978）即清楚地指出，溝通技能與認知技能之間有深厚的關係。

溝通無效時，老師很難知道學生聽懂多少，也很難知曉他們企圖表達什麼。學生的反應無法讓人判斷他們是否聽懂。有時雖然不懂，他們也會顯出懂的模樣；而有時實際上他們懂了，但老師卻誤會他們不懂。老師們連斷定教學成效都那麼困難，索性認定學生根本不能學習，也難怪學生學習的機會會受到限制，所以說，有效的溝通模式是學習的關鍵。

3、溝通與紓解情緒

看到學生發脾氣、踢東西、踹別人，師長往往會說：「用說的，不准用暴力」，他們的意思是提醒學生可以用語言來紓解挫折感，但不要訴諸暴力。肢體暴力不被允准，但口語宣洩可以。由於語言充滿了許多色彩鮮明、力道強勁、引人注目的詞語，說話時帶有足夠的音量、迫切的音調，加上抑揚頓挫和臉部表情，也就足以紓解情緒。

重度障礙人士也會生氣，可惜他們多半不懂得使用社會上認可的方法來處理忿怒。據筆者的親身體驗，重度障礙學生往往還背負著「行為應比常人更中規中矩」的期待。普通生在教室中嘶吼，一般人不覺得怎麼樣，一旦重度障礙學生

大吼大叫，就十分引人側目。大概一般會有種恐懼，害怕這樣的擾亂會導致人家不歡迎重度障礙學生在教室裡學習。反過來說，這些學生實際上有更深的挫敗感，也因之應該要有更多的宣洩途徑。他們不僅對環境的掌控力不足，而事實上還處處受制於人（Guess & Siegel-Causey, 1985），即使簡單的事他們也會遭遇到重重的困難。在教他們使用字詞來表達自我時，他們必須費很大的勁，也有很多挫折，紓發情緒確實有必要。為了防範重度障礙學生訴諸暴力，就應輔導他們學會表達感受的適當方法。

17

若要學生藉由溝通來釋放緊張的能量，表達的內容就要有情緒的字眼，無法有效利用「不必設備」輔助溝通方式的學生，有必要協助他滿足這個需求，語音溝通板至少要有這個特點，同時也應鼓勵學生使用臉部表情和身體姿勢來表達。總之，無法產生出令對方了解的溝通行為，是很大的挫敗，明白此理之後自然要有因應之道（Reichle, Mirenda, Locke, Piché, & Johnson, 1992）。

4、溝通與交友

交友可以大幅提升生活品質、消除孤寂感、建立自尊心、形成有用的支持網絡。學者對障礙兒童和普通兒童間的

友誼已有許多研究（Buysse, 1993; Diamond & Hestenes, 1996, Hendrickson et al., 1996; Schnorr, 1997; Williams & Downing, 1998）。十幾歲的學生常說上學最主要的理由是去見朋友（Schnorr, 1997; Williams & Downing, 1998），更何況交友的重要性是隨著年紀而與日俱增的。

　　重度障礙者雖然少了有效的溝通技能，但是還是可能建立起和他人的友誼（Falvey & Rosenberg, 1995; Ferguson, 1994; Strully & Strully, 1985）。雖然友誼未必完全仰仗溝通互動，但互動絕對是友誼的催化劑。一起參與活動是友誼的基礎，而溝通則是互動的根本（Biklen, 1993; Calculator, 1994; Ferguson, 1994; Schnorr, 1997）。巴尼與雷爾（Barnes & Lehr, 1993, p.83）說，「正如社交關係是學習的基礎，溝通則是建立和維繫這種關係的核心。」沒有好的溝通方式，要維持互動很難；夥伴或許得不到足夠的正向增強來持續促成互動，因為實在是太耗神了。赫姆斯特等人（Helmstetter, Peck, & Giangreco, 1994）發現，對於有些重度障礙學生缺乏社交技巧、怪異的外觀和行為特徵，中學生會感到不自在。再者，溝通有限者在互動中往往較為被動，對於自己無法積極參與深感挫折，因而會以不回應來逃避談話，這樣就進一步降低對方想要交談的意願。友誼是雙方同感愉悅的情誼，這種關係帶來的好處勝過所付出的努力、焦慮與尷尬（Kelly & Thibaut, 1978; Stainback & Stainback, 1987）。

　　許多重度障礙學生最初被教導的是向人提出請求以滿足
基本需要（Gobbi, Cipani, Hudson, & Lapenta-Nendeck, 1986;
McDonnell, 1996; Reichle, Sigafoos, & Remington, 1991; San-
chez-Fort, Brady, & Davis, 1995），雖然這樣的溝通功能很重
要，但僅靠著它們重度障礙學生也無法和同儕互動。想像只
用「要」、「餅乾」、「牛奶」、「音樂」、「援助」等字
眼和人交談，人家對你的「請求」予以回應之後交談很快就
要結束了。雖然重度障礙學生似乎多半先學會請求的用語
（Goodman & Remingron, 1993; Light, 1997），他們仍須學習
其他的溝通功能。他們必須懂得如何回應夥伴，有人認為，
特殊教育主要的目標之一便是搭起障礙生和普通生之間友誼
的橋梁（Haring & Breen, 1992; Strully & Strully, 1989, 1996）。

　　友誼不會在一夜之間滋長出來，它靠的是時間和持續不
斷的互動，障礙生和普通生同聚一堂彼此相互認識和學習絕
對有必要。然而也有研究指出，光是利用部分時間讓重度障
礙學生進入普通班「作客」是不夠的（English, Goldstein, Sha-
fer, & Kaczmarek, 1997; Haring, Haring, Breen, Romer, & White,
1995; Schnorr, 1990）。每日持續不斷的聚會互動才有時間讓
友誼滋生，祇有把重度障礙學生完全融入同齡的普通班當中，
經常性的互動機會才會存在。身處這樣的環境當中，重度障

19

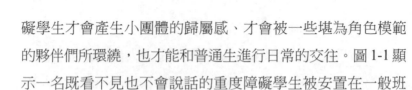

礙學生才會產生小團體的歸屬感、才會被一些堪為角色模範的夥伴們所環繞，也才能和普通生進行日常的交往。圖 1-1 顯示一名既看不見也不會說話的重度障礙學生被安置在一般班級中，與另一名學生建立起友誼。

　　雖然時間和互動的機會是發展友誼的前提，但卻非唯一要件，學生也應有如何與人交往的知識；若干研究發現，教學輔導可以促進障礙生與普通生正向的互動（Haring & Breen,

圖 1-1.　圖中的兩個小五學生是好朋友，其中一個是安置在普通班裡的障礙生（攝影：Margo Taylor）

1992; Hunt et al., 1997; Odom, Chandler, Ostrosky, McConnell, & Reaney, 1992; Schnorr, 1997; Utley, Mortweet, & Greenwood, 1997）。學生不見得要能說話，也不盡然要達到某些標準測驗量出的特定水準。促進友誼的互動技巧包括：「看著對方」、「身子朝向對方」、「傾聽對方」、「輪流表達」、「有話題表達」等。

　　愈早有與同儕互動的經驗，愈能及早奠定建立友誼的技巧基礎。學前階段若能發展出友伴關係，兒童即可學會許多「與人相處」、「分享」、「主動攀談」及「適當回應」等技巧（Buysse, 1993; Diamond & Hestenes, 1996; Hanson, Gutierrez, Morgan, Brennan, & Zercher, 1997）。普通兒童也可以學會如何與障礙生自在地相處，例如，他們可以學習說話以外的其他應對之道。學生如果沒能在幼小的時候獲得融合的機會，這也不意味著往後無法交到朋友；只是說，幼童間互相交往、學習、互動的可能性是機不可失，教育家應善於把握時機。

　　許多重度障礙學生和正常學生交往的機會十分貧乏（Schwartz, Carta, & Grant, 1996; Shapiro, 1993; Stremel & Schutz, 1995）。多數重度障礙學生被安置在特殊班裡受教，在其中善於回應與互動的溝通夥伴實在太少了。不過，如安置在普通班裡情況就不同了，重度障礙學生在其間的社交互

動頻繁許多，社交網絡不但較密，關係也較為持久（Hendrickson et al., 1996; Jenkins, Odom, & Speltz, 1989; Kennedy, Shukla, & Fryxell, 1997）。雖然友誼無法強制發生，但在普通班裡形成友誼所需的日常互動機會是多了許多；反之，特殊班就很少有這樣的機會了。

六 早期介入的重要性

　　溝通的需求和能力通常是生而有之；君不見，大多數人從出生的那一刻起即在表達最基本的需要和感受。縱然有人在「如何」溝通上面能力受阻，但他有需要、有意圖，則是無庸置疑之事。嬰兒會哭、變臉、會緊縮肌肉、會喘息不定，皆是用來傳達疼痛、不悅、挫折、忿怒、不適，或飢餓等感受；善於回應的夥伴即在理解之後對其意圖作出反應，嬰兒的需要得到了滿足，他的嘗試也就得到了增強（Johnson et al., 1996; Kaiser, et al., 1996; Reichle, 1997）。

　　生命前兩年大腦成長快速，可達成人大腦的百分之七十（Damasio, 1990）。最初的溝通嘗試極具關鍵性，而嬰兒對父母的依附則是語言發展的基礎。在這段期間裡，幼兒可以聽懂數以百計的詞彙，懂得以「你來我往」的方式參與互動，

也開始學會說話控制的生理機能（Bleile, 1997; Ingram, 1989）。再者，從出生到六歲之間，兒童很快地學到了語言的基本規則。如果到了青春期，語言還沒學好，之後的學習會更加困難（Lenneberg, 1967）。

23

　　既然幼兒期是發展溝通需求和能力的關鍵時期，及早協助重度障礙兒童學習溝通技能就非常重要；等待某些認知技能出現之後才進行溝通訓練的作法並不可取。某些重度障礙兒童根本不會自動產生所謂溝通的先備技能；例如，不管學生能不能對聲音有所反應，也不管他有無因果或物體恆存的概念，他仍有表達思想和感覺的需要，而他只有透過別人的協助才可能獲得表達的能力。所謂的「先備」技能在學習溝通技能時自然就會出現，一旦學生學會「某個行為可以吸引他人靠近自己」時，他實際上也正在學習「因果」概念：「我做了一件事（因），使他走來看我的動作（果）」。

　　布里克等人（Bricker, Bailey, & Bruder, 1984）及華倫與凱塞（Warren & Kaiser, 1988）證實了早期介入方案的效果。早期介入的假定是，在年幼時施予的密集支援服務可以減輕日後大量服務的需要；再加上幼童有表達和理解的需求，早期介入應將溝通技能的發展列為重點。再者，重度障礙兒童可以被教會使用輔助溝通法（Sevcik, Romski, & Wilkinson, 1991），但如果沒有機會，學生根本也學不來，這也就是為

什麼早期介入對重度障礙兒童的發展十分重要。

七 缺乏溝通技能的年長學生

24

　　儘管協助幼童發展溝通技能極為重要，許多年紀較大的青少年、成人卻從未接受過早期介入；或者即便是有，成效也不怎麼彰顯。這些人也需要被輔導，才能有效溝通。少了好的溝通技能，他們常會為了無效的嘗試感到挫折，結果是訴諸怪異的表達方式（Carr et al., 1994; Durand, 1990）。這些怪異的方式有時會造成干擾，對自己或他人造成傷害，它們甚至已變成根深蒂固的主要表達方式。幫忙這些人學會代替的表達方式需要時間、耐性、努力以及同理心，如果因為過去失敗的歷史和較大的年齡就對他放棄努力是最不可取、也無建設性的作法。

　　教導常用的有效方式溝通永不嫌遲（Kenneally, Bruck, Frank, & Nalty, 1998; Romski, & Sevcik, 1996）。即使沒法子學會一套完整的溝通系統來滿足所有的需求，但有總比沒好。年長的人生活經驗多了，總也有些話要說，有時，因為過去的學習沒有效果，他們說出來的話乏善可陳，師長不太愛聽，不過為了真心幫忙他們，我們千萬不能只給他們機會

而不真誠的聽他們說些什麼。

八 等下去的問題

　　想等到障礙者達到某一溝通精熟度後再給與訓練的作法，會損害這些人（Kangas & Lloyd, 1988），因為缺乏大家認可的溝通技能，他們轉而使用不被認可的怪異方法。年齡漸長，溝通需求並不隨之消褪，唯有教導他們使用人家可以接受的方式，才是正途。

1、攻擊行為

　　文獻早已證實，缺乏有效的溝通技能和怪異行為有關（Carr & Durand, 1985, Doss & Reichle, 1991; Durand, 1990; Reichle & Wacker, 1993）。一個人沒法子充分表達需要時，往往會以肢體展現出忿怒和挫折。他也許會爆發出咬、踢、叫、打、破壞和自傷的行為，雖然這些行為有時看起來十分反常，但敏感的溝通夥伴知道，那是當事人表達喜怒哀樂最有效的方法。這些情緒沒什麼反常的，對重度障礙者來說確實是稀鬆平常的事。當普通人暫時被剝奪了溝通能力時（如

罹患嚴重喉炎時），他們和人互動的能力嚴重受損，因而造成極大的挫折。怪異的行為可看成求救的呼叫——期待別人傾聽和幫助學習，而不是等下去盼望「好」行為出現。處罰這種行為不但不適當、而且不應該（Lovett, 1996; Reichle & Wacker, 1993）。教師應設法了解學生究竟想表達什麼，其行為是否反映出教育的不足？他們是否想告訴老師什麼事？

2、被動性

若無正向積極的支持，有些重度障礙者也許會認為溝通的代價太大，不值得，這些人日積月累的心得是，他永遠沒法使旁人了解，因而宣告放棄，這就是塞利格曼（Seligman, 1995）所說的「習得的無助感」（learned helplessness）；意即學生明明有能力但卻放棄嘗試，因為他自覺情況遠非其所能控制，學生碰上這種情況都很困擾，但重度障礙學生因無法有效地與人互動，習得的無助感特別明顯。

一旦放棄溝通的嘗試，重度障礙學生便失去了掌控周遭物理及社會環境的能力，因此變得極度的被動，只是等著環境來遷就他們（Basil, 1992; Light, 1982）。由於教導漠不關心、什麼也無所謂的學生難度很高，他們的學習之路等於被堵死；因此，在被動性和習得的無助感還未發生前就介入是

最重要的。以前筆者有一個學生，在大雪紛飛的日子裡，居然可以站在餐廳門外。雖然他絕對有肢體的行動力進門，但他卻呆呆站在門外等著別人給他指令或協助，這個青少年的能力足以控制當時的情形，自己走進去或請人協助，但多年被人指使慣了，他已形成了「習得的無助感」，即便在有危害生命的威脅下仍是如此。老師要用心聆聽學生的心聲，教導他們溝通的威力，防止他們產生絕望無助的心理。

九 進入成人世界的困難

有效和他人互動有助於個人完成人生重要的目標，諸如就業、志工服務、休閒、合作居住。譬如，能表達對某工作的興趣可能讓人獲得工作。雇主喜歡和雇員有所互動，他們期望員工可以了解並遵循指令。正如和同事的社交關係會使工作更愉快，缺少社交技巧往往會導致失業。許多文獻都指出，智障人士必須表現出合宜的社交行為才能保有工作（Butterworth & Strauch, 1994; Greenspan & Schoultz, 1981; Lagomarcino, 1990）。

缺乏溝通技巧對成人生活的負面影響並不限於就業，休閒生活中的友誼也多少仰賴互動技能。雖然一個人可以獨自

享受休閒時光，但很多時候娛樂活動的樂趣來自和朋友分享經驗，不幸的是，多數中重度障礙成人朋友很少，除了家人以外很少與人互動（Newton & Horner, 1993），其生活世界裡出現的人物許多都是因受僱而來的（Forest & Lusthaus, 1989; Forest & Pearpoint, 1992; McKnight, 1994）。然而，他們需要體驗到，生活中有人僅是因為喜歡而與他們為伍。一個有價值的教育目標是去體驗休閒活動和學會社交技能，這不是不可能達到的目標，的確有智障成人交到普通成人朋友的實例（Jameson, 1998）。諸如找工作、找室友、享受休閒時光等技能對重度障礙人士而言不會自動發生。早點學到這些技能，日後逐步琢磨，對重度障礙者融入成人世界極有助益。

⊞ 溝通是一輩子的事

　　學生在學校所學會的溝通技能，一直到出社會成為有用的人，都還是挺管用的。如果老師教得好的話，畢業生不管在哪個成人世界的情境中都可以應用裕如。郝爾朋（Halpern, 1993）指出，建立好的社交人際網絡是一個教育理想。教導學生做事卻不管他的社交生活，只會帶來孤立和寂寞，例如，只花力氣去教重度障礙學生在用餐時間內進食，卻沒花時間

去教他們利用此時來社交一番；而事實上用餐時間是重要的社交時間。雖然，每個人都需要和人建立關係、克服寂寞，而人際關係就得靠溝通技能來促進。

29

　　整體而言，溝通可以增進生活品質，讓個人去作選擇、表達願望、獲取資訊，並且和人建立關係（Chadsey-Rusch, Drasgow, Reinoehl, & Halle, 1993）。即使行動不便，重度障礙者仍可藉由社交溝通技能來參與活動，他們可以表示好惡、解決問題、停止活動，此種方式比起費盡心血要以肢體方式參與，其獨立性和成就感都高明許多（Brown & Cohen, 1996）。事實上，和肢體、感官或認知缺陷奮戰，可能更有溝通互動的需要，因為障礙者比起常人請人協助的頻率更高。為了提升重度障礙學生的生活素質，溝通技能的介入當然要優先考慮。

十一　結論

　　培養幼童與人互動的能力，為其日後奠定良好基礎。如威廉士（Willams, 1991）所言，溝通係個人成長所必須；及早培養學生表達和理解力，更有機會令其獲得掌握生命的能力、減輕其挫折、學習有用的事物，享受與人交往，發展友

伴關係，其最終目的當然是提升生活素質，充分發揮個人的
潛能。

圓 參考書目

Barnes, E., & Lehr, R. (1993). Including everyone: A model preschool program for typical and special needs children. In J.L. Roopnarini & J.E. Johnson (Eds.), *Approaches to early childhood education* (pp. 1-96). New York: Macmillan.

Basil, C. (1992). Social interaction and learned helplessness in severely disabled children. *Augmentative and Alternative Communication, 8,*188-199.

Biklen, D. (1993). *Communication unbound.* New York: Teachers College Press.

Bleile, K.M. (1997). Language intervention with infants and toddlers. In L. McCormick, D.F. Loeb, & R.L. Schiefelbusch (Eds.), *Supporting children with communication difficulties in inclusive settings: School-based language intervention* (pp. 307-333). Needham Heights, MA: Allyn &Bacon.

Bricker, P., Bailey, E., & Bruder, M. (1984). The efficacy of early intervention and the handicapped infant: A wise or wasted resource? In M.Wolraich & D. Routh (Eds.), *Advances in developmental and behavioral pediatrics* (pp. 373-423). Greenwich, CT: JAI Press.

Brown, F., & Cohen, S. (1996). Self-determination and young children. *Journal of The Association for Persons with Severe Handicaps, 21,*23-30.

Brown, F., & Gothelf, C.R. (1996). Community life for all individuals. In D.H. Lehr & F. Brown (Eds.), *People with disabilities who challenge the system* (pp. 175-188). Baltimore: Paul H. Brookes Publishing Co.

Butterfield, N., & Arthur, M. (1995). Shifting the focus: Emerging priorities in communication programming for students with a severe intellectual disability. *Education and Training in Mental Retardation and Developmental Disabilities, 30,* 41-50.

Butterworth, J.J., & Strauch, J.D. (1994). The relationship between social competence an success in the competitive work place for persons with mental retardation. *Education and Training in Mental Retardation and Developmental Disabilities, 29,* 118-133.

Buysse, V. (1993). Friendships of preschoolers with disabilities in community-based child care settings. *Journal of Early Intervention,17,* 380-395.

Calculator, S.N. (1994). Communicative intervention as a means to successful inclusion. In S.N. Calculator & C.M. Jorgensen (Eds.), *Including students with severe disabilities in schools: Fostering communication,interaction, and participation* (pp. 183-214). San Diego, CA: Singular Publishing Group.

Carr, E.G., & Durand, V.M. (1985). Reducing behavior problems through functional communication training. *Journal of Applied Behavior Analysis,18,* 111-126.

Carr, E.G., Levin, L., McConnachie, G., Carlson, J.I., Kemp, D.C., &Smith, C.E. (1994). *Communication-based intervention for problem behavior: A user's guide for producing positive change.* Baltimore: Paul H. Brookes Publishing Co.

Chadsey-Rusch, J., Drasgow, E., Reinoehl, B., & Halle, J. (1993). Using general-case instruction to teach spontaneous and generalized requests for assistance to learners with severe disabilities. *Journal of The Association for Persons with Severe Handicaps, 18,* 177-187.

Cole, K.N., & Mills, P.E. (1997). Agreement of language intervention triage profiles. *Topics in Early Childhood Special Educating, 17*(1),119-130.

Coots, J., & Falvey, M.A. (1989). Communication skills. In M.A. Falvey(Ed.), *Community-based curriculum: Instructional strategies for students with severe handicaps* (2nd ed., pp. 255-284). Baltimore: Paul H. Brookes Publishing Co.

Crossley, R. (1992). Getting the words out: Case studies in facilitated communication training. *Topics in Language Disorders, 12*(4),46-59.

Damasio, A. (1990). Category-related recognition defects as a clue to neural substrates of knowledge. *Trends in Neuroscience, 13,* 95-98.

Diamond, K.E., & Hestenes, L.L. (1996). Preschool children's conceptions of disabilities: The salience of disabiliy in children;s ideas about others.*Topics in Early Childhood Special Education, 16,* 458-475.

Doss, L.S., & Reichle, J. (1991). Replacing excess behavior with an initial communicative repertoire. In J. Reichle, J. York, & J. Sigafoos (Eds.),*Implementing augmentative and alternative communication: Strategies for learners with severe disabilities* (pp. 215-237). Baltimore: Paul H.Brookes Publishing Co.

Downing, J.E. (1996). *Including students with severe and multiple disabilities in typical classrooms: Practical strategies for teachers.*Baltimore: Paul H. Brookes Publishing Co.

Durand, V.M. (1990). *Severe behavior problems: A functional communication training approach.* New York: Guilford.

Ekman, P. (1980). *The face of man: Expressions of universal emotions in a New*

31

Guinea village. New York: Garland STPM Press.

Ekman, P. (1982). *Emotion in the human face* (2nd ed.). New York:Cambridge University Press.

English, K., Goldstein, H., Shafer, K., & Kaczmarek, L. (1997). Promoting inter-actions among preschoolers with and without disabilities: Effects of a buddy skills-training program. *Exceptional Children, 63,* 229-243.

Evans, D., Hearn, M., Uhlemann, M., & Ivey, A. (1984). *Essential interviewing: A programmed approach to effective communication* (2nd ed.).Pacific Grove, CA: Brooks/Cole.

Falvey, M.A., & Rosenberg, R.L. (1995). Developing and fostering friendships. In M.A. Falvey (Ed.), *Inclusive and heterogeneous schooling: Assessment, curriculum, and instruction* (pp. 267-283).Baltimore: Paul H. Brookes Publishing Co.

Ferguson, D. (1994). Is communication really the point? Some thoughts on inter-vention and membership. *Mental Retardation, 32*(1), 7-18.

Fey, M.E., Long, S.H., & Cleave, P.L. (1994). Reconsideration of IQ criteria in the definition of specific language impairment. In S.F. Warren &J. Reichle (Series Eds.) & R.V. Watkins & M.L. Rice (Vol. Eds.),*Communication and language intervention series: Vol. 4. Specific language impairments in children* (pp. 161-178). Baltimore: Paul H. Brookes Publishing Co.

Forest, M., & Lusthaus, E. (1989). Promoting educational equality for all students: Circles and maps. In S. Stainback, W. Stainback, & M. Forest (Eds.), *Educating all students in the mainstream of regular education* (pp.43-57). Baltimore: Paul H. Brookes Publishing Co.

Forest, M., & Pearpoint, J. (1992). Families, friends, and circles. In J.Nisbet (Ed.), *Natural supports in school, at work, and in the community for people with severe disabilities* (pp. 65-86). Baltimore: Paul H.Brookes Publishing Co.

Gobbi, L., Cipani, E., Hudson, C., & Lapenta-Nendeck, R. (1986). Developing spontaneous requesting among children with severe mental retardation.*Mental Retardation, 24,* 357-363.

Goodman, J., & Remington, B. (1993). Acquisition of expressive signing:Comparison of reinforcement strategies. *Augmentative and Alternative Communication, 9,* 26-35.

Greenspan, S., & Schoultz, G. (1981). Why mentally retarded adults lose their jobs: Social competence as a factor in work adjustment. *Applied Research in Mental Retardation, 2,* 23-38.

Gruenewald, L., Schroeder, J., & Yoder, D. (1982). Considerations for curriculum development and implementation. In. B. Campbell & V. Baldwin(Eds.), *Severely handicapped/hearing impaired students: Strengthening service delivery*

32

(pp. 163-179). Baltimore: Paul H. Brookes Publishing Co.

Guess, D., & Siegel-Causey, E. (1985). Behavioral control and education of severely handicapped students: Who's doing what to whom? and why? In J. Filler& D. Bricker (Eds.), *Severe mental retardation: From theory to practice* (pp. 230-244). Reston, VA: The Council for Exceptional Children.

Halpern, A.S. (1993). Quality of life as a conceptual framework for evaluating transition outcomes. *Exceptional Children, 59*, 486-498.

Hanson, M.J., Gutierrez, S., Morgan, M., Brennan, E.L., & Zercher, C. (1997). Language, culture, and disability: Interacting influences on preschool inclusion. *Topics in Early Childhood Special Education, 17,*307-336.

Haring, T.G., & Breen, C. (1989). Units of analysis of social interaction outcomes in supported education. *Journal of The Association for Persons with Severe Handicaps, 14*, 255-262.

Haring, T., & Breen, C. (1992). A peer-mediated social network intervention to enhance the social integration of persons with moderate and severe disabilities. *Journal of Applied Behavior Analysis, 25*, 319-333.

Haring, T., Haring, N.G., Breen, C., Romer, L.T., & White, J. (1995).Social relationships among students with deaf-blindness and their peers in inclusive settings. In N.G. Haring & L.T. Romer (Eds.), *Welcoming students who are deaf-blind into typical classrooms: Facilitating school participation, learning, and friendships* (pp. 231-247). Baltimore: Paul H. Brookes Publishing Co.

Heller, K.W., Alberto, P.A., & Bowdin, J. (1995). Interactions of communication partners and students who are deaf-blind: A mdoel. *Journal of Visual Impairments and Blindness, 89*, 391-401.

Helmstetter, E., Peck, C.A., & Giangreco, M.F. (1994). Outcomes of interactions with peers with moderate or severe disabilities: A statewide survey of high school students. *Journal of The Association for Persons with Severe Handicaps, 19*, 263-276.

Hendrickson, J.M., Shokoohi-Yekta, M., Hamre-Nietupski, S., & Gable, R.A. (1996). Middle and high school students' perceptions of being friends with peers with severe disabilities. *Exceptional Children, 63*, 19-28.

Hunt, P., Alwell, M., & Goetz, L. (1991). Interacting with peers through conversation turn taking with a communication book adaptation.*Augmentative and Alternative Communication, 7*, 117-126.

Hunt, P., Farron-Davis, F., Wrenn, M., Hirose-Hatae, A., & Goetz, L. (1997).Promoting interactive partnerships in inclusive educational settings.*Journal of The Association for Persons with Severe Handicaps, 22,*127-137.

Ingram, D. (1989). *First language acquisition: Methods, description, and explanation.* New York: Cambridge University Press.

33

Izard, C.E. (1994). Innate and universal facial expressions: Evidence from development and cross-cultural research. *Psychological Bulletin,115*, 288-299.

Jameson, C. (1998). Promoting long-term relationships between individuals with mentalretardation and people in their community: An agency self-evaluation. *Mental Retardation, 36*, 116-127.

Janney, R.E., & Snell, M.E. (1996). How teachers use peer interactions to include students with moderate and severe disabilities in elementary general education classes. *Journal of The Association for Persons with Severe Handicaps, 21*, 72-80.

Jenkins, J.R., Odom, S., & Speltz, M.L. (1989). Effects of social integration of preschool children with handicaps. *Exceptional Children,55*, 420-428.

Johnson, J.M., Baumgart, D., Helmstetter, E., & Curry, C.A. (1996).*Augmenting basic communication in natural contexts.* Baltimore: Paul H. Brookes Publishing Co.

Kaiser, A.P., Hemmeter, M.L., Ostrosky, M.M., Fischer, R., Yoder, P., &Keefer, M. (1996). The effects of teaching parents to use responsive interaction strategies. *Topics in Early Childhood Special Educating,16*, 375-406.

Kangas, K.A., & Lloyd, L.L. (1988). Early cognitive skills as prerequisites to augmentative and alternative communication use: What are we waiting for? *Augmentative and Alternative Communication, 4*,211-221.

Kelly, H., & Thibaut, J. (1978). *Interpersonal relations: A theory of interdependence.* New York: John Wiley & Sons.

Kenneally, S.M., Bruck, G.E., Frank, E.M., & Nalty, L. (1998). Language intervention after thirty years of isolation: A case study of a feral child.*Education and Training in Mental Retardation and Developmental Disabilities, 33*, 13-23.

Kennedy, C.H., Shukla, S., & Fryxell, D. (1997). Comparing the effects of educational placement on the social relationships of intermediate school students with severe disabilities. *Exceptional Children, 64*,31-47.

Kishi, G., Tellucksingh, B., Zollers, N., Park-Lee, S., & Meyer, L. (1988).Daily decision making in community residences: A social comparison of adults with and without mental retardation. *American Journal on Mental Retardation, 92*, 430-435.

Kochmeister, S.J. (1997). Excerpts from "Shattering walls." *Facilitated Communication Digest, 5*(3), 3-5.

Lagomarcino, T.R. (1990). Job separation issues in supported employment. In F. R. Rusch (Ed.), *Supported employment models, methods, and issues*(pp. 301-316). Pacific Grove, CA: Brooks/Cole.

Lenneberg, E. (1967). *Biological foundations of language.* New York:John Wiley & Sons.

34

Lewis, M., Feiring, C., & Brooks-Gunn, J. (1987). The social networks of children with disabilities and without handicaps: A developmental perspective.In S. Landesman, P.M. Vietze, & M.J. Begab (Eds.), *Living environments and mental retardation* (pp. 377-400). Washington, DC:American Association on Mental Retardation.

Light, J. (1988). Interaction involving individuals using AAC systems: State of the art and future directions. *Augmentative and Alternative Communication, 2,* 98-107.

Light, J. (1997). Communication is the essence of human life: Reflections on communicative competence. *Augmentative and Alternative Communication, 13,* 61-70.

Lovett, H. (1996). *Learning to listen: Positive approaches and people with difficult behavior.* Baltimore: Paul H. Brookes Publishing Co.

McDonnell, A.P. (1996). The acquisition, transfer, and generalization of requests by young children, with severe disabilities. *Education and Training in Mental Retardation and Developmental Disabilities, 31,*213-234.

McKnight, J. (1994). Two tools for well-being: Health systems and communities. *American Journal of Preventive Medicine, 10,* 23-25.

Mirenda, P. (1993). AAC: Bonding the uncertain mosaic. *Augmentative and Alternative Communication, 9,* 3-9.

Mirenda, P., Incono, T., & Williams, R. (1990). Communication options for persons with severe and profound disabilities: State of the art and future directions. *Journal of The Association for Persons with Severe Handicaps,15,* 3-21.

National Joint Committee for the Communicative Needs of Persons with Severe Disabilities. (1992). Guidelines for meeting the communication needs of persons with severe disabilities. *Asha, 34*(Suppl. 7), 1-8.

Newton, J.S., & Horner, R.H. (1993). Using a social guide to improve social relationships of people with severe disabilities. *Journal of The Association for Persons with Severe Handicaps, 18,* 36-45.

Noonan, M.J., & McCormick, L. (1993). *Early intervention in natural environments: Methods and procedures.* Pacific Grove, CA: Brooks/Cole.

Notari, A., Cole, K.N., & Mills, P.E. (1992). Facilitating cognitive and language skills of young children with disabilities: The mediated learning process. *International Journal of Cognitive Education, 2,* 169-179.

Odom, S.L., Chandler, L.K., Ostrosky, M., McConnell, J.R., & Reaney, S. (1992). Fading teacher prompts from peer-initiation interventions with young children with disabilities. *Journal of Applied Behavior Analysis,25,* 307-317.

Piaget, J. (1926). *Language and thought of the child.* London: Kegan& Paul.

Reichle, J. (1997). Communication intervention with persons who have severe disabilities. *Journal of Special Education, 31*(1), 110-134.

Reichle, J., & Karlan, G. (1985). The selection of an augmentative system in communication intervention: A critique of decision rules. *Journal of The Association for Persons with Severe Handicaps, 10,* 146-156.

Reichle, J., Mirenda, P., Locke, P., Piché, L., & Johnson, S. (1992).Beginning augmentative communication systems. In S.F. Warren & J. Reichle(Series & Vol. Eds.), *Communication and language series: Vol. 1. Causes and effects in communication and language intervention* (pp. 131-156).Baltimore: Paul H. Brookes Publishing Co.

Reichle, J., Sigafoos, J., & Remington, B. (1991). Beginning an augmentative communication system with individuals who have severe disabilities. In B.Remington (Ed.), *The challenge of severe mental handicap: A behavior analytic approach* (pp. 189-213). New York: John Wiley & Sons.

Reichle, J., Wacker, D.P. (Vol. Eds.). (1993). In S.F. Warren & J. Reichle(Series Eds.) *Communication and language intervention series: Vol. 3.Communicative alternatives to challenging behavior. Intgrating functional assessment and intervention strategies.* Baltimore: Paul H. Brookes Publishing Co.

Romski, M.A., & Sevcik, R.A. (1996). *Breaking the speech barrier:Language development through augmented means.* Baltimore: Paul H. Brookes Publishing Co.

Sanchez-Fort, M.R., Brady, M.P., & Davis, C.A. (1995). Using high-probability repuests to increase low-probability communication behavior in young children with severe disabilities. *Education and Training in Mental Retardation and Development Disabilities, 30,* 151-165.

Schnorr, R.F. (1990). "Peter? He comes and goes..." : First graders'perspectives on a part-time mainstream student. *Journal of The Association for Persons with Severe Handicaps, 15,* 231-240.

Schnorr, R.F. (1997). From enrollment to membership: "Belonging" in middle and high school classes. *Journal of The Association for Persons with Severe Handicaps, 22,* 1-15

Schwartz, I.S., Carta, J.J., & Grant, S. (1996). Examining the use of recommended language intervention practices in early childhood special education classrooms. *Topics in Early Childhood Special Educating,6,* 251-272

Seligman, M. (1975). *Helplessness: On depression, development and death.* San Francisco: W. H. Freeman.

Sevcik, R.A., Romski, M.A., & Wilkinson, K.M. (1991). Roles of graphic symbols in the language acquisition process for persons with severe cognitive disabilities. *Augmentative and Alternative Communication, 1,*161-170

Shapiro, J. (1993, December 13). Separate and unequal. *US News and World Re-*

port, 115(3), 46-56.

Shevin, M., & Klein, N.K. (1984). The importance of choice-making skills for students with severe disabilities. *Journal of The Association for Persons with Severe Handicaps, 9,* 159-166.

Siegel-Causey, E., & Downing, J. (1987). Nonsymbolic communication development: Theoretical concepts and educational strategies. In L. Goetz, D.Guess, & K. Stremel-Campbell (Eds.), *Innovative program design for individuals with dual sensory impairments* (pp. 15-48). Baltimore: Paul H.Brookes Publishing Co.

Siegel-Causey, E., & Guess, D. (1989). *Enhancing nonsymbolic communication interactions among learners with severe disabilities.*Baltimore: Paul H. Brookes Publishing Co.

Stainback, S., Stainback, W., & Jackson, H.J. (1992). Toward inclusive classrooms. In S. Stainback & W. Stainback (Eds.), *Curriculum considerations in inclusive classrooms: Facilitating learning for all students* (pp. 3-17). Baltimore: Paul H. Brookes Publishing Co.

Stainback, W., & Stainback, S. (1987). Facilitating friendships.*Education and Training in Mental Retardation, 22,* 18-25.

Stremel, K., & Schutz, R. (1995). Functional communication in inclusive settings for students who are deaf-blind. In N.G. Haring & L.T. Romer(Eds.), *Welcoming students who are deaf-blind into typical classrooms:Facilitating school participation, learning, and friendships* (pp.197-229). Baltimore: Paul H. Brookes Publishing Co.

Strully, J., & Strully, C. (1985). Friendship and our children. *Journal of The Association for Persons with Severe Handicaps, 10,* 224-227.

Strully, J.L., & Strully, C.F. (1989). Friendships as an educational goal.In S. Stainback, W. Stainback, & M. Forest (Eds.), *Educating all students in the mainstream of regular education* (pp. 59-68). Baltimore: Paul H.Brookes Publishing Co.

Strully, J.L., & Strully, C. (1996). Friendships as an educational goal:What we have learned and where we are headed. In S. Stainback & W. Stainback(Eds.), *Inclusion: A guide for educators* (pp. 141-154). Baltimore:Paul H. Brookes Publishing Co.

Utley, C.A., Mortweet, S.L., & Greenwood, C.R. (1997). Peer-mediated instruction and interventions. *Focus on Exceptional Children, 29*(5),1-23.

Villa, R.A., & Thousand, J.S. (1995). Thr rationales for creating inclusive schools. In R.A. Villa & J.S. Thousand (Eds.), *Creating an inclusive shcool* (pp. 28-44). Alexandria, VA: Association for Supervision and Curriculum Development.

von Tetzchner, S., & Martinsen, H. (1992). *Introduction to symbolic and augmentative communication.* San Diego, CA: Singular Publishing Group.

Vygotsky, L.S. (1978). *Mind in society: The development of higher psychological processes.* Cambridge, MA: Harvard University Press.

Warren, S.F., & Kaiser, A.P. (1988). Research in early language intervention. In S. Odom & M. Karnes (Eds.), *Early intervention for infants and children with handicaps: An empirical base* (pp. 89-108).Baltimore: Paul H. Brookes Publishing Co.

Werts, M.G., Caldwell, N.K., & Wolery, M. (1996). Peer modeling of response chains: Observational learning by students with disabilities.*Journal of Applied Behavior Analysis, 29,* 53-66.

Whitney-Thomas, J., Shaw, D., Honey, K., & Butterworth, J. (1998). Building a future: A study of student participation in person-centered planning.*Journal of The Association for Persons with Severe Handicaps, 23,*119-133.

Williams, L.J., & Downing, J.E. (1998). Membership and belonging in inclusive classrooms: What middle school students have to say. *Journal of The Association for Persons with Severe Handicaps, 23,* 1-13.

Williams, R. (1991). Chocies, communication, and control: A call for expanding them in the lives of people with severe disabilities. In L.H. Meyer, C.A.Peck, & L. Brown (Eds.), *Critical issues in the lives of people with severe disabilities* (pp. 543-544). Baltimore: Paul H. Brookes Publishing Co.

第二章  評量溝通技能

重度障礙學生的溝通行為常含糊不明且行徑怪異，為了
達到有效溝通的目的，夥伴的敏感度和反應力應該更高（Kai-
ser et al., 1996; Reichle, 1997; Siegel-Causey & Downing, 1987）。
重度障礙和多障生的溝通行為常無法顯示出明白一致的意圖，
因此，評量者一定要夠敏感才能判定這些學生的溝通能力（Yo-
der & Munson, 1995）。

41

一　評量的重要性

為什麼要評量技能？首先，我們用評量來判斷：學生是
否需要協助？教導是否造成學生的進步？下一步想作些什麼？
評量的結果可以釐清學生目前的技能，並讓教育團隊的成員
認清他的能力。由於師長經常根據這些訊息來安排教學策略
及調整期望，因此評量過程應盡可能精確（Yoder, Warren,
Kim, & Gazdag, 1994）。

1、資格判斷

評量的目的不只在於判斷接受服務的資格，也要決定學
生在哪個領域需要特別的協助，以及如何提供這樣的協助。

每個學生都有某種程度的溝通行為，只是重度障礙學生需各種支持策略的協助，才能更為有效的溝通。需要有效溝通就是這些學生應接受支持性服務的理由。

　　不幸的是，很多人以為，如果學生沒有足夠的認知技能（如因果及物體恆有的概念），他們就不可能從溝通訓練中獲得任何幫助（Casby, 1992）。還有些人主張，溝通訓練應針對認知和語言溝通能力間有差距的學生（Notari, Cole, & Mills, 1992）。他們假定，認知和語言能力沒有差距者其表現與預期一致，因此，就沒什麼需要去矯正的了。可惜，這類想法置沒有溝通技巧的學生於不顧。儘管這樣的作法在美國還蠻普遍的，不過，美國聽語學會卻建議，學生的溝通需要及介入計畫應由團隊負責，並不得單從「認知及溝通間的差距」來判斷。事實上，沒有差距的重度障礙者，也有文獻指出其溝通技能仍有極顯著的成長表現（Hunt & Goetz, 1988; Miranda, Iacono, & Wlliams, 1990; Romski, Sevick, & Pate, 1988）。

　　既然說重度障礙學生可以從溝通訓練中獲益，那麼，評量的重點就應該置於學生的需要、方式和情境，在自然環境中評量會最有效果，因為那裡就是溝通能力獲得的場所（Cipani, 1989），而訓練的方向也較易從評量中得到啟示。

2、標準化測驗

　　重度障礙學生通常無法在標準化測驗上得到好的表現，因為這類測驗的基準點是一般的表現，而且經常要求學生針對直接的指令加以回應。專家也因此對使用標準化測驗測試重度障礙學生頗不以為然（Biklen, 1985; Cole, Dale, & Thal, 1996; Neill & Medina, 1989）。學生不熟悉測驗的實施方式，因為既不自然又和日常事件及環境搭不上邊。由於脫離自然情境，學生就很難利用日常作息及環境線索來反應，因此無法感受到期待是什麼。所有第一章所提及的溝通行為的條件（Mirenda, 1993），在標準化測驗實施時均不存在。所得到的測驗結果無法反映出學生在自然情境中的能力，也無法判斷學生是否因生理或智力的原因而無法做到；既不能區分兒童有無動機，也無法協助教師擬訂介入的目標（Beck, 1996; Downing & Perino, 1992）。由於評量最主要的目的是決定最好的介入方式，因此標準化測量常令人質疑。

　　既是如此，評量方法就必須要更精確的反映出學生的溝通技能（Calculator, 1994; Falvey, 1995），因此生態功能評量法較能被接受，它使用觀察法分析自然環境中的需求，然後評定在環境中兒童的表現，觀察法讓評量更深入、完整和精

確（Downing, 1996; Sigafoos & York, 1991）。貝克（Beck, 1996）的研究發現大多數的語言治療師，使用非正式的評量法目的是藉以擬訂治療計畫。科爾等人（Cole et al., 1996）直接主張要用更具有情境式、自然的、歷程導向等特徵的評量法取代傳統的標準化評量。雖然觀察法無法得到智力年齡，但可以提供學生典型的反應，在熟悉的情境下學生面對的是熟悉的環境、事件及夥伴（Reichle, 1997），因而有更高的動機、理由和人溝通，評量的結果會更精確。

生態功能性評量法優於標準化評量，因為它能夠直接提出合宜的介入方案（Downing, 1996; Downing & Perino, 1992），老師不必勉強從未必能反映兒童當前的需求的標準化測驗中擠出有用的訊息。生態功能性評量法十分個人化，從有意義的活動中了解學生的個別需求，猜測的成分就降到最低。

三 誰來評估？

評量採團隊方式實施，任何個人都不必承擔所有的責任，不同的專家各自貢獻自己的專長來蒐集訊息（Orelove & Sobsey, 1996; Siegel-Causey & Downing, 1987）。

　　訪談了解學生的家人會讓我們了解：學生如何互動、和誰互動、在哪些場合互動。他們可以報導學生在家中的溝通表現，說出學生在什麼場合可能溝通失敗，指出學生在哪些情況下可以做得更好，也能說明曾試過的策略、成功率有多高，當學生溝通失敗時會怎麼做。圖 2-1 是一份訪談的指引範例，用來從家屬中獲得訊息。

　　讓關係人提出對學生學習有幫助的溝通技能，表達基本需求對某些家庭而言也許是優先的考量，然而對其他人來說聽從指令、了解他人的話卻是較重要；某些家庭人認為發展友誼的技能較重要，但其他人卻認為能回應他人才是重要的技能。家屬覺得重要的項目通常是好的訓練起點，有了好的開始之後家人對溝通能力就會抱持較高的期待。

　　親友對於和學生溝通的方式各有偏好，有些人不喜歡使用溝通輔具，但有些人只要有效，什麼方法都會採用；有些人喜歡使用科技輔具，但是其他人喜歡使用較簡易的裝置；有些家庭想用視覺的溝通輔助，如手勢符號，不過有些人對這種方式感到不安。每個家庭不同，他們的期望都應該得到尊重。在蒐集親友的資料時應該尊重其文化，對文化差異應保有敏感性（Hanson, Lynch, & Wayman, 1990; Lynch & Hanson, 1998; Parette, 1995; Blackstone, 1993; Soto, Huer, & Taylor, 1997）。

學生姓名＿＿＿＿＿＿＿＿＿　年齡＿＿＿＿＿＿＿＿＿＿＿
填表人＿＿＿＿＿＿＿＿＿＿　日期＿＿＿＿＿＿＿＿＿＿＿

1. 學生如何讓別人了解他的意圖（例如：發生聲音、做出手勢、使用圖片、使用實物）？＿＿

2. 你平常如何和他溝通？＿＿＿

3. 他主動和人溝通時會傳達哪方面的訊息？＿＿＿＿＿＿＿＿＿＿＿＿＿＿＿＿＿＿＿＿＿＿＿＿＿＿＿＿＿＿＿＿＿＿＿＿

4. 如果你不注意他時，他如何引起你的注意？＿＿＿＿＿＿＿＿＿＿＿＿＿＿＿＿＿＿＿＿＿＿＿＿＿＿＿＿＿＿＿＿＿

5. 他用什麼方法來詢問訊息、滿足需要、要求協助？＿＿＿＿＿＿＿＿＿＿＿＿＿＿＿＿＿＿＿＿＿＿＿＿＿＿＿＿＿＿

6. 當他喜歡某件事物時，他如何表達（例如：做出手勢、露出笑容、動手去拿、發出聲音）？＿＿＿＿＿＿＿＿＿＿＿＿＿＿＿＿＿＿＿＿＿＿＿＿＿＿＿＿＿＿＿＿＿＿＿

7. 當他討厭某件事物時，他如何表達（例如：做出手勢、鬧脾氣、不看它、哭鬧）？＿＿＿＿＿＿＿＿＿＿＿＿＿＿＿＿＿＿＿＿＿＿＿＿＿＿＿＿＿＿＿＿＿＿＿＿＿

8. 在什麼情況下他會和別人互動（玩遊戲、交談）？＿＿＿＿＿＿＿＿＿＿＿＿＿＿＿＿＿＿＿＿＿＿＿＿＿＿＿＿＿＿

9. 他如何表示選擇或偏好？＿＿

圖2-1.　溝通風格評量表（取自 Gothelf, C.R., Woolf, S. B., & Crimmins, D. B. [1995]）.

學校老師可就學生在聽從指令、問話和社交用語等方面
提供訊息，報導學生是否模仿他人的示範，記錄他所使用的
特殊的溝通方式，不管主動或被動的和人的互動。語言治療
師應評量先前提到的各種接收性和表達性的技能，然後找出
諸如沒有機會和人溝通、導致溝通失敗的原因、替代溝通方
式的需求等問題。如圖 2-2 所呈現的問題對於老師相關專業
人員、教職員及家屬等等都可能是有用的。

47

　　職能治療、物理治療及視聽障礙等領域的專家對學生的
溝通能力都可以作出貢獻，物理治療師可以提供運動、擺位
和輔具的資訊；職能治療師可以評估學生打手勢、用手選擇
訊息、操弄物體、使用鍵盤的能力，介紹義肢裝具、輔具、

・學生用什麼溝通的模式？

・他有無主動發起互動的方法？用什麼方法？

・他有無主動發起互動的機會？什麼時機？和什麼人？

・周遭的人是否了解他並對他有所反應？

・他有無方法執行多種溝通的功能，還是他只會提出請求和抗議
　而已？

・他是否有很多東西可以談論？是哪些事？

・他是否有方法對別人有反應和使對話持久？用什麼方法？

・他是否知道如何結束對話？用什麼方法？

・他是否有方法來彌補溝通上的失敗？用什麼方法？

圖 2-2.　評估學生溝通技能用的訪談問題

改良過的鍵盤，並判斷這些器材對學生表現的影響；視障專家可以評估學生的視力、視覺障礙對溝通的影響、決定學生所需的符號大小、評估顏色對比或特殊照明的益處。假如視覺不是獲得訊息的可靠管道，那麼視覺專家也可以協助設計某種觸覺或聽覺的輔具。同樣的道理，聽覺的專家可以判定學生的聽力，學生如有聽力損失他需要某種調整，聽力專家可以指出最佳的聽覺環境，並解釋不同環境下的表現差異。

最後，班上其他同學可以說明和重度障礙學生如何互動，評估資料中有和同學互動的情形，因為學生和同伴互動的動機比和成人互動強（Light, 1997）。從同學的回饋所獲得的資料更真實，讓我得知他們對話最常見的話題，由此可以知道學生所需協助的時機和場合。

三 評量什麼？

評量必須涵蓋學生的接收和表達溝通技能，他是否理解他人所說的話、什麼時機的理解最好、是否能夠表達所有的需要、溝通失敗會發生在什麼時機、和誰談話時容易產生溝通失敗、如何表示禮節、如何表達思想和感情。

1、意圖

有時學生的行為看起來不太像是有什麼意圖，例如，輕輕動了一下、喘息、驚嚇、拍打東西或發出奇怪的聲音。一開始我們或許不覺得學生的行為有意義，然而，這些學生的方法非常有限，因此，他們很可能就是為了溝通才出現這些行為，敏感的溝通夥伴應該對這些行為有所反應，讓學生了解這樣做也可以獲得注意而達到表達的目的。

研究顯示成人往往不了解重度障礙者想要和人互動的意圖（Houghton, Bronicki, & Guess, 1987; Walden, Blackford, & Carpenter, 1997），例如華耳頓等人（Walden et al., 1997）發現，沒有經驗的成人從錄影帶裡發展障礙和唐氏症兒童的臉部表情中，無法判斷出他們的意圖，對教育工作者的啟示是：學生想要溝通的努力往往沒有得到適度的注意。

一旦行為被認為具有溝通的意圖，那麼我們就可以教導學生運用該行為去表達特定的意圖。除非學生能夠學到清楚明顯的表達法，否則任何具有意圖的奇特行為也應該得到應有的注意。最安全的假定就是學生真的想和人溝通，因此不管學生的行為有多麼的模糊我們都應該加以記載，特別在學生無法順利地將他的訊息傳遞給他人時更應如此，至於行為

是否具有溝通的意圖可以在日後加以判定。

2、接受性的溝通技能

接受性溝通技能指任何足以顯示學生了解他人訊息的行為，例如當同學說笑話時學生會發笑就表示他有理解；當老師問誰想使用電腦時，學生舉頭或張望電腦也顯示他有理解。老師說「嗨」時，學生停下來抬頭張望；當被問到想做什麼事時，學生盯著書看卻不動手做作業；同學開玩笑時，學生露齒而笑；被老師叫回座時，學生會依指令回到座位上；這些反應都顯示出學生具有接受性溝通的能力。在分析某項活動時，該活動所需要的接受性溝通技應能加以確認，學生在活動當中的表現可以顯示他的接受性溝通技能的程度。有時要確定肢體障礙學生的接受性溝通技能相當的困難，因此要找到學生有理解力的徵兆。有時我們寧可假定學生有理解能力，觀察的場合和活動愈多，就愈能完整地了解學生的接受性溝通技能。

3、表達性溝通技能

表達性溝通技能指任何足以傳遞思想的行為。訊息如何

傳遞可能非常清楚也可能模糊奇特，甚至想要溝通的意圖也被質疑，因此我們必須確認學生有開啟、維持或結束對話的意圖。表達性溝通和接受性溝通關係密切，因為只有了解別人的話才能予以回應，對有趣的事學生會笑出聲，表示他有理解，同時也是「好有趣喔」的表達法。把作業摔到地上的學生可能是試著要表達「我做不來，太難了！」。盯著垃圾車目不轉睛的學生似乎是在表達「好神奇喔！」。拉著老師的手走到窗邊的學生，可能是試著引導她的注意：「你有沒有看到外面的那隻小鳥呢？」

　　為了避免忽視學生的溝通，我們可以養成為學生的行為加註解的習慣，換句話說，我們不只說行為具有溝通意圖，而是直接認定他就是和我們對話。例如：當小明在座位上前後搖擺時，老師就問「你是不是很無聊？」，這也可以給其他學生作為示範，讓他們也以同樣的方式來對待小明。老師可以問同學：「你認為小明想說什麼呢？」

形式、功能及內容

　　仔細分析學生目前溝通的形式很重要，因為這可以決定介入的方向。溝通形式是學生用以表達思想和需求的方法，他會用盡各種方式來表達，例如，臉部表情、手勢、聲音和實物，這些方式是否有效決定未來是否持續地使用。某些溝

通形式相當有效，但並不符合一般習慣，為了讓學生的表達被更多人理解，只要某行為相當模糊時，我們就必須提供另類的方式以滿足相同的需求。

肢體和感官障礙都會嚴重影響學生用的溝通形式，因此，團隊成員應該知道學生用什麼方法來看和聽。視覺和聽覺專家可以解釋何以學生會使用特定的行為來溝通，例如某生有聽覺理解能力，但由於嚴重的視覺和認知障礙，在理解上他必須使用觸摸的線索和實物，他不使用口語而是發出不同調子的聲音、利用臉部表情、實物和觸摸來表達。

肢體行動能力也會影響溝通形式，學生或許可以把手臂觸動開關來使用語音溝通板，但這個動作相當困難而且需要相當專心，物理和職能治療師可以評估學生的肢體能力，判斷最方便的位置，以進行調整。例如，當小華坐輪椅時，頭和軀幹的支撐良好，因此可以做出簡單的手勢，然而當他俯臥時就沒辦法打出手勢，而必須使用臉部表情和利用注視圖片的方式的方式來溝通。

溝通的功能指互通訊息的理由和目的，後續的章節中會提到如何利用溝通功能來進行介入。請求和抗議可能是最簡單的功能，此外每個學生都有許多其他和人溝通的理由，重度障礙工作者往往誤解學生溝通的目的，以為他們僅有請求的需要，而實際上有時學生可能是想引起注意。評估溝通功

能會讓我們認清學生在溝通上的限制，了解學生及其溝通伴侶可能需要的協助。

學生溝通的內容受到興趣、年齡、文化、對話夥伴以及對話情境而改變。在午餐時和朋友分享新玩具的學生，會談論那個玩具；剛從露營回來的學生有很多剛照的相片可和同學分享。當然學生想談論的話題可能無窮多，如何協助他們使用語言符號來表達是相當困難。但從學生最有興趣參與的互動中，不難看出重要的話題，只要這個話題出現時，他就會興致昂然參與互動，因此了解學生最有興趣的話題非常重要，甚至可以應用在輔助溝通系統上。

4、打開話匣子、回應以及輪流

評估學生時，應注意他是否主動開啟對話、回應別人、懂得輪流對話。一般而言，重度障礙學生比較不主動開啟對話，往往只是被動回應（Cipani, 1990; Reichle & Sigafoos, 1991），了解學生在哪些情況下會主動打開話匣子相當重要。羅蘭等人（Rowland, Schweigert, & Stremel, 1992）設計了觀察重度障礙學生互動情形的評量表，來蒐集學生溝通形式、目的、內容，圖 2-3 就是這個工具的修正版，在這裡我們加上了對話夥伴的數量、學生輪流的次數、主動或被動。評量

學生：＿＿＿＿＿　　　日期：＿＿＿＿＿

活動：＿＿＿＿＿　　　年級：＿＿＿＿＿　　　評量者：＿＿＿＿＿

溝通夥伴	行為												意圖			圖
	含糊的發聲	簡單的肢體簡單行動	對人的簡單行動	對物的簡單行動	用手的指示	臉部表情	伸出手、點頭搖頭一般人使用的手勢	其實圖形手語	實物符號	圖形	手語	口語	主動發起或回應	抗議提出人引導交談注意力	引導互動或表示意見	內容

圖 2-3. 空白的溝通行為觀察表（改自 Rowland, Schweigert, & Stremel, 1992. Observing and Enhancing Communication Skills.）

者可以記載互動的內容、溝通意圖的解讀。記錄非口語溝通
行為並且解讀其意圖是提醒我們不要忽視這些行為的重要性，
對輔助溝通法的設計也有幫助。圖 2-4 是個完整的觀察表格
範例。

55

四　如何評估？

1、結構式的觀察

　　溝通技能不會在真空中發展出來，而是受到環境強烈的
影響，學生說些什麼、怎樣說、為何說，都與場合、參與者、
互動的主題有關，因此有效的評估應該要在典型的溝通情境
中進行（Calculator, 1994; Light, 1997）。前面說過，人會在
熟悉而愉快的情境中表現出最好的溝通能力（Cipani, 1989;
Reichle, 1997），在這些場合中觀察，才能夠得到正確的訊
息。有結構的觀察其重點可以針對接收性和表達性技能，此
外，溝通夥伴、常見的話題、溝通的形式、互動的理由以及
活動都應該加以記載。

　　團隊對於觀察重點應有共識，常和學生相處的成員可以
建議最適於觀察學生的場合和活動。家人、老師、專業人員

阿美沒口語，內容裡呈現阿美的話，是解讀出來的內容。（取自 RowLand et al., 1992）

學生：阿美　　　　日期：3/23/98

活動：圖畫故事　　年級：小一　　評量者：J.D.

溝通夥伴	含糊的發聲	簡單人物的肢體行動	對物的簡單行動	用臉部表情	伸出頭、接觸別人的手	點單葉圖形手語	其他物符號	手語	口語	主動發起或拒絕	抗議引導人注意力	提引人互動	導注社交互動或注意力	確認命名或表意見	其他圖	內容
1 阿奇																阿美，和我一組好嗎？
2 阿美	×															好哇！
3 阿美			×	×					R							好，我們來作這個作業。
4 阿美				×												——
5 老師																這些圖阿美可以拿去用。
6 阿奇						×			R	R						好，阿美，看這個，拿毛毛蟲。
7 阿美							×							×		這個。
8 阿奇													×			那不是毛毛蟲？哪個才是？

（下頁續）

（續上頁）

9 阿美						X	好，這個！
10 阿奇	X						對，那是毛毛蟲！
11 阿美	X	X	X				我們能做別的事嗎？
12 阿奇	X						妳不想做了嗎？
13 老師							可問阿美她要哪張圖？
14 阿奇							妳要什麼？
15 阿美			X		R		我要花。
16 阿奇		X		I			好，讓我放在這兒。
17 阿美	X	X		X			我來黏上去。
18 阿奇							好，妳來黏。
19 阿美	X	X	X	I			我做不來！
20 阿奇						X	沒關係，我來幫妳！
			R	R			
			I				

圖 2-4.　阿美的溝通行為觀察表

等都建議學生的介入目標，但學生本人的意見也很重要，而這些目標都應從日常活動中去觀察。如果家長、老師和學生都認定交朋友非常重要，那麼團隊的責任就是去找出一般同學會在哪些場合中發展出友誼、哪些活動會促進友誼的成長、哪些社會技巧對友誼是有所幫助的。一般來說，社會互動在沒有結構的場合底下發生的比較頻繁，例如下課期間、點心時間、午餐時間，課堂活動中學生一起工作時社會互動也較為頻繁，例如，合作學習小組、體育的團隊合作、自然課的實驗小組等等。所以，團隊必須觀察學生在這些活動中的溝通行為以及這些活動所需要的技能。

⑴ 生態評量表

生態評量表可用於判斷自然情境（如五年級教室、高中生物課、走廊、圖書館、遊戲場等）中所要求的溝通能力（Calculator, 1994; Calculator & Jorgensen, 1991; Downing, 1996），它的用意是去分析一般學生在某個場合中的行為。第三章將審視一般環境中的機會、期望，並說明獲取這種訊息的方法。生態評量可以找出某個活動所需要的特殊技巧，把一般學生參與活動的步驟列舉出來，這些步驟涵蓋多種的技能包括溝通行為。圖 2-5 至 2-9 顯示生態評量表的範例，情境包括學前的遊戲活動、一年級的獻寶脫口秀、五年級自然

科、國二語文課、高三歷史課等，這些評估表裡每個學生各
有所長和所短，有了環境的需求及他人的期望等訊息，就可
以擬訂合適的介入方案。

59

　　生態評量表可以顯示某活動所要求的行為及環境中有什
麼自然的提示（Sigafoos & York, 1991）。自然的提示是足以
引發預期的行為的任何事物，可以是內在的（如飢餓感、膀
胱腫脹的感覺）或是外在的（如老師的指示、有人在吃東西
等）。有時是很容易觀察到的線索，例如，朋友說「嗨」時
學生也回答「嗨」，但是有時只能從結果的行為來推測，如
要求喝水的自然線索很可能就是口渴的感覺。動機性的線索
雖然是內隱的但會強烈影響行為，要求喝水的例子中自然的
線索可以是口渴的感覺，也可以是想要離開某件正在做的事。
評量者可使用表 2-5 到 2-9 所提供的生態評量表，找出預期行
為的自然線索，融合班裡頭的自然線索常來自老師，他往往
要求學生遵從指令，也有許多線索來自環境當中，記載這些
線索對溝通技能的訓練相當重要。老師的指令可提示接受性
溝通技能，表達性溝通則有賴其他環境的線索（如同學的問
話、想分享的願望）來提示，詳細記載這些自然線索對教育
團隊非常有幫助。

⑵ 差異分析

　　我們可以依據生態評量表評估重度障礙學生的實際表現。學生在某活動中進行每個步驟時，評量者就記錄他是否完成，特別要觀察學生只依賴自然線索的反應，當他完成一個步驟時，就可以假定他有能力依自然線索做反應。或許他完成的方式看起來有別於一般學生，只要他能持續參與和完成，我們就認定學生有獨立完成該步驟的能力。例如，老師要同學去圖書館，無論曉玲藉由輪椅或枴杖，只要他做到結果仍然相同，因此我們認定曉玲可以完成。在接受性溝通能力方面，顯然曉玲理解且遵循了指令，因此我們就不需要再教他這個步驟。

　　如果學生沒有完成活動中的某個必要的動作，我們就說他沒有這項必備的技能，也因此我們要記載差異的理由（見圖 2-5 至 2-9）。差異的原因通常是學生無法察覺到自然線索，譬如學生聽不見、看不見也不懂環境線索的涵義，學生若沒有注意到自然線索，當然就無法適當反應；有時學生聽到了也了解自然線索，但就是缺乏動機；有時完成步驟的後果對學生不具增強性，因此他就不想參與；有時學生從某個成人獲得很多支持，反而忽略了明顯的線索。有時在老師給全班指令後，身旁的助理再給與提示，我們反而無法了解學

60

生是否真正的了解指令。江格科等人（Giangreco et al., 1997）指出，助理若和學生太親近有時反而造成干擾。有時學生了解自然線索但無法適當反應，是因為他有肢體或感官的缺陷，例如，老師要同學清掃教室，小安是有肢體障礙的重度智障生，他聽到了也理解了老師的指令，但是肢體障礙使他無法遵照指令行動，如果讓他從圖片指認老師的指令，他可以正確注視適當的圖片表示他理解，可見只要使用適當的替代溝通法，例如照片、符號等，他可在支持的情形下完成清理的工作。

61

　　差異分析的重要性是可以紀錄學生的表現未符預期的原因，了解之後就可以擬訂介入的目標，有時只須強化自然線索（如老師說話大聲一點、走近學生的身邊，或在給指令時觸摸學生），有時則須大幅調整環境學生才能參與。

學生：凱弟，四歲（愉悅、笑臉燦爛、喜歡與人為伍、固執、重度肢體及智能障礙）

活動：假裝——火車

年級：學前

活動步驟	自然的線索	學生的表現	溝通技能的需求	差異分析	介入計畫
走到協演遊戲角落	老師指示，選項、偏好	—	接受性：了解老師的指引	身體無法移至遊戲角落	教他用圖片選擇想去的角落，然後推他去
決定想協演什麼角色	選項、偏好	—	表達性：說明角色，了解別人已作的選擇	無法使用口語	教他用圖片溝通輔具，使用「大麥克」提出想玩的角色
穿上道具服，取得道具	道具服：道具	—	表達性：必要時請求協助	無法使用口語	教他找成人，使用「大麥克」提出請求
協演角色	對角色的所認識：別人所說的和所做的	+	接受性：了解他人	語言有限：沒有口語	教他使用圖卡語言和其他同學互動
停止遊戲	老師的指示	+	接受性：回應他人		
把東西放回原位	老師的指示；對教室規則的認識	—	接受性：聽懂老師的話	肢體無法操弄東西	助理扶著他的手，他和同學共同把東西支回

圖 2-5. 凱弟的功能生態評量表

63

學生：茉莉，六歲（好動，喜歡看書，喜歡笑，重度自閉症）

活動：尋寶大會（分享時光）

年級：小一

活動步驟	自然線索	學生的表現	溝通技能的需求	差異分析	介入計畫
走到地毯區	老師的指示：看到地毯區	—	接受性：了解老師的話意	沒有動機：沒有注意到老師要她坐在椅子上	老師走近茉莉，給她肢體指示：給她看小組坐在地板上的圖片；讓她看喜愛的書去；允許她坐在椅子上（不必坐在地板上）
坐在地板上面對老師	老師坐在前面，地毯上的空位	＋	接受性：了解老師的話	可能不了解老師的要求；可能不知道要舉手	老師走近茉莉，給她肢體指示：用手比求來的東西示範舉手，並以肢體碰觸她手肘來提示
想和大人分享的話就舉手	想分享時，老師詢問誰想發表	—	表達性：舉手	可能不了解老師的興趣；可能不知道要舉手	請家長有時帶有關的特殊帶來的東西來：用手比求來的東西示範舉手，並以肢體碰觸她手肘來提示
坐在地毯上，輪到她時，向同學說帶來的東西的程序；並回答問題	對老師的認識：了解帶來的東西舉手的意義	—	接受性：了解同學的問題 表達性：解說帶來的東西並且回答問題	不會用口語；可能不了解同學的問題 不了解同學的問題	請家長先要茉莉的特殊帶有關的物品，錄音並播說來的東西；讓她站在小組前，拿著東西，並回答相關問題；教她按下錄音機的開關

（下頁續）

（續上頁）

傾聽別人發表	同學在發表；知道教室規則	－	接受性：了解同學的話	可能不了解同學的話；無法在團體中久待	坐近茉莉身邊協助她專注；讓她拿著東西，或手上有東西玩弄
舉手問問題或表示意見	有問題或意見；被點到名字	－	接受性：了解別人說的話。 表達性：問問題或發表意見	不用口語；注意力不能持久，以致不知道問什麼	給她三張寫上不同問題的顏色卡片；教她選出一張然後舉手；第四張卡片上畫張笑臉，寫有正面的評語
回座	老師的指示；結束活動	＋	接受性：了解老師的話		

圖 2-6.　茉莉的功能生態評量表

學生：小庫，十歲（喜歡寵物、稱讚時反應良好、努力、視障、智障、需要有限度的支持、腦痳）
活動：自然科（太陽系）
年級：小五

活動步驟	自然的線索	學生的表現	溝通技能的需求	差異分析	介入計畫
聽老師說話	老師說話	－	接受性：了解老師的話	可能聽不懂每個字	展示即將製作的模型範本；請同學幫老師展示給同學看
拿取材料	老師的指示：別人去拿的動作	－	接受性：了解老師的話	不知道材料在哪見；攜帶有困難	請同學當他的明眼導夫到拿樣子前；幫他把材料放在背包
夫進合作學習小組	老師的指示	＋	接受性：了解老師的話		教他聽從一個步驟的指令；先促請他過來，能回答「是」，用語音溝通板發表意見
製作太陽系的模型	太陽系的圖片；同學的意見	－	接受性：了解同學的意見；表達性：向同學發表意見	可能不見圖片的內容；口表達有限	讓他聽從一個步驟的指令；用語音溝通板發表意見
把材料放回	老師的指示	－	接受性：了解老師的話	不知道材料應放在哪裡；攜帶有困難	讓他使用背包，並請同學當導

圖 2-7.　小庫的功能生態評量表

學生：小米，十三歲（好奇，機械操作能力強，喜歡小機械，重度自閉症，無口語）

活動：語文課（詩詞）

年級：國三

活動步驟	自然的線索	學生的表現	溝通技能的需求	差異分析	介入計畫
聽老師講話	老師說話	—	接受性：了解老師的話	缺乏動機；不注意；不注意聽；可能聽不懂	讓他看有插圖的詩歌；老師要求他播放好的詩詞帶
參與班上學生的討論	老師問問題，同學自己回答，有要發表的念頭	—	接受性：了解老師的話和同學的話；表達性：回答問題，發表意見	缺乏動機；不注意；沒有口語：沒有符號溝通系統	派一個同學和小米一組，由同學聽；使用插圖講解詩的內容
朗讀詩詞	老師的指示：詩詞	—	接受性：了解老師的話和文字	可能聽不懂；不會讀	讓小組在有電腦字的電腦上作業；小米從圖形檔中選取
小組一起寫作詩詞	老師的指示：白紙	—	接受性：了解同學的話；表達性：說出想法，寫出想法	不會說也不會寫	同學打字，小米從圖片插畫
交給老師	了解老師的期待	十			

圖 2-8. 小米的功能生態評量表

學生：小高，十七歲（喜歡討好別人，喜歡藝術，運動不錯，想練賺錢，聽障，中度智障）
活動：歷史課
年級：高三

活動步驟	自然的線索	學生的表現	溝通技能的需求	差異分析	介入計畫
聽老師的指示	老師說話	—	接受性：了解老師的話	聽不到	助理安靜與小高工作：展示完成的作業。引進新的手勢語去拿
拿取材料	老師的指示	—	接受性：了解老師的話	聽不到	老師用手勢要求去拿；請同學協助
組成三人的小組	老師的指示：別人的作業	+	接受性：了解老師的話	聽不到，只懂少數的手語詞	請助理和老師教同學活動中用得到的手語
與小組一起完成作業	特定完成的作業：同學的意見	—	接受性：了解同學的玩笑	只懂少數的手語詞	請一位已完成的作業同學，用手勢：展示—圖片，和手語展示給小高看
清理工作區	老師的指示：同學的行動	+	接受性：了解決定性：表達性：說明：回答問題	只懂少數的手語詞	小高拿成品同班上卡片上展示，其他組員口頭報告；請他示範手語，用圖片幫忙
向全班展示和報告	老師的指示：完成老師的作業	—	接受性：了解同學的問題；表達性：說明：回答問題	只懂少數的手語詞	請組員把問題放在卡片上：提示其他組員
注意聽別組的報告	組的聽其人作的果觀	—	接受性：別組報告人作的果觀	只達少數的手語詞	只達成別組報告完時把起；請其他組員口頭報告；用圖片讓他學把作品拿近他的位置讓他看清楚

圖 2-9.　小高的功能生態評量表

(3) 錄影觀察

68

　　老師每天花很多力氣在學生身上，有時反而無法看清楚完成活動所需要的具體步驟，如果錄影下來，老師和團隊成員就可以細心的分析而不至影響上課，因此錄影對評量極為有用（Burford, 1996; Siegel-Causey & Wetherby, 1993）。

　　用三角架固定攝影機就可以拍攝整節課，也可以把一天裡一大段時間記錄下來，這樣教室發生的每件事都會被捕捉到，而不只是刻意抓取某些特定的溝通互動。習慣了拍攝之後，學生很快就會適應，最後甚至忘掉攝影機。可能的話，團隊成員也可以幫忙拍攝一整節課或某個活動，從錄影帶裡會看到學生典型的表現方式，會讓我們得到很多寶貴的訊息（Siegel-Causey & Wetherby, 1993）。團隊成員不必聚會就可以分析同樣的資料，使用錄影觀察會比同時有多個成員在教室觀察更不具干擾性，可以讓許多成員檢查同樣的互動狀況，甚至可以重複好多次。團隊也可以在聚會時討論錄影的內容，交換訊息。

五 如何促進團隊成員之間的溝通

69

在團隊成員間互動（特別在轉銜的議題上）時，若能明確地描述學生的溝通方式才能有效地協助學生。愈清楚了解學生的理解和表達能力，成員間的互動會愈良好。IEP 要求描寫學生的現況，其中很重要的部分就是他的溝通能力，底下有兩個例子說明如何和他人分享此項重要的訊息。

範例一

阿美（六歲）沒有口語能力，發展年齡是 2.1 歲，她的溝通技能相當於二歲半，表達能力相當於九個月。

範例二

阿美（六歲）並不使用口語來表達，但是可以理解口語（三字或四字詞是最有效的）。他也使用照片、實物線索、身體姿勢以及臉部表情來理解他人的意思，他使用發聲（引人注意的聲音，尖叫）、臉部表情、圖片和實物表達自己，他如果不想參加活動或拒絕別某人時，就會尖叫。

範例一提供的訊息非常有限，這樣的訊息仍有待大量的解釋，對學生如何和別人互動並沒有提供清晰的圖像。反之，範例二清楚陳述學生和人有效互動的方式，對於想了解學生溝通技能的人較有價值。範例二不提發展年齡，因為這不是有用的訊息，我們不會把阿美當成是兩歲的小孩來互動，也不可能使用嬰兒說話的形態來和他談話。

六 評量的結果

1、擬訂個別化教育計畫

評量的實際用途之一是擬訂個別化教育計畫，這項工作也需要團隊合作，沒有哪個成員，應該單獨負責發展整個 IEP 裡的溝通目標，反之每個成員都應合作擬訂溝通領域的目標，因為溝通幾乎是所有活動必備的技能（Guess & Helmstetter, 1986）。例如在生物實驗的小組合作需要精細動作技能來操弄材料及記錄結果，在認知上聽從指導、閱讀、說明和解決問題都很重要，溝通技能則包括聆聽老師和夥伴的話、詢問問題、請求協助、與同伴互動、表達想法、回答老師的話等，團隊成員根據觀察和經驗，可以確定某項活動所需的技能。

　　把評量結果落實到介入方案需要整個團隊的合作，透過團隊合作大家對重要的溝通目標就會有一致的看法，也不會有某些評量結果還需要解釋的狀況，因為所有的訊息都是以整合的方式取得（Downing & Bailey, 1990）。評估和介入是整個團隊的責任，教育團隊的第一步是找出學生最重要的活動。江格科等人（Giangreco et al., 1998）提出如何決定重要活動和 IEP 優先目標的程序，決定所需的溝通技能也是這個程序中的一部分。江格科等人（Giangreco et al., 1998）發現溝通技能是家長認為最優先的項目。一旦指出哪些活動是重要的項目，有關的溝通需求也就可以使用生態功能評量法來評估。根據生態功能評量法所作的差異分析，可以擬訂 IEP 的目標，即為學生將要學習的技能，也是團隊全體成員的目標，這個模式較具整合性，也較有效率。

　　底下的例子說明如何運用評量的結果擬訂 IEP 的目標，目標之下列出特定的技能，包括：和誰、如何、為何、在哪些情境下溝通，並詳列評量的標準。

🐾 小藍的例子

　　小藍是六年級生，評估的範圍是校內的學科和非學科的活動。在我們觀察中小藍沒有使用口語，別人問她問題時，偶爾會用以靠近對方的方式來回應。小藍的診

斷是雷特式症候群、嚴重視覺及智能障礙，還沒學會如何清楚一致的反應方式。由於她缺乏反應力，一般人很難維持和她的互動，團隊成員於是把回應當成重要的溝通需求，她的父母特別擔心她在班上沒有朋友，底下列出是主目標和次目標。

主目標：在每天上學期間小藍和同學的互動至少要增至十次以上。

次目標一：當被問到喜歡和誰一起工作時，小藍在五秒內會抓住同學的手，十次當中有九次會這樣做。

次目標二：下課期間如有同學邀她去玩，她在十秒鐘之內會加以回應，並和同學出去，至少連著十次都如此。

🐎 小馬的例子

小馬是國二學生有唐氏症，說話很快，不容易了解，在不熟悉時，他會低頭而且說話很小聲。小馬會清楚表示是和不是，喜歡和同學在一起，在同學聽不清楚他的話時，他會反覆傳遞訊息。他似乎能理解別人大部分的話，如果他知道該做什麼時，他會遵從指令。團隊為他設計可攜帶的圖片溝通輔具，因此別人較易理解他，團隊很想提升他表達性溝通的清晰度，因為他對無

法讓人了解感到十分挫折。

　　主目標：小馬在一半的互動機會中可以讓別人理解。

　　次目標一：和人對話時，小馬會手指圖片來協助，溝通夥伴在每次對話中至少對他會有一次適當的回應，連續十五次的互動都如此。

　　次目標二：當別人表示聽不懂時，小馬會減慢說話速度，注視溝通夥伴、使用手勢、圖片或手邊有的實物，具體傳遞他的意圖，至少十次都如此。

🐾 小可的例子

　　小可五歲，非常好動，行動敏捷，喜歡用手操作物品。他被診斷為嚴重自閉症及發展遲緩，沒有口語。在幼稚園裡小可使用實物、眼神凝視及身體動作和別人溝通，特別在表達不喜歡某項活動時他會跑走、尖叫、吐口水、抓人、摔東西。他可以聽從某些口語指令，對圖片有興趣，特別是狗的圖片。他不喜歡大團體，也不喜歡作息的變動。老師和家長比較憂慮的是他對不喜歡的活動會有逃跑的行為。有時他也會去激怒同學，團隊認為小可需要有替代的表達方式，以下就是他的目標。

主目標：挫折或生氣時會使用不具破壞性或傷害性的方式來表達，一個月內有百分之八十的時候是如此。

次目標一：不想做某項活動時他會拿起休息卡，搖動卡片或交給老師，請求不參與活動，在十五次當中希望可以做到十二次，而不表現出不好的行為。

次目標二：當老師要他停止某活動或不要再操弄某材料時，十次有八次他會用搖頭的方式來表達。

在寫 IEP 的主目標和次目標時，有時會覺得所預期的目標技能看起來不太自然甚至與現實脫節，為了讓 IEP 的目標不至成為空中樓閣，我們必須具體特定地描述，如果沒有具體的標準，我們就無法知道這些目標是否已達成，也不知道介入是否成功。

2、評量進步的情形

評量是持續的歷程，目的是確定介入方式不脫離正軌，而學生終能獲得目標技能。若未持續評估教學，學生可能沒有達到預期的進步，而老師也會感到挫折或失去耐性。如果一個方案執行很久卻沒有仔細評估成效，那麼，許多寶貴的經驗很可能都會丟掉。溝通技能的評量要有總結性的，也要

有形成性的評量。

　　實施定期的評量可以了解學生的優勢與弱點，可以讓團隊持續強化學生的優勢，彌補弱點。例如當我們發現學生只對少數成人但卻不對同學打招呼，如果教育目標包括讓學生同時向成人和同學打招呼，那麼，團隊就知道哪裡該加強，而同樣的資料也讓我們知道學生有能力和成人打招呼，團隊接著就要教導學生把他的技能類化到同學身上。圖 2-10 至 2-12 是小藍、小馬、小可的資料表。

3、修訂介入方案

　　除非資料經過分析和用來作為某種決定的依據，否則資料本身毫無意義。蒐集了資料卻不去應用，對老師、治療師和助理都是很可惜的事，不僅浪費時間也只能填塞學生的檔案夾。資料除了用來查證 IEP 的績效外，更重要的是用以判斷教導的方案是否有修改的需要。

　　學生在溝通能力目標上沒有進展，原因若在教導的方式上，就表示教育方案需要調整，教學策略也需要修正（Cipani, 1989）。也許提示不夠明顯、目標或許太難、輔具可能不易使用。這時，團隊應該考慮修正介入方案。

　　持續的評量能顯示學生是否已經學會某些技能，而可以

目標：當被問到喜歡和誰一起工作時，小藍在五秒內會抓住兩個
同學之一的手，十次中有九次會這樣做。

	日期：4/16	日期：4/16	日期：4/17	日期：
	活動／科目 國語	活動／科目 體育	活動／科目 自然	活動／科目
同伴	⟮雪麗⟯ 莉莎	⟮小白⟯ 小黑	小傑 ⟮雪麗⟯	
反應時間 （秒）	6	5	4	
提示	P	VP	＋	

圖 2-10. 小藍 IEP 溝通能力目標檢核表單。圈選的人名顯示小藍
選擇一起工作的同伴（＋＝自然的線索；VP ＝口語的
提示；P ＝肢體碰觸他的手肘）

目標：和人對話時，<u>小馬</u>會手指圖片來協助，溝通夥伴在每次對話中至少對他會有一次適當的回應，連續十五次的互動都如此。

	日期：3/20	日期：3/20	日期：3/21	日期：3/22
活動／科目 時間	領導訓練 9：05	下課 10：00	自然 12：50	領導訓練 9：05
所選的圖片 （主題）	電腦	・姊姊照片 ・跑車	・幫幫我 ・要上廁所	・同學的照片 ・「太好笑了」
成功地澄清	/	//	//	//
機會的次數	///	////	///	//

圖 2-11. <u>小馬</u> IEP 溝通能力目標的檢核表單

進入下一階段。雖然有時 IEP 並不需要修正，但可以增加新的目標，因為學生一直有學習新技能的需要。訂出完成目標的標準，就能判斷學生是否真的達到目標。

目標：當老師要他停止活動或不要再操弄材料時，十次有八次他
　　　會用搖頭表示。

	日期：10/21 情境： 洗手	日期：10/21 情境： 電腦時間	日期：10/22 情境： 玩剪刀	日期： 情境：
給指示的 老師	林老師：∨ 王老師： 其他：	林老師： 王老師：∨ 其他：	林老師： 王老師：∨ 其他：	林老師： 王老師： 其他：
小可的 反應	搖頭： 衝撞： 尖叫： 其他： 不理會	搖頭： 衝撞：∨ 尖叫：∨ 其他：	搖頭：∨ 衝撞： 尖叫： 其他：	搖頭： 衝撞： 尖叫： 其他：
所需要的 指示	示範：∨ 口頭提示：∨ 摸頭：	示範：∨ 口頭提示：∨ 摸頭：∨	示範：∨ 口頭提示：∨ 摸頭：	示範： 口頭提示： 摸頭：

圖 2-12.　小可 IEP 溝通能力目標的檢核表單

4、決定下一步驟

　　當學生精熟了某些目標，為他決定下一個步驟也許不太容易，特別是在沒有固定的課程可以依循時。溝通教學的本質相當個別化，也因情境不同而有不一樣的需要，因此不可能把所有的步驟標準化。團隊只能依據個人的狀況決定下一個步驟該做什麼。

　　比較學生現有的溝通方法和可用的各種方式，即可發現他的溝通行為清單中還需要添加什麼項目。例如，如果學生僅依賴實物表達，這就表示有必要教他用自然的手勢和發出聲音，甚至使用圖片或照片來引起注意。當然，這要依據個別情況來決定。如果發現學生只會被動回應他人，卻很少主動引發和人互動，這就可以考慮是下一個步驟的目標。假如學生只和某個成人互動，教導他和其他人互動就可以是下個步驟的重點。如果發現普通生難以了解障礙生，那麼就有必要教他更清楚易解的溝通形式，也許也要指導普通生去理解。

　　來自學生本人、家屬甚至同學的意見，也許是在決定下個步驟時最重要的參考依據。原先認為重要的技能在後來也許會被其他技能所取代，因為後者的實用性更大。例如，家長和老師可能非常強調禮節用語（請、謝謝），但如果學生

把它和請求用語（還要）搞混，那麼就有必要另訂較不易混淆的功能為目標。根據學生的現況、優勢及迫切的需求等因素，才能訂好下個步驟的目標。

七 摘要

　　本章說明生態評量模式在溝通技能評估上的作用，評量的目的不在排除不符資格的學生。評量應能反映出學生的優勢、環境的特性、溝通的機會和學生的期望等。評量的用意是了解學生目前的能力，然後以此為基礎培養他成為一個有效能的溝通者。評量的另一個目的是發現需求，只不過不是依據一般的想像，而是老老實實地根據當事人的環境訂出他的需要。

　　由於團隊的時間有限，評量要針對重點，和未來的教導一定要有關連。只有評量能和介入計畫或 IEP 緊密結合時，它的重要性才能彰顯出來，也才能被人接受。

八 參考書目

Beck, A.R. (1996). Language assessment methods for three age groups of children. *Journal of Children's Communication Development, 17*(2),31-66.

Biklen, D. (1985). *Achieving the complete school: Strategies for effective mainstreaming.* New York: Teachers College Press.

Blackstone, S. (1993). Clinical news: Cultural sensitivity and AAC services.*Augmentative Communication News, 6*(2), 3-10.

Burfrod, B. (1996). A way of assisting carers of children with profound learning disabilities to share what they know about communcation. *Network, 5*(1), 31-37.

Calculator, S.N. (1994). Designing and implementing communicative assessments in inclusive settings. In S.N. Calculator & C.M. Jorgensen(Eds.), *Including students with severe disabilities in schools: Fostering communication, interaction, and participation* (pp. 113-182). San Diego,CA: Singular Publishiner Group.

Calculator, S.N., & Jorgensen, C. (1991). Integrating AAC instruction into regular education settings: Expounding on best practices. *Augmentative and Alternative Communication, 7,* 204-214.

Casby, M. (1992). The cognitive hypothesis and its influence on speech-language services in schools. *Language, Speech and Hearing Services in Schools, 23,* 198-202.

Cipani, E. (1989). Providing language consultation in the natural context: A model for delivery of services. *Mental Retardation, 27,* 317-324.

Cipani, E. (1990). "Excuse me: I'll have..." : Teaching appropriate attention-getting behaviors to young children with severe handicaps.*Mental Retardation, 28,* 29-33.

Cole, K.N., Dale, P.S., & Thal, D.J. (Vol. Eds.). (1996). In S.F.Warren & J. Reichle (Series Eds.), *Communication and language intervention series: Vol. 6. Assessment of communication and language.*Baltimore: Paul H. Brookes Publishing Co.

Downing, J.E. (1996). *Assessing the school-age student with dual sensory and multiple impairments (age 6-15).* Columbus, OH: Great Lakes Area Regional

Center on Deaf-Blindness.

Downing, J., & Bailey, B.R. (1990). Sharing the responsibility: Using a transdisciplinary team approach to enhance the learning of students with severe disabilities. *Journal of Educational and Psychological Consultation, 1,* 259-278.

Downing, J., & Perino, D.M. (1992). Functional versus standardized assessment procedures: Implications for educational programming. *Mental Retardation, 30,* 289-295.

Falvey, M.A. (1995). Communication skills. In M.A. Falvey (Ed.), *Inclusive and heterogeneous schooling: Assessment, curriculum, and instruction* (pp. 229-226). Baltimore: Paul H. Brookes Publishing Co.

Giangreco, M.F., Cloninger, C.J., & Iverson, V.S. (1998). *Choosing outcomes and accommodations for children (COACH): A guide to educational planning for students with disabilities* (2nd ed.). Baltimore: Paul H.Brookes Publishing Co.

Giangreco, M.F., Edelman, S.W., Luiselli, T.E., & MacFarland, S.Z.C. (1997). Helping or hovering? Effects of instructional assistant proximity on students with disabilities. *Exceptional Children, 64,* 7-17.

Gothelf, C.R., Woolf, S.B., & Crimmins, D.B. (1995). Transition to adult life: The transition process. In K.M. Huebner, E. Joffee, J.G. Prickett, &T.R. Welch (Eds.), *Hand in hand: Vol. 1. Essentials of communication and orientation and mobility for your students who are deaf-blind* (pp.446-463). New York: American Foundation for the Blind Press.

Guess, D., & Helmstetter, E. (1986). Skill cluster instruction and the individualized curriculum sequencing model. In R.H. Horner, L.H. Meyer, &H.D.B. Fredericks (Eds.), *Education of learners with severe handicaps: Exemplary service strategies* (pp. 221-248). Baltimore: Paul H.Brookes Publishing Co.

Hanson, M.J., Lynch, E.W., & Wayman, K.I. (1990). Honoring the cultural diversity of families when gathering data. *Topics in Early Childhood Special Education, 10,* 112-131.

Houghton, J., Bronicki, G.J., & Guess, D. (1987). Opportunities to express preferences and make choices among students with severe disabilities in classroom settings. *Journal of The Association for Persons with Severe Handicaps, 12,* 18-27.

Hunt, P., & Goetz, L. (1988). Teaching spontaneous communication in national settings through interrupted behavior chains. *Topics in Language Disorders, 9* (1), 57-71.

Kaiser, A.P., Hemmeter, M.L., Ostrosky, M.M., Fischer, R., Yoder, P., &Keefer, M. (1996). The effects of teaching parents to use responsive interaction strategies. *Topics in Early Childhood Special Education,16,* 375-406.

Light, J. (1997). "Let's go fishing." Reflections on the contexts of language learning for children who use aided AAC. *Augmentative and Alternative Communication, 13,* 158-171.

Lynch, E.W., & Hanson, M.J. (1998). *Developing cross-cultural competence: A guide for working with children and their families.*Baltimore: Paul H. Brookes Publishing Co.

Mirenda, P. (1993). AAC: Bonding the uncertain mosaic. *Augmentative and Alternative Communication, 9,* 3-9.

Mirenda, P., Iacono, T., & Williams, R. (1990). Commnication options for persons with severe and profound disabilities: State of the art and future directions. *Journal of The Association for Persons with Severe Handicaps,15,* 3-21.

Neill, M., & Medina, N. (1989). Standardized testing: Harmful to educational health. *Phi Delta Kappan, 70,* 688-697.

Notari, A., Cole, K.N., & Mills, P.E. (1992). Facilitating cognitive and language skills of young children with disabilities: The mediated learning process. *International Journal of Cognitive Education, 2,* 169-179.

Orelove, F.P., & Sobsey, D. (1996). Designing transdisciplinary services. In F.P. Orelove & D. Sobsey (Eds.), *Educating children with multiple disabilities: A transdisciplinary approach* (3rd ed., pp. 1-33).Baltimore: Paul H. Brookes Publishing Co.

Parette, H.P. (1995). Augmentative and alternative communication (AAC)assessment and prescriptive practices for young children with disabilities:Preliminary examination of state practices. *Technology and Disability,4,* 215-231.

Reichle, J. (1997). Communication intervention with persons who have severe disabilities. *The Journal of Special Education, 31*(1), 110-134.

Reichle, J., & Sigafoos, J. (1991). Establishing spontaneity and generalization. In J. Reichle, J. York, & J. Sigafoos (Eds.),*Implementing augmentative and alternative communication: Strategies for learners with severe disabilities* (pp. 157-171). Baltimore: Paul H.Brookes Publishing Co.

Romski, M., Sevcik, R., & Pate, J. (1988). Establishment of symbolic communication in persons with severe retardation. *Journal of Speech and Hearing Disorders, 53,* 94-107.

Rowland, C., Schweigert, P., & Stremel, K. (1992). *Observing and enhancing communicatoin skills.* Tucson, AZ: Communication Skill Builders.

Siegel-Causey, E., & Downing, J. (1987). Nonsymbolic communication development: Theoretical concepts and educational strategies. In L. Goetz, D.Guess, & K. Stremel-Campbell (Eds.), *Innovative program design for individuals with dual sensory impairments* (pp. 15-48). Baltimore: Paul H.Brookes Publishing Co.

Siegel-Causey, E., & Wetherby, A. (1993). Nonsymbolic communication. In M.E.

83

Snell (Ed.), *Instruction of students with severe disabilities (4th ed,.pp. 290-318). New York: Merrill Publishing.*

Sigafoos, J., & York, J. (1991). Using ecological inventories to promote functional communication. In J. Reichle, J. York, & J. Sigafoos (Eds.),*Implementing augmentative and alternative communication: Strategies for learners with severe disabilities* (pp. 61-70). Baltimore: Paul H. Brookes Publishing Co.

Soto, G., Huer, M.B., & Taylor, O. (1997). Multicultural issues. In L.Lloyd, D. Fuller, & H. Arvidson (Eds.), *Augmentative and alternative communication: A handbook of principles and practices* (pp. 406-413). Needham Heights, MA: Allyn & Bacon.

Walden, T.A., Blackford, J.U., & Carpenter, K.L. (1997). Differences in social signals produced by children with deveoplmental disabilities of differing etiologies. *American Journal of Mental Retardation, 102,*292-305.

Yoder, D., & Munson, L. (1995). The social correlates of co-ordinated attentionl to adult and objects in mother-infant interaction. *First Language, 15,* 219-230.

Yoder, D., Warren, S., Kim, K., & Gazdag, G. (1994). Facilitating prelinguistic communication skills in young children with developmental delay.II: Replication and extension. *Journal of Speech and Hearning Research,37,* 841-851.

84

第三章 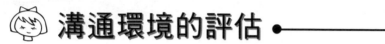溝通環境的評估

　　溝通障礙專家都主張，溝通技巧的教導應在普通班當中進行，因重度障礙學生在此有同儕楷模的支持（Calculator, 1988; Calculator & Jorgensen, 1994; Janney & Snell, 1996; Lamorey & Bricker, 1993; Mirenda, 1993）。同學的社交、互動和溝通能力通常都很好，因此重度障礙學生會有許多練習的機會。

87

　　　既然溝通是兩個以上的人之事，評估社會環境和評量學生的溝通能力一樣重要。第二章已強調環境的重要性，本章要進一步探討普通班級裡社交互動的期待和機會，這些都會決定學生們需要的技能是什麼。了解這些環境的複雜性之後，我們才有能力去協助重度障礙學生主動地參與學校的社交生活。

一　學校環境

　　學生每天在校的生活都會有許多社交和學習的活動，影響互動的因素不斷地變動，教學目標不能只限定在少數的溝通能力上。誰在何時會對誰用多快的速度說些什麼，教師和語言治療師都難以掌握。障礙生最好學會不依賴環境中固定的線索，而能自主地和人溝通，類化的能力則是達成這個目標的關鍵。

有些互動形態歷久不變，由於環境線索相同，因此成為練習溝通技巧的絕佳機會。例如，上小學的雪倫在午餐時間排隊取用食物，工作人員總會問她要哪種牛奶？時間、環境、人員、問話的內容幾乎日日相同。雪倫因此有了熟悉的環境線索，便會預期人家會問些什麼，她又該如何反應。又如，障礙生約翰在體育館幫忙管理，體育老師總是拍他的肩膀向他問候「你好嗎？」，固定的時間、同樣的人、說同樣的話，也會讓約翰知道他該如何反應。日常大多的互動就比較不那麼固定了，同學會在不同的時間問不一樣問題，如「昨晚你做些什麼？」、「午餐你上哪兒？」、「想要打球嗎？」。他們打招呼的方式也各有不同，如「嗨，昨天晚上你有看××影集嗎？」、「吃飽了沒？我好餓喔。」、「放學到我家好嗎？」。談話的主題一日數變，難以捉摸，而固定的互動線索難尋，這對重度障礙學生是一大挑戰，老師若想有效幫助學生，他就必須認識到這層困難，才能作出因應對策。

為了了解障礙生需要什麼詞彙和一般溝通能力，老師有必要留意同儕間典型的互動情形。隨著年紀不同，學生談話的內容也有所變化。師長們應設法熟習一般學生如何對話，並特別考量文化、性別及年齡差異。少了這些訊息，替代的溝通模式就會顯得很造作。黑林等人（Haring, Haring, Breen,

Romer, & White, 1995）認為如未考量學生的興趣偏好、一般的活動及社交機會，就不要貿然以自訂的社交技巧內容來施教。從自然情境中蒐集訊息才能讓團隊放對重點，才知道教他有助於成為班上一分子的技能。

89

二　蒐集資訊

　　在校內不同場合蒐集溝通機會的資料要講究方便迅速，因為老師們連記錄學生進步的情形都常嫌時間不夠了，更何況是要去了解有哪些學習的機會。不過光是知道互動會在何時發生就值回票價了。團隊的所有成員都可以隨時取得這個資訊，並和其他成員分享。互動可以發生在學生和不同人（如同學、老師、校長、職員等）之間。不同的互動，其內容、語氣、長度、複雜性和目的也各不相同，有些用得上非符號性溝通（如微笑注視打招呼），但其他就得依靠符號性的溝通（如向同學表達和朋友一起過週末的事）。只有知道普通生在各種場合中的溝通形式才能告訴我們重度障礙學生需要協助的地方。這類的訊息可以避免過當的措施（如學生原本可用搖頭和點頭表示是、否，卻勉強要求使用圖形符號）。有些工具就是特地設計來評量某個場合的潛在溝通的機會。

例如，羅蘭及史威格（Rowland & Schweigert, 1993）設計了一個評量工具，稱為《溝通環境分析表》（Analyzing the Communication Environment, ACE），用以了解一般環境、活動中存在哪些溝通機會，共五十二題，分為六組：⑴活動、⑵學生的溝通形式、⑶成人的互動、⑷團體動力、⑸材料、⑹溝通機會。最後一組依不同的溝通功能（如請求、提意見、抗議）來設計題目。

《社會互動教育評量表》（The Educational Assessment of Social Interaction, EASI）測量障礙生與普通生之間的互動情形（Haring, Anderson, & Goetz, 1983），可以提供的訊息有：重度障礙學生開啟的互動、普通生開啟的互動、有開啟及反應的互動，以及互動的類型。此外，也可以得知互動次數及特定場合中的溝通夥伴。這個工具可以用來比較障礙生和普通生在互動上的差異，這種資訊對溝通訓練很有用。這個量表原先用在學校當中，之後被修來適應不同的場所（如職場）（Lee et al., 1997）。

甘乃迪和艾考能（Kennedy & Itkonen, 1994）所設計的《社會接觸評量表》（The Social Contact Assessment Form, SCAF）是活動本位的評量，用以評量學生在校的社會交往情形，直接觀察學生的社會交往次數、何時何地發生、與誰交往、品質如何，全部加以記錄。甘乃迪和艾考特使用這個評

量表了解高中重度障礙學生及普通生的社會交往網路。

　　除了正式的量表外，非正式觀察也是資料蒐集法之一。從他人取得活動的軼事紀錄（如學前兒童感到興趣的事物、學校午餐時間同學的談話內容），是了解障礙生周圍環境的社交氣氛的方法，透過此法可以得知學生最可能產生互動的時間和場所。

1、普通生的語言樣本

　　重度障礙學生需要哪些詞彙可以參考普通生彼此互動的語言樣本，取樣必須涵蓋各個年齡組不同的場合。由於專家無法得知學生實際談話的主題，生態調查就很有必要（Balandian & Iacono, 1998a）。調查的場合應包括各學科課堂、下課休息、午休、特殊的活動（如美術、音樂、樂隊、體育）等。

　　生態調查的重要性不可輕忽，因為知道了普通生說話的方式和內容，不但對輔助溝通法的設計很有幫助（見第六章），也知道應該教導重度障礙學生使用哪些詞彙。讓重度障礙學生說的話像同學，總比像成人好。雖然可以聽聽同學的轉述，考察實際的語言樣本更重要。

　　從同學的語言樣本中可以看出各個年齡層的學生在不同場合所用的詞彙，抽樣的範圍愈廣，訊息愈有用。學生的表

達和互動方式會影響溝通輔具應包含哪些詞彙（Balandian & Iacono, 1998b; Beukelman & Mirenda, 1998）。從語言樣本也可看出學生如何引人注意、帶入話題、捉弄別人，及進行人際互動。較小的學生打招呼時會說「嗨」或交換眼色，較大的學生可能就會說「有什麼鮮事」或用「昨天晚上看到你和阿蓮」的八卦來問候。詞彙和字眼都要模仿同齡學生的用法。

儘管成人總希望學生的語句既完整又合文法，但學生常不是如此，因此，溝通輔具若全是這種句子，就會顯得太矯揉造作。普通生不太可能會說：「本日放學之後是否願意來寒舍？」，反而最可能說的是：「來我家好嗎？」當然，個性、年紀、同儕團體等因素都會影響學生的用語。

傳統的評量往往忽視文化差異，語言樣本則不然。家屬（特別是障礙生的手足）往往可以幫助檢視輔助溝通法與當地的文化（或方言）是否相容。某些詞語可能有不同的意涵，直接翻譯不見得合適（Fradd & Wilen, 1990），所說的話被他人正確理解才是關鍵。使用方言樣本時，分析者也要懂那種方言，了解這個方言的文化（Blackstone, 1993）。

2、取得語言樣本

　　團隊不同的成員都可幫忙取得同儕的語言樣本。實際上，眾人的參與很重要，原因是一個人不可能身處所有不同的場合。女生在洗手間裡的談話可能只有某位成員可以取得，也只有某個人有機會觀察到學生在自然科實驗時的互動。為了讓重度障礙學生參與不同的情境，多種樣本是必要的。語言樣本不見得愈長愈好，學生之間簡短的對話內容也可以很有用。在採樣的過程中，如何不干預學生是門大學問，因為有大人在場時學生的互動可能就不夠真實。

　　沒有人可以整日跟著學生，然後把他所說的話逐字逐句記載下來。當然可以把學生的對話錄音起來，前提是得到學生和家長的同意，不過，錄音本身就會干擾到說話的方式和內容（對大一點的學生尤其如此）。不過，老師和團隊成員倒是可以豎起耳朵細聽無意撞見的對話。輔助溝通法要想辦法和學生的同儕團體契合，特殊教育工作者就是要設法減低障礙生和同儕之間的差異性。所以要使輔具適切，就必須充分掌握同儕互動的方式。表 3-1 至表 3-3 提供不同年齡學生的語言樣本。

　　除了可以由觀察得到語言樣本之外，也可以由學生向團

表 3-1. 小一普通生的語言樣本

活動：點心／休息時間

場合：教室外

溝通形式：口語、臉部表情、目光接觸、手比、實物、身體接近、自然手勢

內容	功能／目的
・談論點心	・請求 「想不想換？」、「給我一些好嗎？」 ・引導注意力 「看我有什麼！」 ・抗議 「有人拿了我的蓋子！」
・請求協助	・提出請求 「你幫我推好嗎？」 「你能把它打開嗎？」
・談論衣著	・引導注意力 「看我的新鞋！」 ・詢問訊息 「從哪裡拿到的？」 ・發表意見 「我也有很像的鞋子！」

隊轉述。這種方法的缺點是，學生不見得完全清楚自己的溝通行為。例如，當你問他和人打招呼的方式時，他可能告訴你：「就是說嗨嘛」，不過，觀察學生的行為卻不是這麼一回事。因為人們往往不完全覺察到自己的行為模式，實地的行為觀察可以彌補轉述的不足。輔助溝通法和同儕的溝通方式愈契合，障礙生的歸屬感才愈容易建立。

表 3-2.　小六普通生的語言樣本

活動：布置教室

場合：領導訓練課

溝通形式：口語、臉部表情、手勢／肢體語言、目光接觸、身體靠近

內容	功能／目的
·關於跳舞	·社交 「會很有趣喔！」 ·詢問訊息 「下次什麼時候跳舞？」 「你能扶著梯子嗎？」
·關於學校	·發表意見 「這次功課很難！」 ·詢問訊息 「功課作完了沒？」 ·肯定／否定 「還沒！」
·關於其他同學	·發表意見 「阿寶體育課有麻煩了！」

三 把握自然的溝通機會

　　雖然校內任何一天當中充滿溝通的機會，但要把握住適於教導重度障礙學生溝通技能的時機，倒也未必十分容易（Haring, Neetz, Lovinger, Peck, & Semmel, 1987; Schwartz,

表 3-3. 國三普通班女生的語言樣本

活動：午餐後的閒談

場合：餐廳

溝通形式：口語、自然手勢、臉部表情、拍肩膀、抓、實物

96

內容	功能／目的
·其他同學	·引導注意力 「喂，注意看她！」 ·發表意見 「我討厭她，她是×××！」 「喔，天哪！妳應該看看她的樣子！」
·食物	·抗議 「別鬧了，噴到我身上了！」
·化妝	·提議分享 「來，試試這個顏色。」 ·社交 「在妳臉上真好看！」
·家人	·發表意見 「我媽很囉嗦！」

Anderson, & Halle, 1989; Sigafoos, Kerr, Roberts, & Conzens, 1994）。或許障礙生和普通生的能力差距太大，而且普通班的步調太快，老師很難把握住機會然後把溝通訓練融進去。司嘉福和約克（Sigafoos & York, 1991）認為重度障礙學生往往在來不及表達時別人就介入，因此白白喪失許多學習溝通的機會。溝通夥伴應反省和障礙生互動的方式，必要時應加以修正。表 3-4 所列舉的問題可供師長們參考。

表 3-4.　增加互動的自然機會

對教室中每一個活動，支持者都可以逐項檢視下列問題：

1.障礙生可以和其他同學互動嗎？和老師呢？
2.學生對活動會「說」些什麼？向誰「說」？
　‧請求協助、詢問訊息、要求物品、要求伴侶？
　‧拒絕活動的全部或部分，或有些材料？
　‧對簡單「是否問句」有回應嗎？
　‧對有圖片或觸覺輔助的簡單問句有回應嗎？
　‧問問題？
　‧對活動好不好玩表示意見？
3.活動能不能稍加調整以產生較多的溝通互動？
　‧夥伴的訓練？
　‧合作學習？
　‧小組活動？
　‧團隊？
4.同學可以請障礙生幫忙取物嗎？

　　利用自然情境來訓練，不同於特地安排的教學情境。機會在每天當中隨時出現，把握這些機會來教導也會自然許多（Buess & Helmstetter, 1986）。與其反覆密集練習特定的技巧（如按壓溝通板的鍵以換取玩三十秒玩具的獎勵），不如善用自然出現的機會。當然老師的警覺性要夠高，才能有彈性地利用這些機會。

知道何時適於教導溝通與何時不宜同樣重要。譬如，當學生在專心聽課或有人在口頭報告時，溝通的教學就會造成干擾。此時，宜以增進聽力理解為主或使其安靜地看書。表3-5列舉教導溝通技能絕佳及不宜的場合和活動。

近來有幾個研究（Billingsley & Kelley, 1994; Cosden & Haring, 1992）就在探討，從傳統反覆練習法轉變為在普通班中實施情境教學法的困難，教學導向的轉變意謂著教師和語言治療師應接受不一樣的職前訓練。如果他們體會到班級中的自然情境有利於技能類化時，他們就較願意放棄在傳統模式中所享有的主導性。總之，教師及團隊成員在班級中應盡量「順勢而為」。

表 3-5. 指認溝通機會

潛在的溝通機會	不會有溝通機會的活動
・午餐	・安靜自習
・下課	・聽講
・走廊	・老師指導
・合作學習小組	・考試
・點心時間	・聽宣布
・小組討論	・同學報告
・洗手間	・同學演示
・和夥伴工作	・安靜集合排隊

　　底下舉例說明班級中適合教導溝通能力的時機，雖然場所有別，但藉由不同年紀的範例，讀者應可以舉一反三。表3-6是一個精簡的摘要表，呈現不同科目和技能種類的溝通機會。

四 不同班級和科目的溝通技能

1、問好與道別

　　問好和道別是基本的社會溝通能力，對未來的互動和友誼的發展至關重要。障礙生欠缺這方面的主動性和被動性。沒有適當的行為，就很難和人持續互動，別人也會降低想互動的意願，所以障礙生應有主動問候或被動回應的能力。

　　在教導之前，老師應事先知道學生這方面的表現如何。不同年齡的學生和朋友見面和分離時各有不同的方式，只教其中某種方式有時可能適得其反，違反了人和人之間微妙的互動規則。例如，教學前兒童對同伴伸手致意，並報上自己的名字可能並不恰當，學前小孩打招呼通常先互看對方，接近對方，微笑或觸摸對方。高中生則是點頭或互換眼色、或有特殊的握手禮、或說：「嗨，老兄！」、「有什麼鮮

表 3-6. 小三學生溝通技能矩陣

溝通技能	科目			
	日常語言	社會	數學	拼寫
拒絕	·拒絕活動 ·拒絕用某些圖卡代表句子	·拒絕某個主題 ·拒絕同學的幫忙	·拒絕演算 ·拒絕同學的幫忙	·拒絕某個圖片 ·拒絕同學的幫忙
肯定	·肯定（或否定）所選的圖片是正確的	·肯定（或否定）某張圖片和同學寫的句子是正確的配對 ·肯定（或否定）小組的說法合適	·肯定（否定）同學的答案 ·肯定（否定）某個演算的必要性	·肯定（否定）拼字是對的
社交	·交換目光 ·對別人的說法報以微笑 ·開玩笑 ·請人聊天	·交換目光 ·對別人的說法報以微笑 ·開玩笑 ·請人聊天	·交換目光 ·對別人的說法報以微笑 ·開玩笑 ·請人聊天	·交換目光 ·對別人的說法報以微笑 ·開玩笑 ·請人聊天
發表	·判斷什麼圖片和什麼句子最搭調 ·表示句子是否好笑	·對主題表示意見 ·回答老師和同學的問題	·對數學有趣與否表示看法	·判斷哪個圖片配合哪個字 ·判斷句子寫得好不好
打招	·上學／放學 ·上課向老師問好 ·去辦公室洽公	·上學／放學 ·上課向老師問好 ·去辦公室洽公	·上學／放學 ·上課向老師問好 ·去辦公室洽公	·上學／放學 ·上課向老師問好 ·去辦公室洽公
分享	·準備課堂有關的造句	·準備與主題有關的圖片、事物	·準備與主題有關的圖片、事物	·準備與主題有關的圖片、事物
要求	·要求協助 ·為完成功課，要求紙、筆、圖片等	·選擇一項喜好的事做 ·要求材料 ·要求協助	·請人幫忙解題 ·問解法是否正確 ·向人借計算機	·要求繼續／或停止拼字 ·要求拼寫另一個字 ·要求不同的組員

事？」、「有什麼新聞？」等話語。小學生的問候會是注目、揮手、說：「嗨」、「有好玩的事嗎？」問好的方式因人而異，親疏有別，也與小團體的文化有關。

2、引起注意或請求協助

學生要求協助的方法人人不同，不過通常不會是：「我需要協助，拜託」。老師通常會聽到這樣的「請求」：「我不會」、「太難了」、「我不懂」、「這樣對嗎？」學生也許會舉起手來、在作業上塗鴉、用力使用橡皮擦、嘟嘟嘴、深深嘆氣、癱坐在椅子上、趴在桌上、或乾脆不去作作業。儘管老師們不想用上面這些方式來教學生提出請求，他們卻要提防教學生怪異的請求方式。在老師指導下，全班同學可以共同決議請人幫忙時應如何請求，同學就得遵照這個方法去做。老師喜歡學生用舉手的方式來獲得老師注意，只要全班每個同學都做得到的話；否則，老師和同學就得商量出例外的情形（每人都得遵守，但小白可用語音溝通板）。

3、同意和拒絕

每個年齡層都用獨特和多種的方式來表達同意、興趣、

拒絕、討厭和不悅。變化多端是這些表達法的特色，因此，重度障礙學生應懂得與年齡相稱的多種表達法。重度障礙學生對人事物的好惡通常有一種有效表達法，只要這個溝通法被人接受，學生沒有理由要使用其他替代法。舉例來說，普通生不悅時會鎖眉頭或皺鼻子，拒絕時或許會搖頭，重度障礙學生若有同樣的舉止，當然也不用刻意改變。

4、社交的親密性

溝通的主要目標之一是和他人分享社會親密感（Light, 1997），學生的年紀、文化、性別、互動對象的特性都會影響他享有親密感的方法，觀察一般學生有助於這方面的教導。稱讚同學的新裝或髮型、分享對人對事的觀感都會增強親密性。問問同學如何處理家裡或學校當中的難題，也是拉近距離的一例。或許訓練不能幫助學生表達這些感覺或訊息，但至少他可以是接受的那一方，因而懂得怎樣在情感上支持對方。作者就認識一些重度障礙學生，同學願意和他們分享秘密，表示有足夠的信任度，這或許也因為他們沒有洩露秘密的本事吧！障礙生因此沒被排擠，所以，這種溝通能力對他們和同儕之間的親密感大有助益。

五 班級活動中特定的溝通技能

　　學生在許多不同的場合和活動中會用到一些普遍的溝通能力，但是在特定的場合中也會用到相當特別的技能。高中自然科中會用到的詞彙就和國中語文科、小五歷史課有所不同。老師的上課方式會決定學生對溝通能力的期望水準，而溝通機會又和教師的策略、上課內容、期望以及座位安排都有關係。一般而言，學生要會問問題、答題、遵從指導、互換訊息、懂得請求協助。滿足這些需求的詞彙（以及表情、肢體動作）應做成清單，變成教導的內容，或成為輔助溝通法的一部分。學生們彼此會不會搶話、快速轉移話題呢？這些訊息如何整合在教導之中，會讓訓練策略走到不同方向。底下介紹不同年齡層的溝通機會。

1、學前

　　遊戲就是學前兒童的工作，也是練習溝通技能的絕佳機會（Lifter & Bloom, 1998; Patterson & Westby, 1994; Rescorla & Goossens', 1992）。兒童在遊戲中互動，分享玩具、扮演假

想的角色、測試彼此的底限、玩弄語詞、形成親密感。假想遊戲似乎是幼童發展語言的一項利器（Johnson, Christie, & Yawkey, 1987; Linder, 1999; Marvin & Hunt-Berg, 1995）。重度障礙學生從典型的遊戲中可得到許多益處，然而關鍵是真正的參與，而不是坐冷板凳。如果他少了必要的技能，老師的教導支持便不可免（Kontos, Moore, Giorgetti, 1998）。但在這之前，老師有必要分析遊戲的環境，了解學生如何互動，重度障礙學生又應學會什麼才能參與互動。

例如，學前學生在玩火車遊戲時，他們扮演不同的角色（司機、收票員、乘客）、穿不同的衣服、坐在不同的車廂（不同顏色的大紙箱）、發出聲響（「嘟一，嘟一」）、決定不同的路程等。有時學生還會用到小道具，如以洋娃娃飾演他們的學生、工具袋用來修理、手電筒當作車頭燈。學生會討論、辯論誰該扮演什麼角色，所以假如重度障礙學生沒有口語時，就得依賴輔助溝通法。

玩積木是學前學生常見的自由活動或角落活動，在遊戲過程中，學生決定他們要建造的東西（如房子、堡壘、城寨、洞穴、動物園）、建造的地點、使用的積木顏色和形狀等。過程中要不斷決定哪個積木要放哪裡、代表什麼；蓋完之後，又常用一些玩具，如小人、小動物、小兵，來增添景物。遊戲一開始學生就有機會來表達想建造哪種結構的喜好，過程

中也存有許多機會引導注意、表示意見、回應同伴、提出請求或表示反對。

在玩水時，學生環繞洗手檯，玩獨角戲或互動遊戲，諸如開船、把火澆熄、開潛艇，或各種想像的遊戲。溝通機會有：引發注意、導引別人注意某事、向人要求某物、拒絕別人要求、問到角色有關的問題、給人指示、選擇、開玩笑等。

學前兒童在校內通常有點心時間和午餐，而用餐時間充滿歡樂活動，一個原因是這是一個社交的場合，沒有明顯的結構，學生會開始談論家庭、喜好的玩具、彼此吃的食物等等，而年齡及口語技巧都會影響互動的複雜度。

重度障礙學生在教導下也可以表現出這些溝通行為，他們必須藉助實物、臉部表情、肢體動作及發出聲音來達成，支持他們的方式要視活動的要求及學生的能力而定。

2、小學

在小學階段，基本學科和知識學習取代了遊戲，但任何上課的日子裡也都充滿了溝通的機會。午餐、下課、上學前、放學後，甚至在上課期間，都有著各式各樣的社會互動。

鼓勵互動的教學總會應用到分組學習，例如合作學習、小組教學、小老師制、角落教學等（Johnson & Johnson, 1991;

Jubala, Bishop, & Falvey, 1995; Putnam, 1998）。這些教學方式帶來較複雜的上課環境，學生有更多的互動和更大的彈性。學生會互助完成作業，這時重度障礙學生更有機會參與互動。在這些教學環境中，重度障礙學生要不斷地練習作選擇、表示意見、了解他人意見。

例如，在小五自然課討論DNA主題時，老師先問同學問題，之後學生兩人一組利用材料製作DNA螺旋鏈。其間學生會有許多機會要求協助、尋求資訊、表示意見、分享訊息、贊同或反對他人意見、相互嬉鬧等。重度障礙學生固然也有這種機會，但要達到完全參與則需要某些調整，例如，學生運用實物作成的符號，以注視、手比、握取等方式，來表達和接收訊息。

在小二班級中，學生正好在研讀墨西哥的單元，他們讀墨西哥兒童的故事來了解這個文化，家長來班上教學生西班牙語，向同學解說當地的習俗，部分同學曾到過墨西哥，他們帶當地的紀念品到班上來展示。於是在這個單元裡頭，學生可以用西班牙語來為事物命名、詢問當地的語文及文化、分享訊息、注意帶到班上的不同物品、贊同或反對、在學習西班牙字時尋求協助。在此，表達和接受性溝通機會也極為豐富。

3、國中

　　美國的國中有許多必修課，但也有一兩門選修課。午餐、下課休息時間、體育課換服裝時、課外活動等等，都是不拘形式的社交機會。上課期間也有許多互動的時機，老師上課的形態及他對學生互動的期望，都會影響溝通互動的量和形式。

　　在國一「拯救雨林」的單元裡，學生討論從網路中學到的資訊、擬出詢問彼此的問題、寫作有關雨林的報告，然後在課堂上提出口頭報告。學生會有這些溝通機會：尋求資訊、引起注意、表示意見、分享訊息、贊成或反對別人的看法。

　　國一的社會課裡，同學們在分組中把學到的知識充分地練習，老師又把班上分為兩組，模仿電視的搶答秀，這個教學法會很喧嘩，因為組員會加油呼喊。此時，要用到相當多的接收性與表達性的溝通技巧。

　　國二的理化課中，學生在學週期表、分子和分子式。他們正在學習簡單化合物如H_2O、CO_2及HCl等的名字和式子。學生分成小組學習，彼此問問題、肯定或否定彼此的說法，必要時向老師請教、表示意見。整個活動中有太多的溝通機會了。

4、高中

　　高中生日課表中不同的科目會有不同的學生組合，因為每個學生有不同的學術興趣。結構鬆散時（午餐、換教室時、課外活動）也是社交的場合。當然，課堂裡也有社交的機會，雖然時間短了一些。

　　在高三英文課裡，老師要學生安靜地坐在座位上，在點到名字時會適時地答有。頭二十分鐘的工作是默讀英文，這時不會有任何互動發生。接下來的討論，學生必須有所貢獻，聆聽同學和老師的內容，回答問題。接著是作業，若是分組或兩人組的合作，則可以期待有同儕的互動。互動之中，詢問問題、澄清疑點、表示意見、贊同或反對別人的說法，都是機會。如果作業是研究之後的寫作，那麼，互動會很少，不過，可能和圖書館員的互動就會多了一些。

　　在駕駛訓練課中，學生先討論昨晚的家庭作業，學生個別回答老師的問題。老師接著要求同學們安靜地聽他解釋待會兒要做的事，他們可以獨自或兩三人成組，研讀下午考試要考的路上標示。若是參與小組討論，學生就會有發問、訊息交換、肯定或否定、開玩笑等機會。儘管開玩笑不是互動的焦點，學生仍會有這類互動發生。

5、中學以後

　　根據美國的法律，十八至二十二歲障礙青年仍有權接受
免費合適的公立教育，當然這不表示他們一定得留在高中校
園裡。最好的安置包括：學院、成人教育中心、職場、家庭、
或有義工服務的設施（McDonald, MacPherson-Court, Frank,
Uditsky, & Symons, 1997; Thousand, Rosenberg, Bishop, & Villa,
1997）。無論如何，這個年齡層的年輕人在環境中都需要繼
續的學習，教導溝通的機會也應當多得不得了。

　　在重度障礙學生的社區學院裡，學生活動中心是琢磨溝
通技巧的好機會。此地是學生們討論上課、老師、功課、新
聞、電影、運動、天氣、特殊事件的地方。上課途中會有很
多見面招呼，他們有時在討論不同的活動時也會花去相當長
的時間。在這些場合裡，交換訊息、表示意見、發問澄清、
閒聊、接受或拒絕邀請、交誼的對話，都是常有的事。在活
動中心買餐飲時，學生要用到點餐和買單的技能。

　　學生高中畢業後有可能接受職訓，例如在醫院不同的部
門（如洗衣部、餐廳、廚房及禮品部）裡工作。職工們在上
班或換班之際會彼此問候與道別，基本的問話（如：「你打
開洗碗機了嗎？」、「你放回架上了嗎？」、「可以給我咖

啡嗎？」等），及要求簡短的回話（是、不是），或說明
（如：「阿福要我等著洗碟子」），社交性的短暫談話是有
的，如問同事週末過的如何，但一般來說，員工在工作中不
大會有長時間的對話，避免妨礙工作。職工會向彼此或上司
尋求協助，或詢問完成工作的期望。員工休息時（特別是午
餐時間），閒聊時間較長，就像學生時代一樣，他們會聊些
電影、運動、大事、新聞、電視秀、家人，或要購買的事物
等。溝通就有發問、表達意見、說笑話、贊成或反對他人的
意見、導引注意、請求、引發或回應對話的機會。

六 創造機會促進溝通能力

　　如果校內日常活動仍不足以提供學生機會練習溝通，那
就得想法子做些改變或調整。大班教學或個別作業的方式，
就可以修正為有更多的小組或成對的教學。如果不想只是讓
學生默讀課文，則可由同學先唸給另一個人聽，然後停下來
問問題，這樣一來，社會互動就產生了。對中度以上障礙學
生來說，用合作學習來取代大班教學或獨立學習會更勝一籌
（Logan, Bakeman, & Keefe, 1997）。為了使這些互動更成
功，溝通夥伴便應先學習如何和重度障礙學生應對。許多研

究者都發現訓練普通生才能讓他們和障礙生的交往互動更加順暢（Hunt, Alwell, Farron-Davis, & Goetz, 1996; Janney & Snell, 1996; Romer, White, & Haring, 1996）。

　　鼓勵學生有頻繁互動的環境，在日常活動中會有許多機會練習社會溝通技能。若是教學傾向於各自安靜在座位上獨立作業，學生間的互動就會減少許多。反之，普通生如果被鼓勵和重度障礙學生交談、發問問題、展示事物、交往，障礙生就有許多機會去學習表達與接收。一般說來，只要普通生有較高的意願和障礙生頻繁互動，就會有許多小規模的機會讓障礙生練習溝通技能。

　　最後，分析老師們的溝通行為也可以找到有利障礙生練習溝通的機會。老師如果經常指派一名同學向班上宣布事情，就可以讓學生（包括重度障礙學生）學習領導技巧。例如，小三老師常要求同學在各項活動（上餐廳、上體育課、上圖書館等）時排隊，而下達排隊指令的工作即可交付重度障礙學生來執行。重度障礙學生可以使用語音溝通板協助來發出這個指令。學生會喜歡這項差事，因為這會讓他有控制感，並且從中也得到和同學互動的樂趣。當然，這個差事要和普通生輪著做，以免讓重度障礙學生凸顯與眾不同。

七 摘要

　　本章重點是，分析重度障礙學生在自然環境中建立溝通技能的潛在機會。不同的活動和場所對溝通形態、互動次數，及工作夥伴的可及性都有不同的影響。找出在自然環境中原本存在的機會，可以讓教育團隊找到最佳支持的方式。一旦對溝通環境有了詳盡的分析（包括不同年齡層的語言及社交行為），教育團隊就得以設計出特定的策略來幫助學生學習及運用各種溝通技能。以下各章即將介紹不同的介入課題。

八 參考書目

Balandin, S., & Iacono, T. (1998a). A few well-chosen words. *Augmentative and Alternative Communication, 14,* 147-161.

Balandin, S., & Iacono, T. (1998b). Topics of meal-break conversation.*Augmentative and Alternative Communication, 14,* 131-146.

Beukelman, D.R., & Mirenda, P. (1998). *Augmentative and alternative communication: Management of severe communication disorders in children and adults* (2nd ed.). Baltimore: Paul H. Brookes Publishing Co.

Billingsley, F.F., & Kelley, B. (1994). An examination of the accemptability of instructional practices for students with severe disabilities in general educational settings. *Journal of The Association for Persons with Severe Handicaps, 19,*

75-83.

Blackstone, S. (1993). Clinical news: Cultural sensitivity and AAC services. *Augmentative Communication News, 6*(2), 3-10.

Calculator, S.N. (1988). Promoting the acquisition and generalization of conversational skills by individuals, with severe disabilities. *Augmentative and Alternative Communication, 4,* 94-103.

Calculator, S.N., & Jorgensen, C.M. (1994). *Including students with severe disabilities in schools: Fostering communication, interaction, and participation.* San Diego, CA: Singular Publishing Group.

Cosden, M.A., & Haring, T.G. (1992). Cooperative learning in the classroom: Contingencies, group interactions, and students with special needs. *Journal of Behavioral Education, 2,* 53-71.

Fradd, S., & Wilen D. (1990). *Using interpreters and translators to meet the needs of handicapped language minority students and their families.* Reston, VA: National Clearinghouse for Bilingual Education.

Guess, D., & Helmstetter, E. (1986). Skill cluster instruction and the individualized curriculum sequencing model. In R.H. Horner, L.H. Meyer, & H.D.B. Fredericks (Eds.), *Education of learners with severe handicaps: Exemplary service strategies* (pp. 221-248). Baltimore: Paul H. Brookes Publishing Co.

Haring, T., Anderson, J., & Goetz, L. (1983). *Educational assessment of social interactions (EASI): An observational checklist for measuring social interactions between nondisabled and severely disabled students in integrated settings.* San Francisco: San Francisco State University, San Francisco Unified School District. (ERIC Document Reproduction Service, No. ED 242 184)

Haring, T., Haring, N.G., Breen, C., Romer, L.T., & White, J. (1995). Social relationships among students with deaf-blindness and their peers in inclusive settings. In N.G. Haring & L.T. Romer (Eds.), *Welcoming students who are deaf-blind into typical classrooms: Facilitating school participation, learning, and friendships* (pp. 231-247). Baltimore: Paul H. Brookes Publishing Co.

Haring, T.G., Neetz, J.A., Lovinger, L., Peck, C., & Semmel, M.I. (1987). Effects of four modified incidental teaching procedures to create opportunities for communication. *Journal of The Association for Persons with Severe Handicaps, 12,* 218-226.

Hunt, P., Alwell, M., Farron-Davis, F., & Goetz, L. (1996). Creating socialy supportive environments for fully included students who experience multiple disabilities. *Journal of The Association for Persons with Severe Handicaps, 21,* 53-71.

Janney, R.E., & Snell, M.E. (1996). How teachers use peer interactions to include students with moderate and severe disabilities in elementary general education classes. *Journal of The Association for Persons with Severe Handicaps, 21,* 72-80.

Johnson, J., Christie, J., & Yawkey, T. (1987). *Play and early childhood development.* Glenview, IL: Scott, Foresman.

Johnson, D.W., & Johnson, R.T. (1991). *Cooperative learning lesson structures.* Edina, MN: Interaction Book Company.

Jubala, K.A., Bishop, K.D., & Falvey, M.A. (1995). Creating a supportive classroom environment. In M. Falvey (Ed.), *Inclusive and heterogeneous schooling: Assessment, curriculum, and instruction* (pp.111-129). Baltimore: Paul H. Brookes Publishing Co.

Kennedy, C.H., & Itkonen, T. (1994). Some effects of regular class participation on the social contacts and social networks of high school students with severe disabilities. *Journal of The Association for Persons with Severe Handicaps, 19,* 1-10.

Kontos, S., Moore, D., & Giorgetti, K. (1998). The ecology of inclusion.*Topics in Early Childhood Special Educating, 18,* 38-48.

Lamorey, S., & Bricker, D.D. (1993). Integrated programs: Effects on young children and their parents. In C.A. Peck, S.L. Odom, & D.D.& Bricker (Eds.), *Integrating young children with disabilities into community programs*(pp. 249-270). Baltimore: Paul H. Brookes Publishing Co.

Lee, M., Storey, K., Anderson, J.L., Goetz, L., & Zivolich, S. (1997). The effect of mentoring versus job coach instruction on integration in supported employment settings. *Journal of The Association for Persons with Severe Handicaps, 22,* 151-158.

Lifter, K,. & Bloom, L. (1998). Intentionality and the role of play in the transition to language. In S.F. Warren & J. Reichle (Series Eds.) & A.M.Wetherby, S.F. Warren, & J. Reichle (Vol. Eds.), *Communication and language intervention series: Vol. 7. Transitions in prelinguistic communication* (pp. 161-195). Baltimore: Paul H. Brookes Publishing Co.

Light, J. (1997). "Communication is the essence of human life" : Reflections on communicative competence. *Augmentative and Alternative Communication, 13,* 61-70.

Linder, T.W. (1999). *Read, Play, and Leran!: Storybook activities for young children. Teacher's guide.* Baltimore: Paul H. Brookes Publishing Co.

Logan, K.R., Bakeman, R., & Keefe, E.B. (1997). Effects of instructional variables on engaged behavior of students with disabilities in general education classrooms. *Exceptional Children, 63,* 481-498.

Marvin, C., & Hunt-Berg, M. (1995). Let's pretend: A semantic analysis of preschool children's play. *Journal of Children's Communication Development, 17*

114

(2), 1-10.

McDonald, L., MacPherson-Court, L., Frank, S., Uditsky, B., & Symons, F. (1997). An inclusive university program for students with moderate to severe developmental disabilities: Student, parent, and faculty perspectives.*Developmental Disabilities Bulletin, 25*(1), 43-67.

Mirenda, P. (1993). AAC: Bonding the uncertain mosaic. *Augmentative and Alternative Communication, 9,* 3-9.

Patterson, J., & Westby, C. (1994). The development of play. In W. Haynes & B. Shulman (Eds.), *Communication development: Foundations, processes and clinical applications* (pp. 94-133). Englewood Cliffs, NJ:Prentice-Hall.

Putnam, J.W. (1998). *Cooperative learning and strategies for inclusion:Celebrating diversity in the classroom* (2nd ed.). Baltimore: Paul H. Brookes Publishing Co.

Rescorla, L., & Goossens', M. (1992). Symbolic play development in toddlers with expressive language impairment. *Journal of Speech and Hearing Research, 35,* 1290-1302.

Romer, L.T., White, J., & Haring, N.G. (1996). The effect of peer mediated social competency training on the type and frequency of social contacts with students with deaf-blindness. *Education and Training in Mental Retardation and Developmental Disbailities, 31,* 324-338.

Rowland, C., & Schweigert, P. (1993). *Analyzing the communication environment: An inventory of ways to encourage communication in functional activities.* Tucson, AZ: Communication Skill Builders.

Schwartz, I.S., Anderson, S.R., & Halle, J.W. (1989). Training teachers to use naturalistic time delay: Effects on teacher behavior and on the language use of students. *Journal of The Association for Persons with Severe Handicaps, 14,* 48-57.

Sigafoos, J., Kerr, M., Roberts, D., & Conzens, D. (1994). Increasing opportunities for requesting in classrooms serving children with developmental disabilities. *Journal of Autism and Developmental Disabilities, 24,*631-645.

Sigafoos, J., & York, J. (1991). Using ecological inventories to promote functional communication. In J. Reichle, J. York, & J. Sigafoos (Eds.),*Implementing augmentative and alternative communication: Strategies for learners with severe disabilities* (pp. 61-70). Baltimore: Paul H. Brookes Publishing Co.

Thousand, J., Rosenberg, R.L., Bishop, K.D., & Villa, R.A. (1997). The evolution of secondary inclusion. *Remedial and Special Education,18,* 270-284.

第四章
教導溝通技能的基本步驟

　　在前三章的基礎下，本章將探討如何協助重度障礙學生理解與表達，重點是認識溝通夥伴的角色、利用自然情境創造溝通的需要、鼓勵學生產生溝通的動機，特別針對普通班如何養成學生的溝通行為、在活動中如何融入溝通的教學，都提出具體的建議。

㊀ 第一步

　　溝通訓練的第一步是評估學生的溝通技能和需求，第二章提到生態功能評量法可用來擬訂教育目標，並減少誤用測驗結果的情形。有效的訓練方案以學生既有的技能為基礎，考量環境需求及學生需要而決定要教些什麼。只要教學符合學生的需求與願望，那麼，學生就有動機去學習溝通技能。

㊁ 如何引發溝通行為：一般性的原則

　　重度障礙學生溝通的方法極有限，要達到有效的互動，溝通夥伴就必須承擔主要的責任（Bedrosian, 1997; Sevcik, Romski, Watkins, & Deffebach, 1995），也因此夥伴對潛在的

溝通機會應有高度的敏感性與協助的意願（Downing, 1993; Downing & Siegel-Causey, 1988; Sienkiewics-Mercer & Kaplan, 1989）。一般來說，好的夥伴會察覺到學生的溝通意圖並積極促成互動，他會使用這些方法：靠近學生、讓對方容易看到自己的眼睛、露出期待對方互動的神色、接納對方有限的溝通方法、耐心地等候對方開啟互動和反應、並不強勢主導、肯定對方的表達方式。顯然這些方法在中重度障礙學生身上大半不存在，因此，普通班中沒有障礙的同學就應該擔負起積極的夥伴角色。

1、身體接近

縮短彼此的距離是引人注意及表示互動意願的線索，這個方法對重度障礙學生特別重要，因為他們或許對不明顯的方法可能沒有反應。身體靠近才能讓盲生了解溝通的意願，肢體障礙學生更需要他人主動靠近（見圖4-1）。例如午休時學生聚在一起談話，以輪椅代步的重度肢體障礙學生小華就需要別人幫他推輪椅，老師請同學在用餐完畢後幫他推，老師鼓勵同學不要站在他前面而是坐在旁邊，老師解釋時便盡量不靠近小華。在中學階段，如果師長老是太靠近重度障礙學生，會減少同學生和重度障礙學生的互動（Giangreco,

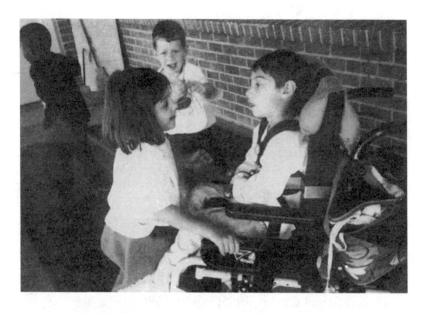

圖 4-1.　同學身體靠近障礙生，以方便兩人的互動（攝影：Margo Taylor）

Edelman, Luiselli, & MacFarland, 1997），因此，師長有必要了解身體過度靠近可能產生的後遺症。

2、眼神接觸

由於眼神接觸是開始和維持對話的關鍵，增加眼神接觸的機會非常重要，夥伴必須坐下來靠近坐輪椅的學生，才能使眼神接觸。要和小孩溝通的大人可以蹲下來、跪坐或使兩

方面的眼神能夠彼此接觸。如果所有的同學都坐在地板時，使用輪椅的學生就需要調整座椅才能和同學們平起平坐。弱視或智障的學生可以利用肩膀或臂膀的碰觸來替代眼神的接觸，甚至有些沒有視覺或聽覺障礙的學生，也喜歡在對話期間從頭到尾都有肢體的接觸。不懂觸覺手語的人可以利用肢體接觸，例如手、臂膀的碰觸，這個方式可以讓重度障礙學生感覺到某種憐惜，從而維持住互動。

雖然眼神接觸有利於溝通互動，由於沒有原因的眼神接觸，數秒鐘都可能是造成極度的不安，沒有原因時也不應勉強學生一定要有眼神的接觸。溝通的目的並不是要強迫順從（Guess & Siegel-Causey, 1985; Lovett, 1996），而是使學生專注於對話。眼神的接觸是開啟對話的方法，不過由於對話的目的、主題、文化背景可能都不相同，對話者在談話期間彼此的眼神接觸應該適度就好。

3、展現對溝通的期待

如果學生的視力允許，那麼要和他溝通最自然的線索就是夥伴的臉部表情，表情會展現出對溝通的期待，就好像說「嘿！我等著你來跟我說些話」，是一個強有力的線索（MacDonald & Gillette, 1986）。也許學生的反應要達到一般

慣用的形式還有待加強，但任何溝通互動的意圖都值得稱許。

　　和視障學生保持緊密的身體距離和期待的神色功能類似，覺得好像有事要發生卻還未發生自然會讓學生打破沈默，例如當十二歲的小楷他知道某人在他身邊卻沒說話就會用手去推他的輔導員。

4、接納及尊重現有的溝通方法

　　夥伴重要的任務是認識、接納並尊重學生目前的溝通方法，對學生不適當（如有攻擊性）的溝通行為視而不見，不能幫助學生。如果他用不適當的方式表達，但意圖很清楚，忽視造成需求沒有滿足只會增加其不適當的行為（Carr & Durand, 1985; Durand & Carr, 1991）。

　　雖然我們不喜歡學生不符常規的溝通方法，但我們必須正視他有適當溝通方式的需要。教師可以嘗試教導學生使用適當的溝通形式，可以把適當的方式和溝通的需求加以連結，直到學生了解新行為和舊方法一樣有效。研究人員認為新行為必須滿足有效省力的原則才易學習，如果好的行為難學，那麼學生寧可能恢復舊有的表達方式（Carr, 1988; Horner & Billingsley, 1988; Horner, Sprague, O'Brien, & Heathfield, 1990; Reichle, Feeley, & Hohnston, 1993）。例如小橋用咬自己的手

來引起注意，這樣他不必花力氣打開圖畫溝通本找到符號。改善的方法是，讓他不要花太大的力氣就得到這個符號，例如黏在手環上的黃色記號就相當有效，特別是用手環覆蓋住經常咬的部位，他只要用手去碰觸記號或把它從魔術膠帶上扯下來，就表示他想得到別人的注意。溝通的替代方案想成功，一定要如其所願給與注意。

老師應密切觀察溝通行為含糊不明的學生，一味忽略可能消滅這些行為。霍頓等人（Houghton, Bronicki, & Guess, 1987）發現師長和專業人員常忽視學生溝通的意圖，所以溝通有限的學生需要別人認可和支持他們的意圖，溝通才會被持續地激勵。如阿丹是學前班學生，在唱遊課時身體輕微地擺動，語言治療師讚美他：「喔！你喜歡隨著音樂移動嗎？很好！」並幫他跟隨同學舞動肢體，這樣的協助持續一兩分鐘，停下來，等待他發出想要繼續的訊號。語言治療師一方面認識學生溝通的意圖，另一方面鼓動他要繼續溝通的需要。

5、勿過度重視符號式的溝通

重度障礙學生無法使用口語時，師長常覺得有必要找到一種替代的符號系統，無論他是否已經有了有效的非符號溝通方式。文獻指出，任何溝通互動當中有百分之六十五以上

的訊息經由非符號的方式傳遞（Birdwhistell, 1955; Evans, Hearn, Uhlemann, Ivey, 1984），看來師長們應該重視學生現有的溝通方式，任何協助都要建立在這個基礎之上。例如，三年級的小愛會抓著人然後拉到物品前，表示她想參與某活動，這個行為很確切地表達了她的意圖，然而，這個方法只有在所預期的物品存在時才行得通；再者，這種溝通行為對別人可能會構成困擾。因此，小愛被訓練用拍打肩膀後帶領對方的方式來替代，此外，她用一個小盒子裝若干象徵物，可以用來表明她想做的事。

125

如果忽視學生使用實物、姿勢、臉部表情和發聲等方式，只想用抽象符號來教導學生，學生會非常挫折、進步緩慢，由於非符號的溝通比較容易養成，因此不理這種溝通形式其實不太合理。事實上，即使是訓練有素的輔助溝通法的使用者也相當依賴非符號的溝通，例如臉部表情和手勢（Murphy, Markova, Moodie, Scott, & Bon, 1995）。包可曼（Beukelman, 1991）建議溝通訓練的重點應該是協助人們有效的溝通，而不只是教導他們如何使用技術而已。

6、給與等候的時間

耐心等候學生的反應也許是引發反應最有效的一個策略

（Glennen & Calculator, 1985; Halle, Marshall, & Spradlin, 1979; Schwartz, Anderson, & Halle, 1989），當然這個反應應該已經存在於學生的行為目錄裡，否則等待不一定會發生的行為根本毫無道理。然而多數人在學生還沒有足夠的時間來形成反應之前就進行干預了。我們的文化當中，人際互動中的停頓時間往往不是太長，要讓障礙生有足夠的時間來反應，實在不太容易。一般的談話裡停頓很少超過三秒鐘（Reichle, 1991），然而用插入問話、下達指令、甚至幫忙反應的方法來加速對話的進行，反而會阻擾學生依賴自然的線索來做反應。

　　許多研究已經證實耐心等候是訓練學生開啟互動和回應的好方法（Glennen & Calculator, 1985; Halle et al., 1979; McDonald, 1987），等候的技巧常和其他策略（如間接的提示）合併使用。延遲的時間要視場合、肢體、感官及智能等因素決定。對個別學生而言，停頓的長短應依據他本人平均的反應速度來考量，如果動機強的話反應速度就會比較短，例如阿寶在教室盯著水族箱看時，不因別人靠近、有期待的眼神、有耐心等待而有所反應，不過如果視線被人擋住時，他就會用手去推開那個人，因而開啟了互動（這好像是說「不要擋住我」），顯然這時阿寶不需要太多的反應時間，這個的例子也顯示阿寶需要其他替代的溝通方式。

如果學生沒有很強的動機做回應,那麼提供足夠的等候時間便是重要的教導策略,下面是四年級學生和老師之間的對話,說明沒有足夠的等候時間會造成問題。

教師:你想跟誰一起坐?阿棟嗎?如果你想跟他坐一起的話就看著他。好,看著阿棟。

阿羅:(抬頭看著阿棟)

教師:阿棟,把阿羅推到你們小組這邊來。好,現在問阿羅想用什麼材料,就像這樣。(拿著圖畫紙、棉花等材料)。你想要什麼,阿羅?看看你想要什麼?(朝向阿棟)。阿棟,如果他沒有看你的話,再問一次。

阿羅:(開始抬起他的頭)

教師:我現在要去看其他同學,你拿到你所需要的東西了嗎?(看著阿羅)好,現在去工作。

在這個例子裡,教師不但沒給阿羅充分的時間去反應或開啟話題,他也完全掌控了整個互動過程。他請同學來協助阿羅是善意的作法,但卻忽略了給這個學生所需要的協助,以至於他不能成為有效的夥伴。這種互動會發生的原因是教師有趕進度的時間壓力,匆忙之餘經常會疏忽掉有用的教學

機會，這些隨機教學甚至是比預定中的教學還來得重要，有
這樣的體認教師才會步調放慢配合學生。

128

7、減少主導性

　　如果重度障礙學生要獲得與人互動的技巧，教師的主導
性就應減低。派克（Peck, 1985）研究八個重度障礙學生，發
現當教師減少主導性時，學生的社交溝通行為就大幅地進步。
馬可維奇等人（Marcovitch, Chiasson, Ushycky, Goldberg, &
MacGregor, 1996）發現唐氏症及其他發展障礙學生的媽媽，
如果說話量少一些、主導性降低一些，那麼，他們在遊戲時
就比較有話說。降低主導性和配合學生的步調、耐心等候，
其實精神是相通的。

　　重度障礙學生已經體驗太多的強勢主導了，也許已習慣
那種互動風格。研究發現智能障礙學生的媽媽會使用更多指
導性的語氣和學生溝通（Mahoney, 1988; Mahoney, Finger, &
Powell, 1985），結果是重度障礙學生不僅變得相當依賴成人
的線索，突然和較不具指導性的成人相處對學生來說也許會
很混淆，特別是當學生上了中學之後。如果學生不積極參與
對話，老師通常會介入並示範好的行為，但是這樣只會造成
對夥伴產生更大的依賴。麥當勞和吉利特（MacDonald & Gil-

lette, 1986）建議成人不要使用直接問句來誘導學生，這類提示應該逐漸褪除，學生才能學會依據自然的線索來反應。下面的例子是教師助理和高一年級學生在美術課中的對話，顯示出高度指導的風格。

教師助理：小傑，去拿你的美術用品。

小傑：（一秒半沒有反應）

助理：你需要拿什麼呢？小傑。

小傑：（二秒鐘沒有反應）

助理：去拿你的美術用品（手比著位子並輕拍小傑的肩膀）。

小傑：（開始走向櫃子但立刻被另一個同學整理美術用品的動作所分心。）

助理：不對！不對，你應該走去那裡才對（擋在小傑和同學之間並用手指向櫃子）。去吧！

小傑：（走到櫃子前，手放進去但是還沒打開門）

助理：打開門。

小傑：（兩眼注視助理）

助理：拿出你的美術用品，小傑，（拍打櫃子的門）打開櫃子。

在這個簡短的對話當中，助理下了六個直接的指令和兩句問話，小傑完全處於被動的角色，助理沒給他足夠的時間來開啟互動或回應，也不期待他有回應，只要他依指令行事。助理原有個可以緊追小傑步調的機會，並鼓勵他和同學互動，可惜助理錯過了。

這個場景也可以完全變個樣，只要助理少些主導性、多些互動，就如下個例子所顯示的。

美術老師：（走向小傑，面對學生說話）好，你們現在
　　　　　都知道要做些什麼，去拿你們的材料然後開
　　　　　始工作。

小傑：（沒有動作，但好像注意到同學們都在移動）

助理：（等了三秒鐘然後走向小傑）其他的人都要去哪
　　　裡呀？（指著其他的同學）

小傑：（看看他的同學，但是仍然沒有任何動作）

助理：（要求一位同學提醒小傑應該做什麼）

同學：嗨！小傑，你最好去拿你的東西，要不然老師就
　　　要來盯你嘍！（拿他的東西給小傑看，并用手指
　　　其他的同學）看！小美在那裡嗎？走到她那裡叫
　　　她幫你忙。

小傑：（露齒微笑，開始緩慢地走向櫃子和小美處，在
　　　另一個同學面前停住，而那一位同學已經拿到她
　　　的東西了）

同學：（注意到小傑停了下來。從助理那裡得到一個暗
　　　號，因此，提醒小傑應該去拿他的東西）想知道
　　　我要畫什麼嗎？拿到你的東西後我就會告訴你，
　　　你的東西在櫃子裡面（用手指櫃子）。

小傑：（想要去拿另一個同學的材料，但是他用身體擋
　　　住小傑）

同學：嘿！那是我的啊！我需要這個東西，去拿自己的
　　　（他笑了出來）。

助理：（靠近小傑）小傑，讓我們去拿你的東西，這樣
　　　你就可以像其他人一樣開始工作（手指櫃子）。

小傑：（走到櫃子前面停在那裡）

助理：（對站在櫃子旁邊的一個同學說話）小傑要拿材
　　　料，我不知道他想要什麼，你可不可以幫助他？
　　　（走開）

同學：好啊！這就是你所需要的（拿出小傑所需要的東
　　　西，然後等著小傑把雙手拿出來接這些材料）。

上述的情景顯示助理避免使用過多的指令，並引導班上其他同學來協助，再者，當同學跟他之間的互動產生時，助理就盡量淡出，這樣一來其他同學就知道他們被期待和小傑說話，而不是透過助理來和他交談。學生犯錯時（例如想要去拿別人的東西）剛好變成互動的機會，同學可以適當地回應。

8、每個學生都有方法來溝通

只要有方法，每個人都可以溝通。老師必須確定學生的溝通方式合用又合乎情境的需要。為了滿足各種情境的需要，學生會使用很多不同的方式來溝通，包括溝通輔具和自然的手勢、臉部表情和聲音（Calculator, 1988; Dowden, 1997; Romski & Sevcik, 1988）。在班上顯示圖片或實物也可以促進接受性和表達性的技能。重點是學生要有理解和表達的工具，最好利用環境中唾手可得的材料，鼓勵不用設備的輔助溝通法也很有助益。例如在高中的班上同學先引起重度障礙學生阿毛的注意，用手指向一張海報然後問他是否喜歡，阿毛用語音溝通板說他覺得很怪。三年級的同學問重度障礙學生麗莎最喜歡的顏色是什麼，麗莎的溝通板裡頭沒有顏色的格子，因此她的同學就指著雜誌上的顏色來問，如此一來，麗莎就

有辦法表達她的喜好。因為溝通板沒有辦法滿足日常所有情況無窮盡的需要，夥伴終究要就地取材來補助溝通板的缺陷，環境當中有圖片、有印刷字體、還有很多實物可以幫忙完成這樣的互動。

133

　　如果學生有溝通輔具，他就必須隨時能夠讓它派上用場，然而很多時候學生的輔具被遺留在教室中，而在他用餐、休息、參加集會時卻無法使用，不帶輔具的學生就會喪失練習溝通技巧的機會。假如輔具無法在這樣的場合當中滿足學生的需求，那麼學生應該去使用真正能滿足他需要的那種輔具。溝通輔具不應當被視為補充的用品，如果它們是學生溝通的方式，那麼它們就是必需品。

　　重度障礙學生幾乎在任何活動當中都需要溝通方面的輔助，有時候老師們會犯了一個錯誤，認為學生的溝通輔具是他們參加某些特殊活動的障礙，然而不讓學生隨時使用溝通輔具就等於是讓重度障礙學生在面對普通生時完全的緘默。五年級的阿德是溝通輔具的使用者，上美術課時老師認為輔具不應該放在桌上妨礙他的美術作業，但是唯有讓他在美術課中隨時可以使用輔具，他的溝通需求和技能才能得到支持。如果輔具無法幫他在美術課時說所要說的話，那麼應該有其他的輔具來達到這個目的；假如輔具太占空間，那麼就應該使用小一點容易攜帶的輔具。

9、在自然情境中教學

學生有個別差異，所以教導他們的溝通方式也應該有所不同。家庭環境、先前的經驗、文化的價值觀、學習的風格以及對溝通的重視程度都會影響學習的過程。顯然學生如何處理訊息、如何與環境互動都會決定最佳的介入方式。

溝通這件事本身對學生原就有激勵作用，溝通訓練不應該造成壓力大、要求高的情況，學生必須清楚認知此事對他的利益。本書的基本立場就是溝通的介入應該利用自然的環境和時機（Calculator, 1988; Kaiser, Ostrosky, & Alpert, 1993; Romski, Sevcik, & Adamson, 1997, Rowland & Schweigert, 1993），所以不需要透過人為的情境和刺激來培養溝通技巧，每天任一時刻、任一場合中都有無窮的溝通機會。

普通班級裡存在著各式各樣的機會，足以促進溝通技巧的發展，教育團隊應當察覺到這些機會並加以善用，雖然溝通介入在居家、學校、社區及工作場所都可以進行，第三章特地以學校的一天來實施溝通介入，當然介入的策略也可以應用到校外的場合。

10、創造出練習技能的需要

　　雖然每天有許多機會練習溝通技能，偶爾也需要創造出額外的機會來。一個重要的策略就是不給學生進行某項活動所需要的材料，除非他們發出要求。在家事課時同學拿碗去裝盛食物，為了讓瑪莎練習溝通技能，最好沒有人替她拿碗，期待瑪莎會要求取得碗。如果她沒提出請求而想直接拿取食物，同學會阻止並問她需要什麼，如果她指著代表碗的符號，同學就會引導她去注意放置的櫥櫃。一旦她顯示出拿碗或指向碗的動作，同學就會幫助她取得食物，她伸手朝向碗的動作被當作是一種互動的信號。

　　創造需求的方式還包括不給足夠的材料，因此學生就會要求得到更多。給他不是他要的物品，學生就會發出更正。給他大部分所要求的物品但少了某樣，目的是誘導學生去要求被疏忽了的該項物品（Kaiser, 1993; Schwartz, Carta, & Grant, 1996）。在幼稚園的點心時間時，老師故意倒很少的果汁給學生，目的是希望他會要求多一些，類似的作法是老師把水（而不是果汁）倒進杯子，希望他會說「不對」，而能提出對果汁的要求。五年級的美術課時，老師給學生綠色顏料而不是學生所要的紅色，這時學生就必須更正。國一的自然課

中，老師給學生電路實驗材料，但是故意漏掉「開關」，因為學生在許多不同的實驗當中都使用過，所以他很快就發現這個遺漏，因此會發出聲音來請求補發。

以上的例子說明夥伴刻意製造出機會讓障礙學生有理由溝通，然而使用這些策略時要非常小心，因為它們之所以有用是學生已有成功的溝通經驗。如果學生才開始產生溝通行為，這些作法可能只會製造混淆，換句話說，如果學生才剛開始使用發聲來得到別人的注意，而你卻故意忽略，這就不是一個好的作法。讓學生安心知道他的行為會被理解，這時才可採行忽略和不予反應的方式。

在上學的日子裡，要時時創造出練習溝通的機會可能非常困難。譬如想利用考試時間進行溝通訓練乍看之下不太可能，有時學校會讓重度障礙學生去從事別的活動，不過倒也未必要把他排除在外，下面的例子就顯示如何因應這種狀況。

五年級的阿凱正在學習如何對別人的情緒反應，學習肢體和社交的掌控力。由於他有嚴重的智能、肢體和聽力障礙而無法參加拼字測驗，這時他可以協助教師施測，必要時助理可以支援。每一個字都寫在單張的紙卡上，紙卡上夾有一枚迴紋針，阿凱使用磁鐵棒拿取紙卡。每當老師要一個字時就注視著阿凱，伸出一根指頭

（在美國手語裡頭表示「一」）指向輪椅檯上的拼字卡
並把手伸出去，假如阿凱三秒鐘內沒有反應的話，教師
會重複請求的動作，而助理會輕推阿凱的手肘，必要時
也會幫助阿凱使用他的磁鐵棒。阿凱握住磁鐵棒移向紙
卡撿起一張，接著會注視老師，把紙卡移向老師面前，
老師說聲謝謝拿起紙卡後向全班朗讀，之後重複同一個
過程直到結束。為了加速這個過程，老師唸過一張紙卡
後會立刻向阿凱要下一張，然後等待全班寫出朗讀的
字。助理不見得每一次都會用肢體動作去催阿凱，有時
助理也會替代老師進行施測，這時教師就可以從事其他
工作。這個的例子的要點是，阿凱有理由和老師互動，
少了這個安排阿凱可能就會被排除在外。

137

11、讓學生有溝通的動機

　　能和他人互動以及使人了解自己通常就是溝通的原動
力，有效溝通的能力會使學生對環境有控制力，而這種控制
力的激勵效果很強，對過去缺乏這種能力的學生更是如此。
一旦學生發現溝通能夠滿足各種身體、社交和情緒的需求時，
動機就不成問題。

　　有些重度多障學生可能不知道溝通行為可以滿足需求，

這時教育團隊應該強化兩者間的連結。對學生潛在的溝通行為提高敏感度，學生較易發覺這個關係。在學生才剛開始體會這種因果關連時，周遭的人對他的溝通嘗試都應相當接納，即便是輕微的轉頭、擺手甚至是驚嚇反應，都可以理解為溝通的行為。阿逵是國二的學生，聽到一聲巨響而有驚嚇反應，可能表示：「到底發生什麼事？」同學看到後可以靠近他，碰碰他的手臂回答說：「別怕，只是阿芬的書從桌上掉下來罷了，也嚇我一跳。」如果引起注意是學生所預期的，他就會從這個互動中得到增強。

12、使用學生中心的方法

在幫助學生建立新的行為方面，經常有人建議使用「緊跟著學生步調走」的方法（Drasgow, Halle, & Harbers, 1996; Kaiser, 1993），如果學生表現出對某個活動或事物有興趣，和該活動有關的溝通行為會比較容易引發。採取「學生中心」法的教師會較有彈性，一旦發現活動裡有可以促進溝通能力的機會，他也許會停下原訂的活動來把握這個良機，老師的挫折感會減低而學生更有興趣。例如在高二的戲劇課時，語言治療師協助某小組。小橋依指示使用頭棒打開台詞錄音，劇本的安排是他在好幾個時間點上說同樣的話，以便達到幽

默的效果。語言治療師發現小橋對某同學的帽子非常好奇，對唸台詞似乎提不起勁來。語言治療師這時並不強制他一定要去說台詞，反而問小橋：「小橋，你在看什麼呢？」小橋面對治療師微笑，回頭盯著帽子，治療師說：「好特別的帽子啊！我想戴在你頭上一定很好看。」小橋笑得更開心，這時同學說：「這是他的帽子，你要的話要去拿自己的。」幾分鐘後，帽子的話題轉移了，治療師要小組再回頭練習劇本，雖然損失了幾分鐘的練習時間，但小橋有機會參與自己選擇的互動，他也獲得練習對話的機會。

139

13、提供選擇的機會

　　另一個激發學生的方式是讓他有所選擇，而不是一味地為他作決定，這個策略在增進溝通行為上的成效已有文獻證實（Brown, Belz, Corsi, & Wenig, 1993; Duker & Moonen, 1985）。不要太快提供學生必要的材料，不急著替他決定下一步的動作，都是提供學生自己作選擇的機會。小一數學課時，老師要阿丹從兩項活動中擇一來作，老師先逐一示範才讓他選擇。不同年齡可做的選擇在表 4-1 中有一些例子。

　　選項簡單時學生就不必絞盡腦汁作選擇，開始時，選項之一可以是他喜歡的活動（和同學出去玩），之二是不喜歡

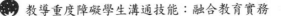

表 4-1. 學校一天當中作「選擇」的時機

學前：點心、音樂、角落、遊戲器材、坐在旁邊的同學、美勞用的顏料、玩具、故事
小學：書、美勞用品、幫忙推輪椅的同學、數學習題、插入作業中的圖片、點心、樂器、活動中的位置、聽同學朗讀或聽錄音帶、用電腦打字或用手寫、電腦程式、開關、參與體育活動或當觀眾
中學：選修課、工藝用品、家政用品、座位、戲劇的角色、電腦軟體、公民課的活動、午餐的食物、課堂報告的主題
中學之後：工作、午餐地點、娛樂活動、洗衣用的洗衣精、選課、座位

*很多選擇是跨階段的，所以不應視為某階段專有的活動

的活動（做算術練習），這對學生來說是很容易作選擇，學生也較易理解決定的後果。一旦做選擇的能力提高時，給的選項就不必差距太大，決定會較困難，而下個目標則是增加選項的數量。學生能表達自己的愛好，結果是可以參與喜好的事，這就是最大的增強。圖 4-2 顯示這名高中生有兩個選擇：聽音樂或是休息。

　　假如學生不願意做選擇可能是提供的選項太無趣了，找出學生喜好的事物是第一步（Johnson, Baumgart, Helmsetter, & Curry, 1996），此時，家人和同學可以提供寶貴的訊息。給與足夠的選項也很重要，兩個選項太少但五個選項又嫌太

圖 4-2.　一個國三障礙生向同學表示他喜好的活動為何（攝影：
Margo Yunker）

多，選項的數量要視實際情況和學生理解的程度決定，目標
是選項夠多但可以負荷。所有的選項都必須是學生視力所及，
如果視力有限或行動不便，那麼選項就要用可觸摸的方式呈
現，或在他行動的範圍內，無論用什麼方式呈現選項（說話、
實物、照片、圖片），一定要讓學生完全地了解。

　　學生的另一個困難是不知道如何表達，這時老師應該教
導如何作選擇，為了確定學生察覺到每個選項，它們應該都

圖 4-3. 一個小五的盲生使用實物和立體符號提出請求（攝影：
Margo Taylor）

可以被學生注意到。夥伴可以用手比或移動選項來提醒學生
注意，在呈現每個選項後應稍作停頓，讓學生有充分的時間
來處理訊息、辨認選項和做決定，任何動作或表示都應該解
釋為偏好的表達。假如學生不滿意夥伴對選項的解釋，可以
提出抗議和拒絕，這時應給另一個機會來表達，對話夥伴也
應該為誤解表示歉意（「哇！我以為你想要做數學，對不起，
我們再來試一次。」）。

14、強化社交環境

143

　　普通教育的環境是社會性很強的環境，障礙學生有許多
機會互動，大多數普通生沒有溝通問題而且很有反應，他們
不但是良好的溝通楷模而且也是極佳的對話夥伴（Carr & Darcy, 1990; Goldstein & Kaczmarek, 1992; Odom, McConnell, & McEvoy, 1992; Werts, Caldwell, & Wolery, 1996）。

　　普通班級裡有許多高層次的社會互動，團隊可以好好利
用這個特性（Butterfield & Arthur, 1995）。假如教師只懂得採
用演講法和獨立作業，那麼課堂中的社交互動和溝通練習的
機會就少了許多。老師可以多多採用合作學習、小組討論、
夥伴學習等方式來促進學生之間的溝通互動（Hunt, Alwell, Farron-Davis, & Goetz, 1996; Logan, Bakeman, & Keefe, 1997），藉由同儕互動學生就有充分的機會來練習溝通技
巧。

　　高三的歷史課時，老師讓學生輪流朗讀課文，在五十五
分鐘的一堂課快結束時，許多學生傳紙條、敲打鉛筆或顯出
百般無聊的神態，學生的注意力已經降到最低的程度，而重
度障礙學生阿雷也和幾位同學一樣快要去見周公。雖然同學
透過臉部表情、肢體動作、肢體語言、紙條等進行無聲的互

動，老師並不鼓勵這種互動。

老師發現這種教學方法不怎麼成功，於是和特教老師合作想出如何改進學習環境。例如在教西部拓荒史時，老師把學生分為五到六組，由學生設計不同的拓荒途徑，必須考慮花費、該攜帶的物品、多久可抵達等問題，也必須考量潛在的危險並找出避險之道。阿雷到了這種分組討論時變得比較清醒，同學拿圖片給他，讓他作決定。同學計畫出不同的路徑，並用印表機列印出來，拿出來給阿雷看，讓他參與。

這種教學方式提供許多溝通的機會，不僅阿雷被更積極地參與，同學也莫不如此。當老師調整上課方式來適應某位重度障礙生時，這種調整對全班通常也頗有價值（Udavri-Sol-ner, 1994）。

15、讓溝通更有趣味

學習新技能很好玩，而教導社交互動會讓學生產生親密感，這件事本身即具有激勵的效果。見圖4-4。學生應該看得出溝通的努力會有即時的代價，如果互動很好玩，這種努力就會獲得更大的增強。

老師和夥伴應盡量避免把溝通當成是工作，重度障礙學生如果把溝通視為是一種功課，他們就不太願意花力氣去嘗

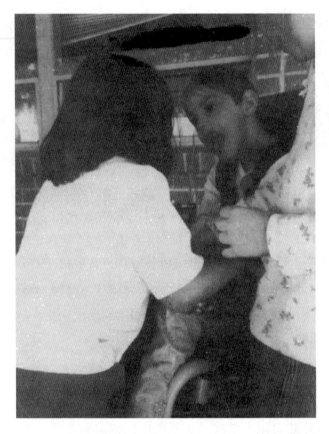

圖 4-4.　和朋友互動真好玩！（攝影：Margo Taylor）

試。在一對一的狀況下不停的練習某種行為，一點都不好玩，
而且也不太具有溝通的價值。讓學生不斷指認圖片或依指令
指認實物，像是服從的訓練而不是溝通，學生在真實的生活
當中除非有理由否則不太需要去指認東西。莎瓦奇倫布等人

146

圖 4-5. 錄影帶盒子改裝成溝通「肩包」給一個學前小朋友使用
（攝影：Diane Anres；設計：Roxana Daly）

（Savage-Rumbaugh, Sevcik, Brakke, Rumbaugh, & Greenfield, 1990）指出在符號的使用上，自然經驗比直接練習更有效，柯傑（Koegel, 1996）指出，在結構化的環境中用人為增強物反覆練習，反而使溝通技巧的類化更慢。

　　下面呈現一個創意教學法的例子。阿方來自說西班牙話的家庭，她喜歡攜帶皮包，老師知道之後就決定讓她的溝通輔具的外觀看起來像皮包，他們使用錄影帶盒子，在裡面和外頭各貼上一條魔術膠帶，這樣他就可以貼上她的線條畫溝通圖卡，見圖 4-5。穿上一條有花紋的鞋帶就作成了一個可背在肩上的皮包。這個輔具很適合遊戲的情境，因此增加她肯使用的動機。

　　教師和團隊成員不僅要使學習有樂趣，有時也得容忍並

鼓勵溝通裡的戲謔成分，學生和成人都應該有這樣的機會。多數人可輕易做到，但需要創意和彈性才能讓重度障礙學生也可以享受到有樂趣的溝通。有時可以調整溝通輔具的功能來適應這種情況。小二的莎拉用語音溝通板（大麥克）告訴同學該唸下一頁書了，這時她突然有捉弄同學的念頭，同學一頁還沒唸完時他就逼迫同學唸下一頁，同學只好說：「嘿！等一會兒，我還沒有唸完。」莎拉笑了起來但又按了一次鍵，製造了更多的笑聲，這樣的戲謔氣氛對莎拉而言比起指示同學唸書更為重要，因為她可以用輔具來製造一種歡鬧的氣氛，顯然充分應用了她的輔具。

147

三 養成良好的溝通行為

普通班級的學習環境到處充滿刺激，而且無法預期，通常步調都非常快。重度障礙學生被安置在這樣的班級裡，一開始會覺得很難教導溝通技能，學習步調和種種無法控制的因素讓傳統教導重度障礙學生的方法在此無法實施（Wolery & Schuster, 1997），然而周詳的計畫加上好的策略可以有效養成良好的溝通行為。

團隊成員都應該詳盡地考量好行為的養成策略，可供選

擇的方法很多，成員更應該保持步調一致。使用的特定方法應該仔細地記錄，底下提供一些可供參考的策略。

148

1、示範良好的行為

我們透過其他人的良好行為來學習，兒童從環境周圍四周的朋友、親人觀察學習，對所有兒童來說要獲得一種新的技能，觀察學習是一項很重要的策略（Bandura, 1977），只觀察一次通常對學生來說是不足夠的，大多數學生需要反覆的觀察，對重度障礙生來說更是如此（Miller, 1993），在吸收和處理訊息上有困難的學生更需要多次的觀察。

如果學生經過反覆的觀察仍然不能展現預期中的行為，那麼設法集中他們的注意力是必須的，重度障礙的學生有可能沒有注意到模範行為當中重要的成分，也有可能沒有觀察到行為和後果之間的關連，老師們應該設法讓學生了解到模範行為的目的。在普通教室當中正常學生可以做很好的楷模，重要的是他們的身體距離要和障礙學生要很接近，而且障礙學生必須知道這些行為的存在。

對盲生來說示範可以透過觸覺來進行，盲生的手可以放在示範者的手上，對障礙學生的反應也可以透過觸摸的方式讓他了解，例如可以讓學生去觸摸身體的姿勢，如聳聳肩、

臉部表情、顯示某個特殊表情的動作、一個表示語詞的手勢
或者透過溝通輔具的信息。由於對多數學生來說，很容易接
觸到的隨機學習對視障學生來說是不存在的，因此必須透過
其他的方式，花更多的時間和精力來教導這個學生。

149

2、提示

　　為了養成溝通行為所給的提示，應考慮以下的因素：學
生的條件、溝通模式、行為的目的，以及情境等。所做的提
示應訊息明確，讓學生清楚知道別人對他的期望，不過這並
不意味提示就應該有太多的肢體介入。提示應該清楚表明意
圖，而有時過多的肢體協助也未必能做到這點（Riley,
1995）。畢德曼等人（Biederman, Fairhall, Raven, & Davey,
1998）研究六名嚴重發展遲緩兒童，發現在教導某些技能
（排拼圖、洗手、拉拉鍊）時，讓學生安靜的觀察比口頭提
示或肢體協助更有效果。引導學生的肢體有時反而會把他的
焦點轉移至協助者身上，卻忘了想完成的工作，所以肢體引
導未必是最直接有效的提示教學法。米任達（Mirenda, 1997）
整理有關訓練具有行為問題者功能性溝通的文獻，發現大部
分的溝通技能教學均採逐漸增加肢體引導成分的提示法。然
而，對於某一特定的學生，提示法究竟是要逐漸增加抑或減

少肢體引導的成分就要因人地制宜，絕無一套辦法適用於所有的學生。以阿藍為例，通常協助他用圖畫溝通卡的提示法是逐漸增加肢體引導的成分，但是在路上遇到同學向他打招呼時，已經沒有時間來這樣做，只能先來大量的肢體引導，以確保他能及時回應對方。

提示法應有系統，能幫助目標行為的養成，並配合學生的學習風格。最終的目標是一旦學生成功做到該行為，即應盡速褪除提示。迫使學生違背意願去作反應的提示法，應盡量避免。例如，小六的阿美是視障、肢障兼智障的多障生，先前的訓練方式是由老師硬把她的頭移動到可以注視溝通圖卡的位置，這種肢體提示法引起阿美的抗拒，頭硬不肯轉向，眼睛寧可盯住他處。因此這種提示法儘管出於善意，卻收到反效果。不如使用強光或雷射筆投向圖卡來引起她的注意，不用強制肢體引導也可以達到相同的效果（Downing & Bailey, 1990; Goossens' & Crain, 1992）。

希望學生手比圖卡或伸手拿食物時，老師可以輕觸學生手肘暗示要他做出反應。另一個提示的辦法是直接把代表訊息的東西（圖片、實物、相片），放在學生面前，這樣不僅可以吸引他的注意，也是一種溝通技巧的示範。對於盲生，可以把東西直接讓他觸摸。聽覺提示法（如拍打符號）對有些學生有效。一面告訴學生他可選擇的選項，一面手比（或

拍打）符號來導引他的注意力，或許可以讓他做出反應。間
接的口頭提示（「你想要說什麼」）加上把注意力引至溝通
輔具上，對有些學生來說就足夠讓他去使用輔具了，而不一
定要給直接的口語提示（如「按下開關」）。顯然每個學生
所需要的提示種類和順序都各不相同，而團隊也必須因人因
地制宜。

2、褪除提示

　　為了避免學生過度依賴成人的介入，方案所用到的任何
策略都要有褪除的準備（Sigafoos, Mustonen, DePaepe, Re-
ichle, & York, 1991）。一旦學生自己可以辨認出自然的線索
並據以做出反應時，提示的強度就應降低。老師在強化學生
間的互動時，他必須逐漸從他們面前消失，否則重障生很容
易只依據成人的線索去和同學互動。

　　褪除的重要考量是從開始使用提示法之初就不要有太多
的肢體引導；提示法愈不具強制性，學生就愈不易對它產生
依賴。因此，老師在示範目標技能時應避免提供過多的協助。
褪除的程序要讓所有相關的老師都清楚知道，成員們應謹記
溝通訓練的最終目標是學生能獨力完成，這樣就較易採取褪
除的程序。例如，阿羅在老師點到他名字時要學會舉手，想

表 4-2. 教導合適的「引起注意」行為的褪除步驟

教學情境：老師點小羅的名字時，或當小羅需要協助時

1. 提醒他要舉手，並示範給他看。身體輕觸他的手時，他舉手，老師要表示看到，或趨前協助。
2. 只要小羅自己舉手，就不要再給口頭提示，之後頂多只用手勢示範。
3. 一旦小羅可以接受手勢的提示而自己舉手，就開始褪除。
4. 等候二秒，才能給提示。
5. 如果沒反應，就用手勢請同學舉手，或問他是否記得要怎麼做（間接口語提示）。
6. 如果好的行為可以持久，便逐漸加長等候時間至五秒。
7. 一定要有人表示注意到他的舉手行為，並且立刻趨前協助。

引起注意時也要懂得舉手而不是亂跳和尖叫。同學舉手的行為是很重要的示範，但他現在還無法做到。團隊於是設計一個學習的方案，也把褪除的程序包括在內。一開始的提示較強，一旦他學會以後就褪除。表 4-2 顯示教導他舉手的程序，隨著他的進步，提示的等候時間也逐漸加長，以至最後完全褪除。

3、增強好行為

　　溝通能力為學生帶來駕馭環境的能力和社交親密感，因此後果極具增強性。如果非增強不可時，要考慮的因素就包括溝通技能的教導方式、場所、學生的需要等。施予人為增強物，仍應著眼於溝通能力的加強（Koegel, O'Dell, & Dunlap, 1988）。

　　時機是給與正增強的重要因素。學生嘗試做出溝通行為時，周圍的人應迅速給與反應。假如他想要表達而沒人加以理會，這個行為得不到增強，因此學生也許會更強烈的表達出來。該增強的好行為得不到適時的回應，反倒是讓不當的行為得到增強。

　　在行為得不到自然增強的情形下，提示學生重複該行為時，額外的外部增強物也許就成為必要。對有些學生來說，為了社交的理由而有互動一開始也許不容易。他們或許會選擇躲開他人，這時他們需要有社會親密感以外的理由。例如，老師可以要求學生，只有在旁人也參與的情況下，才能做某件他喜歡的事。小查很愛玩一個電腦遊戲，老師就利用這件事來培養他的社交技能，他必須答應和人分享及輪流玩才允許他玩。他必須回答同學的問題（「輪到你了嗎？」），才

把滑鼠交給他。此外，同學會把他的注意力引到螢幕上，並且說話助興。如此一來，小查就會習慣親近他人的場合，也學會和人同樂。

154

4、引進新的符號

引進新符號的有效作法是，盡可能利用機會把新符號和相關的事物配對起來，先決定好要用什麼符號表示學生最有機會也最想表達的事物。由於符號必須代表學生的喜好，因此應做好好惡的評估（Kennedy & Haring, 1993）。符號的選擇應考量學生的肢體動作能力以及他的視力。

在學生企圖用舊方法（伸手抓、眼睛盯）溝通時，新符號就應放在事物的旁邊，如果符號表徵的相關性夠強的話，學生就會習慣它的存在。小三的潔森要為班上的律動選一首歌，他要從一疊CD中找出他愛聽的曲子。團隊在三張CD上各放一張彩色的封面圖片，在他掀起圖片要拿底下的CD時，老師就把手伸過去接住圖片。謝過潔森後，老師便展示圖片給同學看，然後播放那張 CD 的曲子。隨著次數的增多，老師就把圖片抽離出來讓他選，選出圖片的效果就和直接選CD的功效一樣，因此他就學會了可以用圖片符號來表示不同的唱片。

　　例子中老師有好幾個成功的作法。在律動課時她總是請潔森選出愛聽的曲子，這個一致性就會讓他有所預期。她利用會產生興趣的場合來引進新符號。她把選項限制在三個，好讓他能處理。她在潔森抓取圖片的第一時間內就做出反應，就好像說他確實要透過圖片（而非CD）傳達訊息。三個選項中也放進潔森不喜歡的CD，這就使他的選擇更簡單。

155

　　對於使用目光來選擇訊息的學生，同樣的配對程序也可以進行，逐漸把實物褪除而以符號取代。在自然情境中使用符號的機會愈多，他就會愈快學會新技能。

四 摘要

　　本章討論的重點是，在普通班當中教導重障生溝通技能的初步策略。普通班環境很理想，因為每天有無數的溝通機會，也有大量潛在的溝通夥伴。雖然明顯的機會很多，也有很多楷模，但少了有系統的特殊教導也是無濟於事。團隊應周詳地規畫並執行教學策略，一旦學會了初步的技巧，學生就可以學會更有效的溝通方法。

五 參考書目

Bandura, A. (1976). Effecting change through participant modeling. In J. Krumboltz & C.E. Thorenson (Eds.), *Counseling methods* (pp.248-265). Austin, TX: Holt, Rinehart & Winston.

Bedrosian, J. (1997). Language acquisition in young AAC system users: Issues and directions for future research. *Augmentative and Alternative Communication, 13,* 179-185.

Beukelman, D. (1991). Magic and cost of communication competence.*Augmentative and Alternative Communication, 7,* 7-20.

Biederman, G.B., Fairhall, J.L., Raven, K.A., & Davey, V.A. (1998).Verbal prompting, hand-overhand instruction, and passive observation in teaching children with developmental disabilities. *Exceptional Children,64,* 503-512.

Birdwhistell, R.L. (1955). Background to kinesics. *ETC: A Review of General Semantics, 13,* 10-18.

Brown, F., Belz, P., Corsi, L., & Wenig, B. (1993). Choice diversity for people with severe disabilities. *Education and Training in Mental Retardation, 28,* 318-326.

Butterfield, N., & Arthur, M. (1995). Shifting the focus: Emerging priorities in communication programming for students with a severe intellectual disability. *Education and Training in Mental Retardation and Developmental Disabilities, 36,* 41-50.

Calculator, S.N. (1988). Promoting the acquisition and generalization of conversational skills by individuals, with severe disabilities.*Augmentative and Alternative Communication, 4,* 94-103.

Carr, E., & Durand, V. (1985). Reducing behavior problems through functional communication training. *Journal of Applied Behavior Analysis,18,* 111-126.

Carr, E.G. (1988). Functional equivalence as a mechanism of response generalization. In R.H. Horner, G. Dunlap, & R.L. Koegel (Eds.), *Generalization and maintenance: Life-style changes in applied settings* (pp. 221-241). Baltimore: Paul H. Brookes Publishing Co.

Carr, E.G., & Darcy, M. (1990). Setting generality of peer modeling in children with autism. *Journal of Austism and Developmental Disorders,20,* 45-59.

Dowden, P.A. (1997). Augmentative and alternative communication decision making for children with severely unintelligible speech. *Augmentative and Alternative Communication, 13,* 48-58.

Downing, J., & Bailey, B. (1990). Developing vision use within functional daily activities for students with visual and multiple disabilities. *RE:view, 21,* 209-220.

Downing, J., & Siegel-Causey, E. (1988). Enhancing the nonsymbolic communicative behavior of children with multiple handicaps. *Language, Speech and Hearing Services in Schools, 19,* 338-348.

Downing, J.E. (1993). Communication intervention for individuals with dual sensory and intellectual impairments. *Clinics in Communication Disorders, 3*(2), 31-42.

Drasgow, E., Halle, J.W., Ostrosky, M.M., & Harbers, H.M. (1996). Using behavioral indication and functional communication training to establish an initial sign repertoire with a young child with severe disabilities. *Topics in Early Childhood Special Educating, 16,* 500-521.

Duker, P.C., & Moonen, X.M. (1985). A program to increase manuel signs with severely/profoundly mentally retarded students in natural environments. *Applied Research in Mental Retardation, 6,* 147-158.

Durand, V.M., & Carr, E.G. (1991). Functional communication training to reduce challenging behavior: Maintenance and application in new settings. *Journal of Applied Behavior Analysis, 24,* 251-264.

Evans, D., Hearn, M., Uhlemann, M., & Ivey, A. (1984). *Essential interviewing: A programmed approach to effective communication* (2nd ed.). Pacific Grove, CA: Brooks/Cole.

Giangreco, M.F., Edelman, S.W., Luiselli, T.E., & MacFarland, S.Z.C. (1997). Helping or hovering? Effects of instructional assistant proximity on students with disabilities. *Exceptional Children, 64,* 7-18.

Glennen, S., & Calculator, S. (1985). Training functional communication board use: A pragmatic approach. *Augmentative and Alternative Communication, 1,* 134-142.

Goldstein, H., & Kaczmarek, L. (1992). Promoting communicative interaction among children in integrated intervention settings. In S.F. Warren & J. Reichle (Series & Vol. Eds.), *Communication and Language Intervention Series: Vol. 1. Causes and effects in communication and language intervention* (pp. 81-111). Baltimore: Paul H. Brookes Publishing Co.

Goossens', C., & Crain, S.S. (1992). *Utilizing switch interfaces with children who are severely physically challenged.* Austin, TX: PRO-ED.

Guess, D., & Siegel-Causey, E. (1985). Behavioral control and education of se-

157

verely handicapped students: Who's doing what to whom? and why? In J. Filler& D. Bricker (Eds.), *Severe mental retardation: From theory to practice* (pp. 230-244). Reston, VA: The Council for Exceptional Children.

Halle, J., Marshall, A., & Spradlin, J. (1979). Time delay: A technique to increase language use and facilitate generalization in retarded children.*Journal of Applied Behavior Analysis, 12,* 431-439.

Horner, R.H., & Billingsley, F.F. (1988). The effect of competing behavior on the generalization and maintenance of adaptive behavior in applied settings. In R. H. Horner, G. Dunlap, & R.L. Koegel (Eds.),*Generalization and maintenance: Life-style changes in applied settings* (pp. 197-220). Baltimore: Paul H. Brookes Publishing Co.

Horner, R.H., Sprague, J.R., O'Brien, M., & Heathfield, L.T. (1990). The role of response efficiecy in the reduction of problem behaviors through functional equivalence training: A case study. *Journal of The Association for Persons with Severe Handicaps, 15,* 91-97.

Houghton, J., Bronicki, G., & Guess, D. (1987). Opportunities to express preferences and make choices among students with severe disabilities in classroom settings. *Journal of The Association for Persons with Severe Handicaps, 12,* 18-27.

Hunt, P., Alwell, M., Farron-Davis, F., & Goetz, L. (1996). Creating socialy supportive environments for fully included students who experience multiple disabilities. *Journal of The Association for Persons with Severe Handicaps, 21,* 53-71.

Johnson, J.M., Baumgart, D., Helmstetter, E., & Curry, C.A. (1996). *Augmenting basic communication in natural contexts.* Baltimore: Paul H. Brookes Publishing Co.

Johnson, R. (1994). *The Picture Communication Symbols combination book.* Solana Beach, CA: Mayer-Johnson.

Kaiser, A.P. (1993). Functional language. In M.E. Snell (Ed.), *Instruction of students with severe disabilities* (4th ed., pp.347-379). New York: Merrill Education.

Kaiser, A.P., Ostrosky, M.M., Alpert, C.L. (1993). Training teachers to use environmental arrangement and milieu teaching with nonvocal preschool children. *Journal of The Association for Persons with Severe Handicaps,18,* 188-199.

Kennedy, C.H., & Haring, T.G. (1993). Teaching choice making during social interactions to students with profound multiple dsabilities. *Journal of Applied Behavior Analysis, 26,* 63-76.

Koegal, L.K. (1996). Communication and language intervention. In R.L.Koegel & L.K. Koegel (Eds.), *Teaching children with autism: Strategies for initiating positive interactions and improving learning opportunities* (pp. 17-32). Baltimore: Paul H. Brookes Publishing Co.

Koegel, R.L., O'Dell, M.C., & Dunlap, G. (1988). Producing speech use in nonverbal autistic dhildren by reinforcing attempts. *Journal of Autism and Developmental Disabilities, 18,* 525-538.

Logan, K.R., Bakeman, R., & Keefe, E.B. (1997). Effects of instructional variables on engaged behavior of students with disabilities in general education classrooms. *Exceptional Children, 63,* 481-498.

Lovett, H. (1996). *Learning to listen: Positive approaches and people with difficult behavior.* Baltimore: Paul H. Brookes Publishing Co.

MacDonald, J., & Gillette, Y. (1986). Communicating with persons with severe handicaps: Roles of perents and professionals. *Journal of The Association for Persons with Severe Handicaps, 11,* 255-265.

Mahoney, G.J. (1988). Communication patterns between mothers and developmentally delayed infants. *First Language, 8,* 157-172.

Mahoney, G.J., Finger, L., & Powell, A. (1985). Relationship of maternal behavior style to the development of organically impaired mentally retarded infants. *American Journal on Mental Deficiency, 90,* 296-302.

Marcovitch, S., Chiasson, L., Ushycky, I., Goldberg, S., & MacGregor, D. (1996). Maternal communication style with developmentally delayed preschoolers. *Journal of Children's Communication Development,17*(2), 23-30.

McDonnell, J. (1987). The effects of time delay and increasing prompt hierarchy strategies on the acquisition of purchasing skills by students with severe handicaps. *Journal of The Association for Persons with Severe Handicaps, 12,* 227-236.

Miller, J. (1993). Augmentative and alternative communication. In M.E. Snell (Ed.), *Instruction of students with severe disabilities* (4th ed.,pp. 319-346). New York: Macmillan.

Mirenda, P. (1997). Supporting individuals with challenging behavior through functional communication training and AAC: Research review. *Augmentative and Alternative Communication, 13,* 207-225.

Mirenda, P., Iacono, T., & Williams, R. (1990). Communication options for persons with severe and profound disabilities: State of the art and future directions. *Journal of The Association for Persons with Severe Handicaps,15,* 3-21.

Murphy, J., Markova, I., Moddie, E., Scott, J., & Bon, S. (1995). Augmentative and alternative communication systems used by people with cerebral palsy in Scotland: Demographic survey. *Augmentative and Alternative Communication, 11*(1), 26-36.

Odom, S.L., McConnell, S.R., & McEvoy, M.A. (Eds.). (1992). *Social compe-*

159

tence of young children with disabilities: Issues and strategies for intervention. Baltimore: Paul H. Brookes Publishing Co.

Peck, C.A. (1985). Increasing opportunities, for social control by children with autism and severe handicaps: Effects on student behavior and perceived classroom climate. *Journal of The Association for Persons with Severe Handicaps, 10,* 183-193.

Reichle, J, (1991). Developing communicative exchanges. In J. Reichle, J.York, & J. Sigafoos (Eds.), *Implementing augmentative and alternative communication: Strategies for learners with severe disabilities* (pp.133-156). Baltimore: Paul H. Brookes Publishing Co.

Reichle, J., Feeley, K., & Johnston, S. (1993). Communication intervention for persons with severe and profound disabilities. *Clinics in Communication Disorders, 3*(2), 7-30.

Riley, G.A. (1995). Guidelines for devising a hierarchy when fading response prompts. *Education and Training in Mental Retardation and Developmental Disabilities, 30,* 231-242.

Romski, M.A., & Sevcik, R.A. (1988). Augmentative and alternative communication systems: Considerations for individuals with severe intellectual disabilities. *Augmentative and Alternative Communication, 4,*83-93.

Romski, M.A., Sevcik, R.A., & Adamson, L.B. (1997). Framework for studying how children with developmental disabilities develop language through augmented means. *Augmentative and Alternative Communication, 13,*172-178.

Rowland, C., & Schweigert, P. (1993). Analyzing the communication environemnt to increase funtional communication. *Journal of The Association for Persons with Severe Handicaps, 18,* 161-176.

Savage-Rumbaugh, E.S., Sevcik, R.A., Brakke, K, Rumbaugh, D., &Greenfield, P. (1990). Symbols: Their communicative use, combination, and comprehension by bonobos (Pan paniscus). In L. Lipsett & C. Rovee-Collier (Eds.), *Advances in infancy research* (Vol. 6, pp. 221-278). Norwood,NJ: Albex.

Schwartz, I.S., Anderson, S.R., & Halle, J.W. (1989). Training teachers to use naturalistic time delay: Effects on teacher behavior and on the language use of students. *Journal of The Association for Persons with Severe Handicaps, 14,* 48-57.

Schwartz, I.S., Carta, J.J., & Grant, S. (1996). Examining the use of recommended language intervention practices in early childhood special education classrooms. *Topics in Early Childhood Special Educating, 6,* 251-272

Sevcik, R.A., Romski, M.A., Watkins, R., & Deffebach, K.P. (1995). Adult partner-augmented communication input to youth with mental retardation using the System for Augmenting Language (SAL). *Journal of Speech and Hearing Re-*

search, 38, 902-912.

Sienkiewics-Mercer, R., & Kaplan, S.B. (1989). *I raise my eyes to say yes.* Boston: Houghton Mifflen.

Sigafoos, J., Mustonen, T., DePaepe, P., Reichle, J., & York, J. (1991).Defining the array of instructional prompts for teaching communication skills.In J. Reichle, J. York, & J. Sigafoos (Eds.), *Implementing augmentative and alternative communication: Strategies for learners with severe disabilities* (pp. 173-192). Baltimore: Paul H. Brookes Publishing Co.

Udvari-Solner, A. (1994). A decision-making model for curricular adaptations in cooperative groups. In J.S. Thousand, R.A. Villa, & A.I. Nevin (Eds.), *Creativity and collaborative learning: A practical guide to empowering students and teachers* (pp. 59-77). Baltimore: Paul H. Brookes Publishing Co.

Werts, M.G., Caldwell, N.K., & Wolery, M. (1996). Peer modeling of response chains: Observational learning by students with disabilities.*Journal of Applied Behavior Analysis, 29,* 53-66.

Wolery, M., & Schuster, J.W. (1997). Instructional method with students who have significant disabilities. *Journal of Special Eudcation, 31*(1),61-79.

第五章  互動、對話、類化

所有學生從求學到成人都一直在努力學習、維持、應用和精進溝通技能。教育團隊不應停留在讓學生只會表達「是」、「否」和基本需求的層次，只訓練這麼有限的溝通方式是沒什麼價值的（Reichle, 1991）。雖然目前我們所知道的仍相當有限，但教育工作者除了應不斷地求新求變外，更重要的是對障礙學生要懷抱較高的期待，唯有如此，我們才有雄心開發出更有效的方法來滿足他們的需求。

165

一 教導各種溝通的功能

溝通的理由有很多，但老師卻傾向只教重度障礙學生如何「提出請求」，或許這是因為這個部分比較容易教（Goodman & Remington, 1993; Light, 1988）。重度障礙學生在表達抗議或拒絕上似乎也比較容易，雖然方法（如：踢、吼、咬、叫）可能不怎麼叫人喜歡，但總也能讓人理解。

溝通能力有限的學生應該表現出廣泛的溝通功能，才能提升與人互動的能力。以下針對不同的溝通功能提出訓練的建議。

1、提出請求

　　教導重度障礙學生提出請求不是太難的事（Light, 1988），原因是學生有動機去滿足他的需求，而日常生活中有太多的機會讓學生提出請求，練習多了，自然就學會這個技能。

　　學生可能提出的要求會有坐在某個位置、要杯水喝、用某枝筆寫字、要同學幫他讀書、要人幫忙推輪椅到某處、要用某種色紙等。在進行「讀書」活動時，學生也許會要求讀某本書，也有可能要求某人讀給他聽。可能的請求項目多得不可勝數，不過前提是，師生都應提供機會讓重度障礙學生提出請求，而且反應要即時才有增強的效果。

　　任何活動都可以用來練習這個技能。要指派同學去推輪椅十分容易，同樣容易的是可以讓重度障礙學生挑出他喜歡的志願者來，也可讓他從相片本中作出選擇。此外，不指定障礙生特定的作業題目，而讓他有所選擇。其次，什麼都不給，就只等他向你提出要求。假如正在進行的活動他不太喜歡，要求休息會有很大的誘因。參與活動時需要他人的協助，這就是絕佳的練習機會。圖 5-1 顯示一名五年級生請求同學協助她打開牛奶盒。

圖 5-1.　午餐時，一個小五生用牛奶盒當符號請同學幫她打開
　　　　（攝影：Margo Taylor）

　　溝通方式有限的學生有時不易讓人區分他們是提出「請
求」，還是「表示興趣」，要正確判斷就必須了解他的意
圖。我們可以教學生用某個行為（如比出某個手勢，或某個
手指表示「要」的符號）表示他有某種需要，對方弄清楚情
況後，就可以問他要什麼東西。賴喬和布朗（Reichle & Brown,
1986）教一名自閉症成人使用表達「需要」的符號，他學會
用這個符號及圖片來表達請求。賴喬等人（Reichle, Sigafoos,
& Piche, 1989）教導一名智障的盲生說「要」來表示對某物的
需求，他學會把「要」和知道名稱的物品結合在一起。對於

他不知名稱的物品，他在說完「要」之後會拿起實物或代表該實物的可摸式符號。

把不同的符號連結起來可以更清楚表達意圖，如果學生不用「要」的符號，他可能被誤解，只有在學生把「要」的符號和別種溝通形式（如注視某物、手伸向某圖片、拉你至某處）連結在一起，才去滿足他的願望；用這個方式可以教會使用「要」的技能。當然，教師要運用智慧判斷學生究竟是否能接受這種教導。剛學會使用不明顯的小動作來表示請求的學生，暫且不用管他，但對於已經學會「特定的行為會造成特定的結果」的學生來說，學會使用表示請求的特定符號（「我想要」）應有助於意圖的澄清。

2、拒絕或抗議

重度障礙學生常有拒絕或抗議的行為，不過周圍的人往往沒有理解出那些行為的溝通意涵。例如，他們也許會抗議某種教法、某種活動、某人的協助、午餐的某個食物。

假使學生不用大家習慣的方式來表達「不要」，那麼他很可能會用任何可以達到目的的方法，不管是不是會引人側目。例如，每當某生對活動失去了興趣，他就會捏身旁的人一把，同學因此只記得他的「壞行為」，但不去理解這個動

作其實只是表達拒絕的意思。「愛打人」、「愛捏人」、「愛尖叫」、「愛咬人」等等的字眼，只會讓這些重度障礙學生聽起來更不正常，對重度障礙學生的融合沒有幫助。再者，這些標記把焦點從學生要溝通的嘗試轉移到負面的行為上。同學若因負面的行為而排斥重度障礙學生，就會成為真正的問題（Siperstein, Leffert, & Widaman, 1996）。

169

每個學生都有權利去表達「不，我不想做這件事」或「不，我不喜歡這樣」，表達的方式可以是搖頭、把東西推開、在語音溝通板上按「不要」，或閉上雙眼等等。圖 5-2 顯示某個沒有口語的盲生拒絕同學的幫忙。以上所說的「拒絕」方式都是可以接受的，不過如果學生用的方式在社會上不受歡迎，那麼我們便需要教他有效可以被人接受的方式。卡爾和都蘭（Carr & Durand, 1985）發現功能性溝通訓練可以讓合宜的行為取代不當的行為，韓特等人（Hunt, Alwell, & Goetz, 1988）也發現，一旦重度障礙學生的對話技巧有進步，不合宜的行為也會跟著減少。事實上，兩者的關係已被研究證實（見 Mirenda, 1997 的文獻整理）。

為了幫助重度障礙學生以合適的方式表達拒絕，老師應把這個功能訂為目標，並注意他用哪些不合適的方法表達拒絕，同時教他說不的方法。新方法必須和學生原有的表達法一樣有效，既不會更費力卻也同樣成功。例如，指示五年級

170

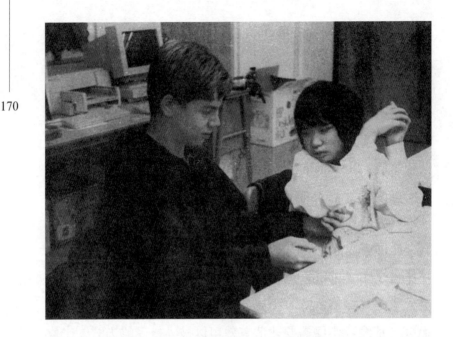

圖 5-2. 一名國二女生用肢體動作表示她不需要同學的協助
（攝影：Margo Yunker）

的康妮把圖片貼在本子上，過了十分鐘以後，她就開始不安
地扭動身子，把膠水丟開，臉側往其他方向。老師沒有理解
到她想停止活動的意圖，於是她把剪刀、膠水、圖片等都摔
到地上。教師事實上在前面的徵兆出現時，就可以提醒她以
說「不要」或搖頭的方式來表示疲倦。老師可以繼續問她是
否要繼續，康妮應該會用力的搖頭說「不要」。這樣老師就
可如她的願停止活動，然後分派其他工作。有了防範就可以

減輕不良行為，也較易進行溝通技能的訓練。

3、吸引注意力

訊息要讓人家聽到，首先要引起對方的注意，否則就不可能被人接收到。人們通常能輕易引發他人的注意，叫名字、視線接觸、走近身邊、碰觸他人等都是引發注意、開啟互動的好法子，就算是重度障礙學生也多半可以做到。無法使用這些適當方法的學生，或許會發出叫聲、做個動作（如踢腳、抬高他人的下巴）、或在語音溝通板上發出合適的語句（如「嗨，誰要跟我說話？」）等方式引人注意。用尖叫、摔東西、拉人衣角、打人、自傷等方式引起注意的學生，就應該教會使用更合適的表達方式（Carr & Durand, 1985; Drasgow & Halle, 1995; Durand & Carr, 1991）。由於障礙生很難自己改變不良的行為，教師有責任去教他們較合宜的行為（Cipani, 1990）。

卡茲馬瑞（Kaczmarek, 1990）認為開啟話匣子有三個步驟：選擇對象、靠近對象、吸引對象的注意。重度障礙學生可能需要教他每個步驟，有些人因為肢體或感官缺陷而無法完成這三個步驟，也需要特別的協助。例如，某生因肢障而無法靠近想要溝通的對象，此時對方可以主動地接近障礙生

但不開口，重度障礙學生還是得自己完成其餘的步驟（即選擇對象、吸引注意）。

要教會用合適的方式去引起注意，在學習活動中可以安排第三者在場（Goossens' & Crain, 1992）。學生已獲得老師的注意了，卻還要教她去吸引老師的注意是沒道理的事；所以，一定要找第三者來協助。例如，當達樂在電腦課中需要一張列印紙時，特教老師說他不知道到哪裡拿，這表示達樂非找到電腦老師不可。因為電腦老師正忙著指導班上其他同學，除非達樂能引起電腦老師的注意，他的需要很容易被疏忽掉。特教老師用了很多自然手勢表明他不知道到哪裡拿，也用手比向電腦老師。達樂在五秒內對這個建議毫無反應，特教老師便引導他靠近電腦老師（此時她仍未注意）並示範（並不真的做出來）如何輕拍她的肩來引起注意。五秒後達樂仍無動作，於是特教老師再以手肘輕推達樂，這時他才拍老師的肩膀。電腦老師轉身問達樂要什麼，達樂拉老師到座位上或使用圖卡來表達他紙不夠的需要。一旦達樂成功引發電腦教師的注意，特教老師便可抽身去協助其他同學。當然，兩位老師在事前對這些作法已有約定。如果達樂類似的經驗累積愈多，他終究可以主動引發他人的注意，而不必依靠老師的提示。

用在達樂身上的教導策略包含「逐漸加溫的提示」

172

（least-to-most intensive prompts），也包括五秒鐘的等候時間。達樂的教育團隊考量了他的學習特性和電腦課的環境後才採取這些策略。不同的學生的策略不同，齊佩尼（Cipani, 1990）使用「逐漸加溫的提示」時用的等候時間是十五秒。對有些學生一開始的提示要很強烈明顯，有進步之後再慢慢降溫（Sigafoos, Mustonen, DePaepe, Reichle, & York, 1991）。

　　另外一個例子可用二年級生賈柏來說明，他從不主動和人打成一片，但一副看起來想加入遊戲的神情，老師就明白向他建議，可以走到最近的同學身邊問他想不想玩。賈柏猶豫不決，於是老師就說他倆一道去邀請。對方正好和其他同學一起玩球，背對著老師和賈柏。他們走向學生群時老師叫同學繼續玩球，不要停（如他們停下來，賈柏就失去引發注意的機會）。老師貼在賈柏耳邊輕聲要他叫那個男孩的名字，賈柏叫出不是很清楚的名字，然後對方轉身問：「幹什麼？」賈柏三秒內並沒有回應，老師於是用口頭和動作提示他用手比球，老師詢問同學賈柏的用意，同學們都說對了，也邀賈柏一起玩球，賈柏於是學會了引人注意的方法。

4、打招呼、再見、其他禮節

　　懂得社交禮儀，諸如打招呼、再見、其他禮節，是在社

會上受歡迎的必備技巧。學生要懂得和友伴師長問好，有禮貌地結束互動，以合宜的方式與人互動。障礙生在學校當中，有很多這種機會。他們可以點頭、微笑、注視、招手或問好（如「嗨」、「拜」）。儘管這些方式無法使互動持久，但少了這個能力，重度障礙學生也許無法被他的友伴所接納（Chadsey-Rusch, Linneman, Rylance, 1997; Storey & Horner, 1991）。懂得主動問候、道別和回禮的學生也可以用這個技巧來引發他人的注意。

老師協助學生養成這種行為的方式有：示範、觀察和使用溝通輔具。假如學生的社交行為不明顯而不易被人理解，老師也許需要先代為翻譯，直到這個問候行為被多數同學認知為止。

由於問候和道別是快速的行為，逐漸增溫的提示策略未必對反應慢的同學有效。當同學向他打招呼時，緊跟在身旁的老師最好立即使用肢體提示，協助學生回禮。在學生開始展現這個技巧之後，肢體提示就必須慢慢褪除。

5、表示意見

表示意見即告訴他人你所想的，也就是間接地表明你是誰，這項主要的溝通功能在重度障礙者身上常被疏忽掉，也

許是人們不相信他們也能夠做到。如果重度障礙學生被鼓勵去表示意見，他們和人互動的情況會比較均衡些，也比較接近普通人之間的對話（Hunt, Farron- Davis, Wrenn, Hirose-Hatae, & Goetz, 1997; Light & Binger, 1998）。

　　重度障礙學生試著表示意見時，常因使用人們不習慣的方式，對方常誤以為他只是在提出請求而已。例如，高二的維世盯著同學所做的雕刻作品瞧時，可能是想表示意見（「好酷喔，真希望我也做得出來！」），不過，老師可能會認為他想要借來看看。這樣的情況多發生幾次，對重度障礙學生來說就成了非常挫折的經驗。賴喬等人（Reichle, Barrett, Tetlie, & McQuarter, 1987）認為，如果不教其他溝通功能，他們將只會表現出「請求」的行為，因為那是他唯一懂的東西。事實上，他們也許企圖表現其他的功能，但卻遭到誤解。經常受到誤解的結果，就是挫折感加重，最後就放棄嘗試。

　　協助障礙生表示意見需要一些創意。三年級的茱莉上美勞課時，使用一副圖卡溝通板，上頭除了「請求」（「我要膠水」、「幫我剪好嗎？」）外，也有表現意見的圖卡（「我喜歡這個」、「還要補些東西吧？」）。圖 5-3 展示這件適用於特定場合的溝通輔具。訓練茱莉發展這個技巧時，可以把表示請求的圖卡移開或蓋住，只留下兩個表示意見的圖卡。老師展示某個同學的作品時，先示範一遍圖卡的作用，

176

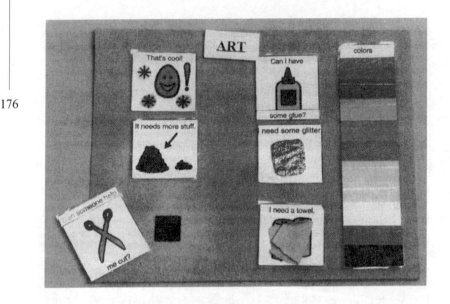

圖 5-3. 一名小三同學在美術課中所用的溝通輔具（攝影：Diane Andres；設計：June E. Downing）

然後問茱莉的想法，如果在三秒內沒有回應，老師可以輕觸茱莉的手肘做肢體提示。這時如果仍無反應，老師可以從她臉上的表情來解讀。老師會說，「我認為茱莉想說，她很喜歡這個作品」，接著老師會問她的解讀是否正確，對的話茱莉會點頭微笑，不對的話她就面無表情。老師可以用多位同學的作品來訓練茱莉發展這個能力。

　　甘永被安置在五年級的普通班裡，老師想出很有創意的點子來培養他發表意見的技能。每年老師都要班上同學作好

幾次的「讀書報告」，她允許同學用不同的方式表現，以適
應不同的學習風格；她讓讀同一本書的同學編在一組裡，好
進行合作學習。同學的成果可用這些方式表現：讀後的心得
報告、寫詩、用戲劇或啞劇演示、用字謎或美術作品反應書
本內容等。整個學年當中，老師鼓勵學生嘗試多種方式來完
成這份作業。

甘永最喜歡的方式是動手的作品，雖然他並不排除演示
法。同組的羅傑負責讀書給他聽，兩人一起決定作業的形態。
羅傑把過去班上同學的作品拍成照片，然後要甘永從中選擇
一種他們要合作完成的樣式。最後他們決定要做壁報。在整
個作業的過程中，羅傑一直詢問甘永的意見，包括紙張的顏
色、大小、形狀，哪裡要放什麼圖片，效果如何等。他使用
電動剪刀，也使用語音溝通板，上頭有一張笑臉，可以發出
「我認為它很酷」，另一張皺眉頭的臉孔，可以說出「我不
知道。我猜我們還可以做得更好」。有兩個空格保留作為其
他意見的表示。他用這個溝通板來回應羅傑的問題，團隊成
員也教他用它來開啟互動。如果兩人之間有好一陣子的沈默，
老師也許會貼著耳朵輕聲要他壓下溝通板某個圖片，並告訴
他上面的訊息也示範給他看。甘永壓下圖卡後，羅傑就問他
一些問題。如果能成功地引發同學的反應，甘永就會樂意繼
續使用溝通板。

178

　　提醒讀者，夥伴要有空間讓重度障礙學生表示意見，不要老是認為他們只會提出請求而已。為了突破障礙的限制，夥伴更應提供機會給他們。在下面的例子裡，國三的珊卓在社會課時，和同學要完成一份主題名為「貧窮造成的社會問題」的「照片論文」。

　　珊卓用一本小型的圖片冊子來溝通，可以用來和人社交互動、表示意見、回答問題。其中有五張圖卡，每張都附有文字，包括：「好酷」、「我不喜歡」、「幫我忙好嗎？」、「再多照一些照片」、「作好了」。這些詞句在其他場合中多半使用過，所以她並不陌生。她也用微笑表示「好」，用把頭別到一邊表示「不好」。她可以把照片擺在紙上表示「就把它擺在這裡好了」，把照片推走表示「放在這裡不好」。

　　當相片都沖洗出來之後，珊卓就和同組其他兩個組員決定這些相片的排列順序，組員一次拿出兩張相片來要她選，選了之後，組員就把它擺放在適當的位置上面。同伴們在每張相片底下寫下標題，然後唸給珊卓聽並問她是否贊同。珊卓會用溝通冊表示他們可以停止了。儘管在這個活動中，老師似乎並沒有直接詢問珊卓的意見，但老師的安排卻使得珊卓在小組作業中有表示意見的機會。

6、拉近社交距離

　　賴特（Light, 1997）認為拉近社交距離是溝通主要的功用
之一，人們只是為了分享彼此在一起的感覺才去做這件事，
而這也是形成友誼的重要成分（見圖5-4），在第一章當中對
此已有詳細討論。

　　重度障礙學生和其他學生一樣，都需要僅僅為了好玩而
開玩笑、戲謔，和人互動。不懂得如何採取合宜社交互動的

圖 5-4.　兩個小五同學的交誼時間（攝影：Margo Taylor）

學生，有可能訴諸不當的、違反常軌的手法。有的學生會用打嗝、發出討厭的聲響、拿走他人的物品、打了就跑等方式，以達到參與社交互動的目的。柯林斯等人（Collins, Hall, & Branson, 1997）報導一個中度障礙的年輕人有意犯錯來捉弄同伴，目的是為了和他對話。很明顯地，我們有必要去教導這些學生以更合宜的互動方式來促進友誼。

五年級的李昂既盲又啞，老師要他從家裡帶他認為有趣的東西到班上來和同學分享，李昂的哥哥在他的語音溝通板上多錄了一句話──「來看我有什麼！」當李昂播放這句話時，一個同學走到他跟前問道「你有什麼？」老師於是提示李昂把他帶來的東西展示出來。這種分享對李昂來說不太容易，因為東西一離開他的手，他就不知道怎麼辦。老師告訴同學在看時，不要把他的小東西從李昂的手中拿走。同學們會對這個小東西表示意見，也問「是／否」形態的問題，例如：「這是不是在玩具反斗城買的？」由於他現在正在練習用「是」（頭下垂至胸前）或「否」（把頭別到一側）來回答別人，這時他剛好可以有大量的練習。

李昂溝通板上代表「邀請他人靠近」的觸覺符號是牛仔布剪出來的方形，原因是同學們多半穿著牛仔褲。每次他帶東西來班上要與人分享時，老師就會口頭提示李昂去按壓符號。老師先確定他知道溝通板就在身邊，然後問他想不想展

示給別人看。四秒之內若無反應，老師就會提醒他該按下溝通板；再等四秒後，若仍無動作，老師就會用肢體引導李昂，把他的手移到符號上，再請他壓下。假如這時李昂仍不壓下，老師就問他是不是想和人分享他的東西，如果他把頭別到一側表示「不好」，老師會接受這個回答，也不再強求。這個例子顯示老師使用逐漸加溫的密集提示法，因為這個活動對李昂而言並不新奇，又由於他可以延遲反應，到了後來他似乎太依賴肢體提示了。

　　茱莉是國一的重度障礙學生，她喜歡拉扯別人（特別是男生）來親近他們，然後對他們傻笑。她沒有溝通輔具，只能用這種肢體方式親近他人。嚴重的肢體缺陷讓她無法真正非常接近別人，但她的溝通嘗試經常得到好的回應。例如，當她抓住某個男生的手時，他答道：「嗨，茱莉，妳想要做什麼？請勿觸摸！」由於他的反應幽默，茱莉覺得她的親善努力成功了，於是笑得更開心。或許她可以從溝通輔具中得到更特定的協助（如她可用頭棒啟動語音溝通板上的句子「嗨！你好嗎？」），但她自創的互動法也有某些成果。只要她的友伴善待她的嘗試，互動的需求也會得到滿足。不過，假如她的努力被人忽視，或不被接受，那麼溝通輔具便是一項必需品了。

　　老師應找出好法子去協助重度障礙學生使用溝通方式去

親近他人。<u>滿弟</u>是高一男生，他用文件夾來達成社交的目的。當他攤開他的夾子時，左邊貼有他喜愛的明星照片和一張漫畫圖，代表「你想不想看一張有趣的漫畫圖卡？」（夾子的右邊放了每堂課有關的東西）<u>滿弟</u>喜歡指著那張漫畫來引發與同學的互動，當同學說好時，他就拿出一個信封袋，從裡頭抽出一張漫畫來展現。為了保持這些漫畫的新鮮感，<u>滿弟</u>每天都換些有趣的圖片。同學的笑聲讓他感到愉快，也因此經常用這個辦法來主動與人打成一片。來自父母（提供漫畫）和老師（鼓勵和人互動）的一點協助，<u>滿弟</u>就獲得了社交互動的無比喜悅。

7、尋求訊息

一般學生經常藉由問問題尋求訊息，目的是弄清楚作業的內容、請求准許做某事、獲取諒解等，這也是一種開啟互動的好方法（Newell, 1992）。對多數學生來說，這個溝通功能再自然也不過了，然而，<u>重度障礙學生通常在這方面都需要協助</u>。

有些重度障礙學生對新鮮、罕見的事物用表示好奇的方式（如，伸手、用手比、用狐疑的眼光注視）去尋求訊息。夥伴的回應即是提供其訊息（如：「喔，這是蘋果心削除

機，它是這樣使用的」）。有些學生會用溝通板上帶有問號的符號來表達。柯傑等人（Koegel, Camarata, Valdez-Mencha-ca, & Koegel, 1998）利用討喜的事物和「時間延宕法」教自閉症學生以問話（這是什麼？）開啟對話。學生不僅學會怎樣問問題，而在尋求訊息的同時，他們也增加了詞彙量。老師要仔細觀察學生們表現出好奇的行為，但不要太快提供過多的訊息，如此方能增加重度障礙學生自己尋求訊息的機會。

　　小一老師李瑞用了一些方法去鼓勵麗娜問問題，其中一個方法是運用每週一下午全班的「分享時光」。學生們要從家裡帶東西來和全班討論，然後班上同學被鼓勵要問問題。麗娜有一個水銀開關，觸動之後會播放錄影帶裡的問題。她姊姊在週末就事先錄好一些問題，這些問題通常都是很普遍的，所以不管什麼東西大概都可以派上用場，如：「你在哪兒得到這個東西？」或「我可以靠近一點看嗎？」老師通常都會先點麗娜起來問問題，所以她舉手時，老師會叫她；她手一放下，水銀開關就打開了。訓練期之初，在老師問說有沒有人要問問題時，助理或義工媽媽就會先用口頭提示（「如果你有問題就舉手」）；若三秒後仍無回應，助理就會碰麗娜的手臂，並簡短的口頭提示：「舉手」。這樣做若還是沒有效果，助理會直接幫她舉起手。肢體提示要視情況逐漸褪除。

有些學生比較不需要肢體支持，但要讓人聽懂他們的問題也許需要額外的幫忙。國二的海倫有口語，但陌生人不易聽懂，這讓她深感挫折，有時還會導致不當的行為。特教老師和語言治療師於是利用名片簿設計了口袋式的溝通簿，可以幫她上圖書館找書。有些問題寫在粉紅色的卡片上，附有圖示，用來代表問題，例如：「你可不可以幫我找……？」或「雜誌放在哪裡？」書或雜誌的名稱寫在淺藍色的卡片上，海倫可從卡片中找到她要的書（所代表的圖形），這樣，圖書館員就可以藉助於溝通簿更清楚知道她想要尋求的訊息為何。

對於有肢體能力去打手語和用手比畫的學生來說，老師可以示範問題的動作：手指某物、聳肩、面露狐疑的表情，代表「什麼」的手語可以附帶教給他們，這時可由普通生來扮演回應的角色。重度障礙學生如果被問到他們是否知道某事時，老師可以給與肢體提示，搖搖頭，用手指畫，然後再比出手語的「什麼？」

8、確認或否認

確認或否認的能力可避免誤解、修補溝通中斷。這項能力對常不被理解的學生特別有用。要求重度障礙學生確定或

否認他們的意圖很重要，這種能力也是一種自尊的象徵，因
為這意味著他們溝通的努力重要到一定要被正確理解。

　　讓重度障礙學生確認溝通意圖的機會發生在每個時刻
裡，重點是溝通的對象是否給他機會。重度障礙學生表達是
否被理解的方式可以是：說「是／不是」、點頭或搖頭、微
笑、皺眉、哭叫、使用「是／不是」的符號、轉身而去、繼
續活動、抗拒活動等。老師和同學應記得詢問他的訊息是否
已被理解。圖 5-5 顯示國一的同學在詢問重度障礙學生的意

185

圖5-5.　公民課時一個國一生用字卡回答同學的是否問句（攝影：
　　　　Margo Yunker）

圖是否被他們正確的解讀。這樣的檢查對剛開始學習表達、或溝通內容常「詞不達意」的重度障礙學生而言相當重要。

高三的肯尼才開始學習使用目光來傳遞訊息。多年來他都被認為無法表達思想，所以也就沒人給他任何機會。當他搬到別州的學區時，語言治療師認為應該給他嘗試的機會。而這州的教育理念又是融合教育，所以肯尼被安置在普通班裡頭，用來培養重要的技能。例如，雖然他不會唱歌，但他仍非常喜愛聽他同學的合唱，因此，教育團隊就想辦法讓他從參與合唱的機會中去培養溝通能力。其中一個步驟是允許肯尼選擇他（坐在輪椅上）想被擺在哪一個位置。學生會因高音部或低音部而被分配在不同的位置，在上課一開始，兩個同學就站在肯尼的兩側，然後他們問肯尼想和誰坐在一塊兒。起初這是一個很難的決定，因為他並不認識同學；此外，他的頭部控制不住，視線經常被誤解。不管怎樣，肯尼總算是作了一個選擇，之後其中一位同學就把他推到後者該站的位置旁邊，並且問他是否這即是他想要的。假使肯尼微笑或神情輕鬆，這表示旁人已正確解讀他的偏好；反之，假如肯尼看起來不高興或臉繃得很緊，這就意味他被誤解了；這時，他們再次請他從原先兩位同學中挑選。這個步驟只在每節合唱課一開始進行，而且只有三個學生參與，因此老師可以維持對全班的教學，不致分心、費時。一旦肯尼學會使用目光

溝通，誤解的情況就會減少，未來他利用這個方式的意願就
更高。

187

二　教導學生對話能力

　　人與人之間的對話，一定是先有人起個頭，而另一方給
與回應。針對重度障礙者和正常人之間的互動所作的分析一
再告訴我們，重度障礙學生往往是被動的接受者，很少是主
動的起頭者（Cipani, 1990; Reichle & Sigafoos, 1991），一定
要有人走到他們面前，引起話題，他們才有可能與人對話。
開始、過程、結束，完完全全都掌握在對方的手中。重度障
礙者在對話之中扮演的被動角色令他們極度挫折，對話的進
行完全受制於人令人難以忍受。這也就是為什麼有些學生會
選擇哭鬧、發作的方式去引起注意，一點都不稀奇。根據海
爾（Halle, 1987）的說法，能主動引發對話是最了不起的一項
溝通功能，因為這可以讓人有控制感。因此，教育家所面對
的挑戰即是，了解重度障礙者所面對的困難、以及如何協助
他們學會對話的能力。

1、學習對話的元素

儘管每段對話在許多方面上都有所不同，但他們大致都有這些元素：起頭、維繫和結束。影響對話的因素則有：環境條件、年齡、文化、經驗、地位、性別等。雖然我們無法控制所有的變因，但老師可運用一般的策略去教導重度障礙學生學習對話。

2、起頭

教導對話的技巧，除了重度障礙學生本人之外，至少還要兩人才行，也就是老師之外，還要有一人搭配；因為總不能讓老師一人同時扮演兩個角色——教導者和溝通夥伴。在老師提示目標行為時，另一個人就要扮演好夥伴的角色。弗洛斯特與邦弟（Frost & Bondy, 1996）及史瓦茲等人（Schartz, Garfinkle, & Bauer, 1998）的研究已證實這個方法的效果很好。普通班的好處就是可以提供許多同齡的溝通夥伴，方便訓練。

教師必先確定：學生有理由去開啟對話（如：想要什麼東西、想引發注意、想和人分享訊息）、有方法去開啟對

話、有法子接近對話夥伴。之後他可以藉助若干提示法去培養目標行為。手勢及（直接或間接的）口語提示可用來誘導學生把注意力移至潛在的溝通對象。老師可以用學生最好的溝通模式（如：手勢、手語、發聲、輔具等）示範如何開啟對話。有時肢體引導是必要的，特別是面對新的行為或新的場合。每個學生對某些特定的提示法較有反應，師長們應了解這點，並在使用時保持一致。必要時，老師可要求夥伴對學生的嘗試要很有反應（而非針對老師才有反應）。

　　上中學體育課時，男生們四、五人一組輪流投籃。史高喜歡看其他同學投籃，葛倫是協助他的工讀生，發現他沒有加入任何一組，於是等了兩分鐘才給與間接的口頭提示（「史高，你或許想加入那一隊吧？」），並用手勢指向最近的一組。假使史高仍不為所動，葛倫就會要史高從口袋裡摸出一張卡片，上頭寫著「讓我參加你們這一組好嗎？」的字眼。如果史高看來是忘了這回事，他就會上前摸摸史高的口袋。葛倫就會引導史高走向那組同學；通常只要史高走到同學跟前，他都會把卡片遞給其中一位同學，這樣就算是起了個頭。假如他只是往球的方向走去，葛倫會前去把他擋住，然後用手指某人並說「先問問……（某人的名字）」。

　　不過，在史高剛開始學習開啟對話的技巧時，老師使用不同的提示法。由於沒有輔助溝通法的協助，史高一下就衝

進人家的小組裡，把球搶了就跑。雖然他的意圖很明顯，但他需要學會讓人接受的方式。於是，老師就設計了一張卡片（見圖 5-6），可以放入他的口袋，又很容易取出。在體育館的更衣室裡，工讀生和特教老師示範如何使用這張卡片，然後鼓勵他用這張卡片去加入同學，一開始他只想看人打球，拒絕跟著示範。當球朝他滾來時，他就躍躍欲試。工讀生要他拿出卡片，然後說「我們來問這組願不願意讓我們加入？」特教老師於是用肢體引導史高趨前，葛倫在史高耳邊輕聲提示，要他把卡片遞給最近一位男生。如果那個男生沒有注意，葛倫便叫史高用卡片去碰觸他。這個程序讓史高開啟對話的動作難度降低，隨著史高的進步，提示法當然也跟著改變。

在史高的例子裡，他有肢體的行動能力去接近同伴，沒

圖 5-6. 史高用來請求加入玩球的符號卡（「我能參加嗎？」）

有這種能力的肢障生便需要其他方法來開啟對話，事實上，
這種能力對無行動力的肢障生而言更為重要。

　　佳麗是二年級的女生，她需要在自由活動時和人對話，
以便有親密社交的經驗。她才剛剛體會到她的動作可以產生
某些特定的效果，這給她一種控制感。她的行動能力有限，
因此她要學習的方式必須是簡易直接。由於她的上肢總是彎
曲的狀態，只要輕輕往下的動作就可以讓她的手肘去打開一
個開關。不過，由於她有嚴重的視障，佳麗似乎較偏好語音
輸出的溝通模式。再者，只要有一會兒沒人理會，她就會哭
叫來引人注意。基於這種種的情況，老師們決定使用語音溝
通板，按壓開關後，會說：「誰來看看我？」班上一位女同
學幫她錄下這句話，同學們也被教導去盡快反應，以便增強
她開啟對話的努力。

　　佳麗的教育團隊為了讓她學會對話起頭的技巧，設計了
一整套的步驟。老師把語音溝通板放在靠近她手肘的位置（這
個動作使她注意到開關的存在），如果她沒看到開關的話，
老師就輕輕拍打開關旁邊的桌面。老師告訴佳麗當她想要人
和她作伴時，她就可以用手肘壓下開關。此時，老師引導她
的左手肘去碰觸開關，壓力夠大即可打開。旁邊的同學先前
已被告知如何反應，此刻即前來並碰佳麗的手，說道「我聽
到了，佳麗，我來了。」老師此時再確定溝通板仍在適當的

191

位置之後即行離開。幾分鐘之後，佳麗又沒人作伴了，於是就要開始哭叫。老師注意到之後，安靜地趨前，引導她的手肘去壓開關播出語音訊息，並點頭暗示附近的一名同學前來反應。這次老師沒說半句話，主要還是想讓佳麗自己有機會去和同學互動。假如老師此刻和佳麗有過多的互動（如說「佳麗，記住，如果妳要別人過來，就要壓開關。」）那麼，佳麗或許反而會學到鬧彆扭和哭叫才是引起注意的好方法。讓同學和她有更多的社交互動（叫她的名字、碰觸她、表現出關懷她的態度）會增強她去使用溝通板。一旦佳麗學會如何起頭，她的團隊就必須教她如何使對話繼續下去。

3、維持對話

引起注意是一回事，可是怎樣使它持久又是另外一回事。重度障礙學生可說是非常不利，特別是表達自我的方式極其有限。雖然使對話持續下去的責任通常會落在對方身上，但重度障礙學生也應該懂得對話中的「你來我往」的基本形式。對於四周環境會去關注並給與意見的能力對維持對話來說相當重要（Reichle, 1991）。而有嚴重視覺缺陷的學生通常就無法注意到四周的事物，也因而難以給出意見。

重度障礙學生要有溝通輔具，以便突破只能「請求」和

說「是」或「不是」。老師們在培養對話能力維持上面，可用些創意，如為學生製作「對話書」、「對話板」、或「寶物盒」（見第六章）等。他們也應花時間去教學生怎樣使用這些東西（Hunt et al., 1997）。學生可以藉助這些材料去引導對話夥伴注意及有關的事物，據此對方會有所反應，如此而可使對話持續下去。

重度障礙學生不僅在尋找話題以維持對話上頭需要加強，在「交互輪替」（或「你來我往」，英文是 turn-taking）上也要加把勁（Light & Binger, 1998）。學生要體認，光是起個頭、或是給個回答，仍不足以使對話持久。教導對話中的交互輪替，可以用遊戲中的交互輪替作基礎加以衍伸。學生要了解，當對方停止說話時，這時就輪到他該「說話」。教導這個技巧時，老師可在對話中每個可能的關頭中逮到機會，不見得都是「必要的」一輪。賴特和賓格（Light & Binger, 1998）把輪到你非說不可的換檔叫做「必要的」一輪，而把可以不說但說了可讓對話持續的換檔稱為「非必要的」一輪。舉例來說，「你想上林老師的課嗎？」之後要求的便是「必要的」輪替，而「讓我告訴你，今天美術課上的內容。」之後可以接一個「非必要的」輪替，就像是「好啊」。戴維斯等人（Davis, Reichle, Johnston, & Southard, 1998）教導兩名重度障礙學生學習在對話中使用「非必要的」句子來增進他們

對話中的輪替技能。他們在幾個問題（會引發必要的輪替）之後，穿插進足以引發「非必要的」輪替之陳述。他們發現這個訓練程序蠻成功的。

194

　　底下的例子說明溝通輔具可以如何協助障礙生維持其對話。莎娃是小三學生，她的溝通模式有：臉部表情、身體動作、手勢、圖片、實物等。為了使她和同學、老師的對話可以持久，她使用了一本「對話簿」，其中貼上了彩色貼紙、和從報章雜誌剪下來的圖片，並且標上了一些句子（不只是名稱而已）。例如，一張芭比娃娃圖片上頭就寫上「我收集了好多芭比娃娃」。這個本子是六吋乘五吋的軟皮相本作成的，攜帶方便。圖片尺寸不一，一頁大概貼有一至四張。圖5-7展示這本簿子其中兩頁。圖片和文句可以隨時抽換，莎娃的家人幫她根據目前的興趣和經驗經常更換圖片內容。老師則教她在對話時如何向對方用手指著對話簿的項目，來表示意見。就在談話對象接著的反應之後，老師會等兩秒看莎娃的反應，若沒動靜，老師會輕拍簿子作為提示。提示無效時，老師就會用口語提示並輕輕推她的手肘往簿本方向移。再沒有反應的話，老師就會從簿子當中選一張圖片，引導莎娃的手，並要她展示給同學。每個提示都有兩秒的等候時間，不致太短而使莎娃來不及反應；也不致太長以致對話的節拍拖得太慢。

圖 5-7.　莎娃的對話簿（攝影：Diane Andres；設計：June E. Downing）

4、結束對話

　　雖然結束要比開始和持續容易，但要教會學生用適當的方式結束可也不簡單。有的學生用的方法是跑開、閉上雙眼、或打對方使其知難而退。這些法子固然有效，但都是令人生厭，所造成的反效果使得未來的互動更難發生。

　　有時重度障礙學生由於外因（如時間不足）以至於他們沒有機會結束對話。例如，上課鈴響了，對話夥伴一溜煙就

不見了。這樣的情況讓重度障礙學生很難堪，因為通常他的反應都很慢。老師可以教導其他同學，在離開時應打聲招呼，才不會讓障礙生感到突兀。

只要有班上其他同學的幫助，伺機教導重度障礙學生結束談話的時機很多。可以提醒同學使用類似「再見」、「我走了」、「等會再說」等話語來終止對話。重度障礙學生也許需要溝通板（語音或圖形）來表達這些終止的話語。用肢體能力或揮手或手語表示的學生，可以教他們這些方法。

面對對方的道別語，重度障礙學生要學會上述的方式，或可以運用表示知道的方式（點頭、微笑、理解的表情）溝通。夥伴不可以毫無預警的終止對話，如此才能讓障礙生有完滿結束的感覺，且可以讓他表現出輪替的行為。

三 教導類化的技巧

學會只能用在某人、某事、某地的溝通技巧，作用不大。學生需要的是彈性極大的溝通技巧，足以讓他們不同場合都派的上用場的技巧，然而重度障礙學生在技巧的類化上原本就有極大的困難（Calculator, 1988; Duker & Jutten, 1997; Reichle & Sigafoos, 1991），老師應盡可能在不同的場合中變

換他們的教學，在當中訓練目標行為。

　　溝通技能的教導不局限在某時（如語文課）某地（如語言治療室）的優點是，我們可以讓所有的時、地、事都變成適合學習的機會。事實上，使用自然情境的語言訓練法，並且不限時間場合的實施，有助於學生去類化所學到的技能（McDonnell, 1996）。

　　因為溝通技能幾乎在所有場合中都用得到，多數人在學習的同時，也發展出類化到其他場合的能力。然而溝通的多變性及靈活性確是重度障礙者難以掌握的特質，儘管他們也有想溝通的內在需求。重度障礙者的師長應隨時警惕，溝通的多變性是這些學生難以類化的原因，我們不應期待學生到時就會自動有能力去應付各種場面。事實上，重度障礙者難以類化的另一個原因是，他們有注意不相干事物的傾向。例如，假如老師在教導道別的時候恰巧穿了一件紅色的上衣，而學生恰巧把注意力放在紅色上衣，之後學生可能把「紅色」理解為使用「道別」表達方式的線索。重度障礙學生需要特別去教導類化的能力（Koegel el al., 1998; Mirenda, 1997; Stokes & Osnes, 1989）。

197

1、教導在不同的場合中應用相同的溝通技能

198

　　不同於許多自足式的特教班，普通班教室裡有許多善於反應的溝通對象。上學時有許多與不同人物互動的機會，諸如：同學、他班同學、圖書館員、工友、司機、校長、各科老師（特別是在中學裡）。老師應體認到這些機會，並充分去運用它們，讓重度障礙學生可以學習如何和不同的人相處。建立學生成功互動的資料，如此便可澄清他互動的對象是誰，也可知道學生是否能夠和不同的對象打交道。

　　四年級的重度、多重度障礙生馬克正在學習如何回應他人提供訊息的要求。班上的同學正在學習名詞的修飾語，他們剛讀完一課書，作業是從習作中挑出十個名詞，並為每個名詞冠上不同的形容詞。馬克和另一個同學一組，同伴已把十個名詞寫在紙上，正準備寫上形容詞。馬克有視覺障礙，他有不同質地的觸摸材料分別代表「光滑」、「堅硬」、「粗糙」、「軟」等形容詞。這些材料都各有不同的顏色。馬克的工作是挑一個觸摸板給同伴，如果他沒有這樣做，夥伴就會提出請求（「拿一個給我」）。如果這樣也沒效果，他的同伴就會再問一次，老師（助理）去輕輕拍打馬克的手肘使他的手去輕碰觸摸板。必要時老師可以使用更大量的肢

體引導，協助他選出一個，抓起來，遞給夥伴。馬克的組員
謝過之後便決定要使用哪個形容詞（質地或顏色）、用在哪
一個名詞之前，寫下來之後便把它唸給馬克聽。接著再向馬
克提出另一個要求，反覆這樣的步驟，直到十個名詞都填妥
形容詞為止。

　　為了促進馬克的類化能力，老師做了一連串的安排。例
如，在造句練習課裡，馬克的組員請他提供語詞讓同學寫出
句子，馬克就從他桌上拿出實物或模型（如：緞帶、髮夾、
釦子等）遞給同學，讓他造句。在社會課裡，在上過愛斯基
摩人的故事後，同學們用方糖建造雪屋，這時馬克的工作仍
是應付同學的請求（「給我一塊方糖」、「給我一根牙
籤」）。有時上課當中，老師會請馬克發放材料給其他同學，
這樣一來，他就有許多機會練習。最後，老師會要馬克和一
名同學把出席情形表拿到行政大樓，職員會問他是不是有東
西要交給他，這時他便把表格遞給職員。因此，每個上課的
日子馬克就在不同的場合當中練習這個技能。

　　也許每個場合不同但總會有一些共同的溝通行為，本章
已有許多討論。一般來說，學生練習這些技能的機會愈多，
他學會的可能性也愈大。如果我們只在某個特定的場所中教
他溝通技巧，這些技巧的效用就要大打折扣，學生因此也得
體認到溝通技能是在每個場合都派得上用場的。

十五歲的惠妮是重度多障生，正在學習表達她的喜好。她使用兩個訊息的語音溝通板，上有圖片，在不同的課堂和場合中使用。從她的「IEP／活動」矩陣圖（圖 5-8）中可以看到，惠妮會請求同伴把她推到每一節的教室裡，會讓別人知道她喜歡的位置在哪裡，會使用的溝通板和臉部表情給同學回饋。只要清楚的記載何時何地要以什麼溝通技能當作目標，就可降低只在一時一地學習所造成難以類化的困擾。然而，這都有賴於事先良好的計畫。

四 摘要

本章討論的議題有：重度障礙學生學習不同溝通功能的重要性、如何利用這些功能來開啟維持並結束對話，以及類化到不同場合的重要性。重度障礙學生應被鼓勵去超越只會請求或拒絕的局限。本章包含許多實例，用以說明教育團隊可資應用的策略有哪些，便於使讀者把書本的策略應用在實際教學上。

學生：惠妮
年級：國三

技能	合唱	電腦	體育	戲劇	午餐
·用開關來控制環境	·打開開關播放音樂為同學錄音	·用開關打開所選的軟體 ·選取軟體 ·選取圖形檔	·打開錄音鍵舞蹈的背景音樂 ·選用大麥克風收音機為同學加油 ·使用大麥克為同學加油	·用開關控制背景音樂 ·用開關依指示控	·用開關打開收音機
·請同學推她到教室	√	√	√	√	
·給同學回饋	·使用兩句話的語音溝通板表示意見 ·用臉部表情對同學的作品表示意見	√	·學為同音溝通兩句話的語音 ·使用兩句話的語音溝通板對同學的表現意見	·使用兩句話的語音溝通板對同學的語音表現意見	·使用臉部表情對同學表現意見 ·使用兩句話的語音溝通板對同學
·決定自己的位置	·決定使用站立架或坐椅 ·決定到哪個位置	√	·決定作課的位置	·決定使用站立架或坐椅 ·決定到哪個位置	·決定吃飯的地方 ·使用臉部和手勢回應同學的意見

圖 5-8.　惠妮的 IEP／活動矩陣，用以規畫溝通技能的類化

五 參考書目

Calculator, S.N. (1988). Promoting the acquisition and eneralization of conversational skills by individuals, with severe disabilities.*Augmentative and Alternative Communication, 4,* 94-103.

Carr, E.G., & Durand, V. (1985). Reducing behavior problems through functional communication training. *Journal of Applied Behavior Analysis, 18,* 111-126.

Chadsey-Rusch, J., Linneman, D., & Rylance, B.J. (1997). Beliefs about social integration from the perspectives of persons with mental retardation, job coaches, and employers. *American Journal on Mental Retardation,102,* 1-12.

Cipani, E. (1990). "Excuse me: I'll have..." : Teaching appropriate attention-getting behavior to young children with severe handicaps. *Mental Retardation, 28,* 29-33.

Collins, B.C., Hall, M., & Branson, T.A. (1997). Teaching leisure skills to adolescents with moderate disabilities. *Exeptional Children, 63,*499-512.

Davis, C.A., Reichle, J., Johnston, S., & Southard, K. (1998). Teaching children with severe disabilities to utilize nonobligatory conversational opportunities: An application of high-probability requests. *Journal of The Association for Persons with Severe Handicaps, 23,* 57-68.

Drasgow, W., & Halle, J.W. (1995). Teaching social communication to young children with severe disabilities. *Topics in Early Childhood Special Educating, 15,* 164-186.

Duker, P.C., & Jutten, W. (1997). Establishing gestural yes-no responding with individuals with profound mental retardation. *Education and Training in Mental Retardation and Development Disabilities, 32,* 59-67.

Durand, V.M., & Carr, E.G. (1991). Functional communication training to reduce challenging behavior: Maintenance and application in new settings.*Journal of Applied Behavior Analysis, 24,* 251-264.

Frost, L., & Bondy, A. (1996). *PECS: The picture exchange communication system training manual.* Cherry Hill, NJ: Pyramid Educational Consultant.

Goodman, J., & Remington, B. (1993). Acquisition of expressive signing: Comparison of reinforcement strategies. *Augmentative and Alternative Communication, 9,* 26-35.

Goossens', C., & Crain, S.S. (1992). *Utilizing switch interfaces with children who are severely physically challenged.* Austin, TX: PRO-ED.

Halle, J. (1987). Teaching language in the natural environmen: An analysis of spontaneity, *Journal of The Association for Persons with Severe Handicaps, 12,* 28-37.

Hunt, P., Alwell, M., & Goetz, L. (1988). Acquisition of conversational skills and the reduction of inappropriate social interaction behaviors. *Journal of The Association for Persons with Severe Handicaps, 13,* 20-27.

Hunt, P., Farron-Davis, F., Wrenn, M., Hirose-Hatae, A., & Goetz, L. (1997). Promoting interactive partnerships in inclusive educational settings. *Journal of The Association for Persons with Severe Handicaps, 22,*127-137.

Kaczmarek, L. (1990). Teaching spontaneous language to individuals with severe handicaps: A matrix model. *Journal of The Association for Persons with Severe Handicaps, 15,* 160-169.

Koegel, L.K., Camarata, S.M., Valdez-Menchaca, M., Koegel, R.L., (1998).Setting generalization of question-asking by children with autism.*American Journal on Mental Retardation, 102,* 346-357.

Light, J. (1988). Interactions involving individuals using augmentative and alternative communication systems: State of the art and future directions.*Augmentative and Alternative Communication, 4,* 66-82.

Light, J. (1997). "Communication is the essence of human life" : Reflections on communicative competence. *Augmentative and Alternative Communication, 13,* 61-70.

Light, J.C., & Binger, C. (1998). *Building communicative competence with individuals who use augmentative and alternative communication.*Baltimore: Paul H. Brookes Publishing Co.

McDonnell, A.P. (1996). The acquisition, transfer, and generalization of requests by young children, with severe disabilities. *Education and Training in Mental Retardation and Developmental Disabilities, 31,*213-234.

Mirenda, P. (1997). Supporting individuals with challenging behavior through functional communication training and AAC: Research review. *Augmentative and Alternative Communication, 13,* 207-225.

Newell, A. (1992). Social communication: Chattering, mattering, and cheek. *Communication Outlook, 14*(1), 6-8.

Reichle, J, (1991). Developing communicative exchanges. In J. Reichle, J.York, & J. Sigafoos (Eds.), *Implementing augmentative and alternative communication: Strategies for learners with severe disabilities* (pp.133-156). Baltimore: Paul H. Brookes Publishing Co.

Reichle, J., Barrett, C., Tetlie, R., & McQuarter, R. (1987). The effect of prior intervention to establish generalized requesting on the acquisition of object labels. *Augmentative and Alternative Communication, 3*,3-11.

Reichle, J., & Brown, L. (1986). Teaching the use of a multi-page direct selection communication board to an adult with autism. *Journal of The Association for Persons with Severe Handicaps, 11,* 68-73.

Reichle, J., & Sigafoos, J. (1991). Establishing spontaneity and generalization. In J. Reichle, J. York, & J. Sigafoos (Eds.),*Implementing augmentative and alternative communication: Strategies for learners with severe disabilities* (pp. 157-171). Baltimore: Paul H.Brookes Publishing Co.

Reichle, J., Sigafoos, J., & Piché, L. (1989). Teaching an adolescent with blindness: A correspondence between repuesting and selecting preferred objects. *Journal of The Association for Persons with Severe Handicaps,14,* 75-80.

Schwartz, I.S., Garfinkle, A.N., & Bauer, J. (1998). The pciture exchange communication system: Communication outcomes for young children with disabilities. *Topics in Early Childhood Special Educating, 18,*144-159.

Sigafoos, J., Mustonen, T., DePaepe, P., Reichle, J., & York, J. (1991). Defining the array of instructional prompts for teaching communication skills.In J. Reichle, J. York, & J. Sigafoos (Eds.), *Implementing augmentative and alternative communication: Strategies for learners with severe disabilities* (pp. 173-192). Baltimore: Paul H. Brookes Publishing Co.

Siperstein, G.N., Leffert, J.S., & Widaman, K. (1996). Social behavior and the social acceptance and rejection of children with mental retaradation.*Education and Training in Mental Retardation and Development Disabilities, 31,* 271-281.

Stokes, T.F., & Osnes, P.G., (1989). An operant pursuit of generalization. *Behavior Research and Theraphy, 20,* 337-355.

Storey, K., & Horner, R.H. (1991). Social interactions in three supported employment options: A comparative analysis. *Journal of Applied Behavior Analysis, 24,* 349-360.

第六章
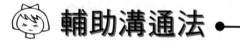
輔助溝通法

　　擴大及替代式溝通法（AAC，以下皆譯為輔助溝通法）
是輔助口語或完全取代口語的方法。AAC有兩種，輔具以及
非輔具。非輔具的AAC又包括手語、啞劇及手勢等方法。輔
具有電腦、開關、或語音溝通板（VOCA）。多數人在不同
場合兩者混合使用，例如老師可能同時用口語、手勢、身體
語言，加上錄音帶、投影片、圖片、圖示等傳授上課內容。
他在辦公室裡也許還會用到一些輔具，如電腦、印表機、電
話及傳真機，如有人踏進他的辦公室，他才開始用非輔具（即
口語）的法子。想像一下如果只剩下一、兩樣方式可供使用，
儘管溝通還是可以發生，但將會造成多大的不便！

207

　　人們用許多不同的方式進行溝通是值得記住的事，特別
是在提到如何協助重度障礙學生時更是如此。單一的AAC不
可能滿足一個學生所有的溝通需要，每個學生很可能需要的
是混用輔具和非輔具的方法。再者，學生所需要的AAC應隨
時更新以適應改變中的技能和需求。在本章當中，所有使用
到的輔助法將被為某個學生的AAC。我們將涵蓋常用的AAC
方法，也將討論如何決定要不要使用某種技術。

二 非輔具溝通法

口語外最常用到的非輔具溝通法有：手語、手勢、身體語言、發聲，及啞劇（pantomime）。除了手語之外，多數人自己摸索出非輔具的技巧，在使用時不太需要協助和練習，對老師來說這點很棒。教育團隊應了解學生如何溝通、他的各種手勢、發聲等各種方式所代表的意義，否則以下的情形就有可能發生。

四年級郝老師上數學課時，學生兩人一組練習乘法表。茂文是自閉症學生，他和福德一組練習。茂文正學習使用計算機來算答案，福德則用老方法來算。五分鐘後，茂文跑到門邊大聲叫。郝老師請他回座，他不肯，叫的聲音更大。郝老師再度要他回座，但茂文索性坐在地上亂踢亂叫。叫了十分鐘之後，茂文安靜了下來，走回座位，繼續做題目。午餐時，郝老師跟她的同事說，「茂文今天又發作了，這次是在數學課。我真希望搞懂他到底要說什麼。」

溝通困難的學生往往會訴諸不尋常的方式來表達他們的需求，而這又容易被周遭的人所誤解。學生使用非輔具溝通法傳達易懂的訊息（如點頭和搖頭）時，既便捷又有效，不過就像茂文的例子所顯示的，有時這些訊息十分隱晦不明，因此，外來的支持就十分要緊。如果茂文有肢體語言字典，他的老師也許會更容易了解他。

1、肢體語言辭典

肢體語言辭典可以幫助認識不深的人了解障礙者非輔具溝通法所傳達的意義。他的作用就像是翻譯助手，說明學生肢體語言所代表的意思，並列出適當反應的建議。辭典可以是貼在家裡或教室牆上的海報，也可以寫在筆記本裡頭。例如，假如茂文有本肢體語言辭典，郝老師便可以從關鍵字「跑」或「門邊」去找到「跑到門邊」所代表的意思。她從辭典中可能會看到這樣的項目內容：

茂文的肢體語言	代表的意義	你可以做的回應
跑到門邊	「我想走去旁邊的飲水機拿水喝」	讓他去喝或鈴聲響時他才可去

如果茂文有本肢體語言辭典，老師就會發覺，原來他奔

到門邊不過是要表達：「我好渴，我可以喝水嗎？」這本辭典的項目內容可以是由和他相處多年的老師觀察後所做的紀錄，也可以是學年開始時郝老師詢問家長有關茂文的溝通方式所得到的結果。無論怎樣，基本的構想都是把學生所使用的各種手勢、發聲、其他肢體語言及其背後的意涵做一整理，為的就是防止溝通失靈。底下是茂文辭典中其他的項目內容：

茂文的肢體語言	代表的意義	你可以做的回應
發出「呃—呃—」的聲音	「請你幫我一下」	告訴他手語的「幫忙」怎麼打；提供協助
抓住他人的手	「我喜歡你」	向同學解釋茂文的意思，幫他們保持友誼
敲打桌面	「我好無聊；我不懂怎麼回事」	壓低聲音向他解釋現在在做的事；盡可能用簡單的話去解釋

從辭典的項目看來，茂文想表達的內容還不少，而且他都想得出方法來表示。當郝老師不懂他的意思，並把它當成行為問題來處理時，可以想像茂文的挫折有多深。

2、非輔具溝通法的適當時機

茂文和郝老師的故事說明，非輔具溝通法在沒有其他好的方式時也是聊勝於無。只要這些方法可以讓人接受和理解，

那麼，使用它們又有什麼不好呢？以<u>茂文</u>來說，他點頭表示好、搖頭表示不好，這種溝通形式既可被接納又可被人理解。現在問題是，他用抓生殖器官的方式來表達「我想上廁所」，這就需要更好的方式來代替了。他還需要好的方法去說，「我想到飲水機拿水喝」，因為奔到門邊大叫絕對難以讓人了解他的意圖（如果沒有辭典的話）。這時，使用手語是一項不錯的選擇。

211

3、手語

多數北美地區的人都知道美國手語（ASL; Sternberg, 1994）是聾人世界使用的手語系統，連有些聽力正常但溝通困難的人也使用手語。手語的好處是你不必藉助外加的溝通簿或溝通板，缺點是多數人都不懂手語，這樣一來可以用手語交談的對象就極為有限。再者，上肢行動不便和視覺障礙者也沒辦法使用手語。但對於上肢行動方便者，以及師生都願意學手語的場合，手語可能很有用。

對聽力正常人來說，有好幾種手語已經很成功的在使用中。除了前述的 ASL 之外，其他的手語還有「英語手語」（Signed English; Bornstin, Saulnier, & Hamklton, 1983）及「正確英語手語」（Signing Exact English; Gustason, Pfetzing,

& Zawolkow, 1980）等，在聾校當中使用的很普遍。不同手語之間的差別在於手語符號的複雜度以及語言結構。為多障生選擇合用的手語系統是複雜的決策過程，有賴教育團隊成員充分討論。通常手語也會和底下討論的其他方法合併使用。

三 輔具溝通法

　　學生用的輔具溝通法種類繁多，有些又便宜又好用，但有些（通常是電動的）就不這麼好操作。本節將討論使用非電動輔具的考量原則，同時也將提供常用的電動輔具。首先要針對「符號」及其在溝通過程中的作用做一扼要的說明。

1、溝通的符號

　　符號即是代表另一事物的東西。每天人們都被各種符號所包圍，金色拱門代表麥當勞、可口可樂的標幟提醒它的愛用者去喝一杯、楓葉代表加拿大、豎起兩根手指（V 字型）就代表勝利。北美地區的人們對上述符號一點也不陌生；就在運用這些符號的當下，我們不必藉由說話就可以了解彼此。

　　障礙生可以使用多種符號和人溝通，有些符號易學易

懂，有些則難以學習。底下呈現常用的符號類型，由簡至難
排列。

實物

最易學習的符號是實物符號，即是用來代表人、事、
物、地的立體物品。實物符號是特別為某人依據某經驗所設
計的符號，例如，瑪莎就用實物符號來向人索物或與人分享
訊息。她渴時就拿著杯子到老師面前要水喝。她想坐車外出
時，她就拿車鑰匙給她媽。她從公園回來之後，她拿網球給
同學看，藉以和他們分享她在公園玩球的樂趣。對瑪莎而言，
杯子、鑰匙、網球都是代表特定意義的符號──「我口
渴」、「我想坐車出去」、「我剛去公園玩」。這些實物符
號的挑選就是依據瑪莎的生活經驗，她已從經驗中把某些實
物符號和活動聯想在一起。實物符號的好處是多數學生（包
括視力不佳者）都可以很容易使用。缺點是，許多訊息（「我
很難過」、「謝謝」）很難用實物表示。再者，運動障礙者
有可能在操弄實物上會有困難。最後，實物較其他符號類型
更難攜帶，因此很難讓重度障礙學生在所有場合中都使用。

手握符號

觸覺符號很像實物符號，不過它們的使用者多半是重度

視覺障礙者或盲人（Rolwland & Schweigert, 1989）。手握符號是實物或實物的部分，可讓人摸起來或聽起來像是它們要代表的事物。視力不佳或全盲的人可透過觸覺或聽覺用它來代表人、事、地、物。例如，文生是小三的盲生，他使用手握符號。下課時，同學讓他摸一個金屬片和一段鐵鍊，要他挑選他想要的活動——溜滑梯或盪鞦韆，前者摸起來冰冷平滑和滑梯很像，後者像他盪鞦韆時手握的鐵鍊。他用此可從觸感中判別符號所代表的活動。

有時手握符號與實物符號相同，有時則未必一致。和瑪莎（她看得見）相同，文生也使用杯子去表達「我很渴」、也用車鑰匙表達「我要坐車出去」。他憑杯子的觸感和鑰匙的聲響辨認。不過，文生不像瑪莎使用網球代表她去過公園。他每次從公園回來，會帶一頂棒球帽，因為這是他去公園的經驗。他的棒球帽作用和瑪莎的網球相同。

照片

看得見的學生可用照片作為符號，比起實物或觸覺符號，照片比較困難但仍相當有用。彩色照片又比黑白相片易學，這是因為色彩本身可提供訊息。好的相機照出來的相片或買來的明信片常可用來代表地方。也可從雜誌廣告、廣告印花、各種目錄、網路圖片等處找到彩色照片。黑白照片可

用相機照出，但較難從別處獲得。照片可用來代表人、地、事、物。例如，<u>李梅</u>在午餐時就用食物的照片點餐。她藉由照片和同學談論她的家人，用風景明信片告訴老師她假期旅遊的地點。照片的優點是比實物或觸覺符號更便於攜帶，缺點是必須用相機攝得、或從雜誌等媒體中剪下，都要花時間去製作（若從網路取得則可省去很多時間）。視力不佳者除非放大否則很難使用。

黑白的線條畫

現成的黑白畫尺寸和形式有好多種，已經是商品化了（北美的廠商名稱地址可在附錄中找到）。成組的符號通常有：人、地方、活動、物品、動作（吃、坐、睡覺等）、感覺（快樂、生氣、無聊等）、形容詞（熱、很少、上、下等）、禮節用詞（請、謝謝）等。

最常用的是稱為「圖形溝通符號」（Picture Communication Symbols, PCS; Johnson, 1994）的系統，共含三千個符號，由三本一至二吋見方的圖形所組成，可以剪下貼在想放的地方，也可購買作成一吋見方的貼紙。另有一套軟體叫做 Boardmarker（1998），可以自己在電腦上列印出 PCS 符號來。圖 6-1 展示 PCS 符號的例子。

這些商品化的符號其好處是包含很多實物或相片無法表

示的訊息，缺點是要花錢買。另外，視力不佳的學生辨識符
號時會有困難，除非其放大或加工（彩色）過。重度障礙者
在了解黑白線條畫時可能也會很困難。

可摸式符號

　　對嚴重視障但精細動作不錯的學生來說，可為他們設計
個別化的可摸式符號，這種符號和所代表的事物可以有明顯
的關係，但也可以無關。例如，可以用一小塊毛巾布來代表
浴袍，因為浴袍通常是用毛巾布製成的。不過，你也可以任
意指定使用一個絨布方塊來代表愛吃的零嘴。在可摸式符號
上頭（或下方）可加註文字說明，以便利溝通對象了解。文
獻上有好幾篇個案研究的報告，說明可摸式符號用在感官缺
陷加上智障人士身上相當成功（Locke & Mirenda, 1988; Ma-
thy-Laikko et al., 1989; Murray-Branch, Udvari-Solner, & Bailey,
1991）。可摸式符號的優點是攜帶容易，其缺點是必須為個
別設計，有時由於太抽象而不易學習。

圖 6-1.　PCS 符號的例子（Mayer-Johnson 公司提供）

文字

　　文字也可用來幫助重度障礙者溝通，人們每天都用文字代表意義，而讀書事實上就是最佳的應用實例。可以讀寫的學生固然使用文字毫無問題，但障礙生有的也可以用文字去溝通部分的事物。例如，左丹認得某些食品包裝上面的文字，如「牛肉麵」、「海苔」等，因此在他的「溝通簿」當中，就有好幾頁使用文字來代表不同的食品。他想吃、或想告訴別人他吃過哪些食品時，他即可從中挑出象徵的文字來。文字的好處是，一頁可放上許多個符號，而又容易被一般人所辨識。當然，缺點就是重度障礙者往往在讀字上有困難。

如何選擇

　　上述各種符號都是教師們最可能為學生們選用的符號種類。不過，在選擇時一定要考慮周詳，以適應每個學生的個別性。在選用時應注意好幾個因素，最重要的是選用的符號對使用者和溝通對象來說是有意義的，有時設計者覺得有意義，但卻讓使用者看不懂。最好能讓學生參與選擇，教育團隊可以拿出表示同一訊息的好幾種符號（如：實物、彩色相片、PCS 等），看學生對哪種的反應最佳。這個程序可在多個訊息上重複試驗，就可清楚看出學生的偏好。在沒有特別

偏好的情況下，團隊可以為其選擇一種似乎是較適合者。

對初學符號者，應盡可能提高符號及所代表事物之間的相似性，且符號應與使用者的生活經驗相關才易辨認。再者，學生的感官能力在決定何種符號較為合適上十分重要，沒有視力者，需要可握式符號或所謂「夥伴輔助式聽覺掃描法」（partner-assisted auditory scanning），這個方法要溝通對象提出選擇性的問題而由重度障礙者用「是」、「否」來作反應，如：「你要紅色蠟筆嗎？」、「藍色的嗎？」、「黃色？」、「綠色？」等。視力有限的學生需要調整符號的大小、符號之間的空白，和在視野的適當位置，此外，顏色和對比都可以考慮加強。白里和唐寧（Bailey & Downing, 1994）認為符號應有吸引別人視覺注意力的特徵。

最後，符號的引導應注意漸進的原則，特別對剛學習使用符號溝通的學生更應如此。在引導輔具溝通法時，以現有的溝通技能為基礎、視需要增添新詞、跟隨學生的步調等都是好的作法。下一節討論在教室中符號使用的特殊方式。

2、非電動的溝通板

多數口語有限的學生都可以使用有符號展示的非電動溝通板（有人把這些叫做「低科技」（low-tech）輔具，這是因

為它們用不到電腦科技的緣故）。它有可能是一塊附有幾何
圖形符號的「沾黏板」（velcro board），學生可用指頭、拳
頭或手去比（見圖 6-2）。它也可以是一塊「視線掃描板」
（plexiglas eye gaze display），與學生的視線位置切齊，學生
可用眼睛盯住某一張符號來表示他的意圖。它也可以是一本
可攜式溝通簿，掛在學生的腰包。它又可以是放在輪椅上方
的一塊板子，有人利用光筆來選擇其上的符號。顯然，溝通
板可以是任何形式，端視學生的能力和需要而定。

219

　　底下將提示設計這些溝通板時的考量，作決定的人應包
括老師和其他教學團隊成員，如語言治療師，聽能／物理治
療師、啟明輔導老師等。團隊應決定要包含哪些訊息、使用
的符號、符號應如何展示和組織。只要允許的話，學生本人
應在輔具發展過程中扮演一個很重要的角色。

訊息

　　在設計溝通板時，最重要的一個決定可能就是要放進哪
些訊息。學生在各種場合中需要表達哪些事？溝通訊息依其
目的可粗分為四大類：(1)需要、(2)訊息分享、(3)社會親近、
(4)禮儀（Light, 1988）。「需要」類的訊息是最易學會的溝通
內容，幼童開始用「我想」、「給我」、「不」、「我不
要」的詞句來學會需要和表達。溝通板通常會放上請求要食

圖 6-2. 黏上魔術膠帶的筆記夾（攝影：Diane Andres；設計：Anita Daudani）

物、活動、人和符號，也會有「不想要」的符號。

「訊息分享」讓使用者得以與同學、老師、家人等分享想法，學生最常詢問彼此的就是週末的安排。週一時學生之

間常會有這樣的問法：「你週末過得如何？」、「週末你做些什麼？」；到了禮拜五，我們也會聽到這樣的問話：「你週末想做什麼？」、「你想去哪兒？」學校環境也是學生們問對方上學內容的場所，因此，分享訊息的符號對溝通困難的學生來說相當重要。

221

第三個重要的溝通功能「社交親近」，在前一章已有詳細的討論。這種溝通的目的不在於取得訊息，其實重點在於拉近和別人的關係，純粹是喜歡和對方在一起，下課時彼此交談、互開玩笑，就是這類溝通。重度障礙者也需要發揮這種功能來建立友誼，因而需要有方法吸引別人注意、和人正面地互動、幽默地與人相處。所以溝通板上面部分的符號要有這些作用。

第四種溝通的目的是表達禮節，在某些情況下，人們會期待你去說「請」、「謝謝」、「對不起」。見面時說「嗨」、離去時說「再見」、說話時看對方，對方伸出手時與其互握，這都是基本的禮節。溝通板也得設計滿足這些功能的符號，如讓個人受歡迎與尊重。

那麼，你究竟要如何選擇確切的訊息以符合這四大類功能？底下是一些基本的原則：

●什麼是學生經常需要和人溝通的訊息？例子包括：問候、請求協助、是／否的反應、基本生理需要的請求、禮節、

課堂語彙。

●什麼是特定課程或活動當中可促進學生參與的訊息？例子有：小二生在數學課和同學玩數學遊戲，可能會用「輪到你了」。中學生在生物課作昆蟲生態報告可能會有的用語。這類的訊息是經常在變化的，支持重度障礙生的團隊也就要密切注意學生的學習狀況。

●什麼訊息可以促進學生參與社交互動？例子有：去看球賽時可為學生準備「加油」的海報。學生也經常和朋友談論到家人、過去好玩的事、自己的嗜好（棒球、明星、汽車、寵物、芭比娃娃）、各種題材。

●什麼訊息很重要、但無法用肢體、手勢或表情表達？例子有「幫幫我」、「不要管我」等。

由這幾點原則看來，一個學生在上學當中一天可能需要上百個以上的訊息。團隊需要合作的學生指認出每天用得到的訊息。在設計溝通板時最常犯的毛病就是訊息的數量和類別都太局限了，例如，學生的溝通板上最常充斥的符號即是具體事物的要求——吃、喝、上廁所、果汁、餅乾等，多無趣！溝通板的設計應符合學生社交、學習、和其他方面的需求。

符號

　　符號的類型及考慮的原則在本章第二節已有討論。符號可以用多種形態來表現，端視個人的訊息和需要而定。溝通板上的符號不見得要屬於同一類型，事實上，混合的效果有的更好。例如，溝通板可以放上彩色照片、文字、線條畫來表示不同的意思，至少在開始使用之初，符號都應配有文字解釋以方便對方理解。另一個配上文字的原因是，有研究發現障礙生可以因為長期使用而學會文字的意思（Romski & Sevcik, 1996）。圖 6-3 顯示附有文字的 PCS 符號。

223

面版設計

　　為不同學生所設計的面版（展示的媒介）就和符號種類一樣變化多端。面版有：小冊、筆記簿、大片板、相本、視線板、手巾、圍裙、輪椅檯面、電腦螢幕、轉盤式的掃瞄器。溝通面版的設計應根據個別學生的特性來考慮，如：視力（視

hello

leave me alone

When will I see you?

圖 6-3.　PCS 系統中單字和多字符合（Mayer-Johnson 公司提供）

野和敏銳度）、肢體技能（動作範圍、肢體控制）、認知能力（如同時可以處理的符號數量）、個人的偏好。綜合這些因素之後，就可以決定：面版的形態（如視線板或溝通簿）、一個層面上要放幾個符號、符號的大小、符號相隔的距離、符號排列的方式（如：半圓形、便於右手碰觸的直行、便於右手碰觸的直排等）。

符號如何陳列也因場合不同而異，在移動性高的場合可攜式的面版較為合適（例如，可放入背包的小相本、可掛在腰帶上的摺疊式展示、附在腕圍上的展示）（見圖6-4）。用

圖 6-4. 繫在手腕上的線條畫溝通圖卡，是一名小學生在下課時使用的輔具（攝影：Diane Andres；設計：June E. Downing）

於洗手間、浴室、洗手檯、游泳池的必須要防水。當學生需要在桌面上有空間工作時，溝通板不能占據太大的空間。

面版設計的決定是複雜的，特別是牽涉到重度肢障或感官障礙的學生時，更是如此。底下只能列舉重要的原則以供參考。

● 擺位不當或輪椅等其他輔具不適時，面版絕無法規畫妥當。好的系統一定先要把擺位和其他支持作好。

● 不管面版如何展現，符號總要讓學生可以正確、有效、不費力地選取。如果面版會造成經常的失誤、不便於肢體動作、甚至容易疲勞，學生最後一定會拒絕去使用。

● 即使開始時不順利，還是繼續試驗下去。設計了一種面版之後發現它限制住學生，結果修改或放棄，這種事也經常發生。特別是有的學生需求情況很複雜，有時會有顧此失彼的狀況。例如，艾瑞是腦性麻痺的男孩，一開始為他設計的是一具電動溝通板，有三十二個符號，要用拳頭去指。開始覺得構想不錯，但是，每次用手去指符號大概要費去二分鐘；經過一個禮拜數度的挫折後，他根本不想去用這個輔具，幸好他的團隊為他換了一面視線板垂直架在他前面，效果很好。團隊下了一個決定為他找到合適的溝通法，一開始的不順利並沒有讓他們完全放棄。

面版上符號的排列

226

在考慮為個別學生設計非電動的面版時，有時著眼於一般性的需求，有時則關切特別的場合。一般性的面版可讓學生在好些不同的場合中使用，但用的是數量較有限的常用、可預測的訊息。特殊的面版則應付一些特殊的環境、活動或場合，其優點是訊息量較豐富，當然缺點就是需費時費力去設計和製作。不過，特殊性的面版這些年來愈來愈受歡迎，因為一般性的溝通板限制了學生的語言溝通的成長。活動溝通板，常為特定的場所（某門科目的課）或活動（下棋、到餐廳用午餐）來設計訊息。米任達（Mirenda, 1985）提供有行動能力的學生可用的活動面版設計，例如：在溝通簿上使用「分隔線」（divide tabs）可以把不同的活動做作區隔，便於檢索。這樣可以同時得到較多的訊息，但仍可快速檢索。已經有許多作者針對活動面版的製作提出一些看法，他們討論的範圍包括：視線板、轉盤式掃瞄器、溝通簿、動態顯示輔具，及其他形式的輔具（Burkhart, 1993; Goossens', 1989; Goossens' & Crain, 1986; Goosens', Crain, & Elder, 1994）。圖6-5 表示用來協助學生上五年級自然課（植物單元）。

面版可為特定目的設計例如訊息分享或社交互動，底下討論這些特性的用途。

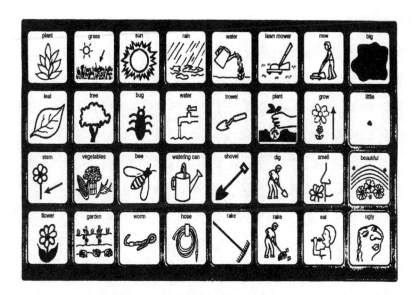

圖 6-5. 一個小五生和園藝活動有關的溝通板版面（Mayer-Johnson 公司提供）

日曆或作息表

　　日曆或作息表會是很不錯的溝通輔具，它們可以預告未來即將發生的事件，好讓學生有個準備，這也是一種介紹新符號（以代表上學日子裡的活動）的好工具。學生可用它來回答問題（「接下來做什麼？」）或提出請求（「午餐時間到了嗎？」）。最後，它可以讓原先在課間轉換困難的學生行為問題減少，因為活動和事件變得較能預測（Beukelman & Mirenda, 1998）。

這個系統的先決條件是使用符號來表示上課日每一節課和活動。不同形式的符號都可以加以利用，假如用的是實物符號或可握式符號，它們就會放在好幾個日曆或日課表盒子裡（見圖 6-6）。在日曆或作息簿裡，則可使用相片、小東西、線條畫，或圖形系統。

類型決定之後，接著就要選用代表每節課或活動的特性符號。這些符號便依序從上學排列到放學為止。圖 6-7 是一個自閉症學生譚生所使用的作習簿之一頁。

老師應協助學生靈活地運用這個系統。每節課一開始，學生就檢視（看或摸）表中相關的符號，同時老師可以給與相關的提示（如：「看這裡，這個符號告訴你現在是美勞課」；「感覺出是圍裙嗎？對，這節是烹飪課。」）。下課（或活動結束）時，學生就必須把符號「移走」，如果是實物或可握式符號，那麼，可以把它放入「結束盒」裡（見圖

breakfast　　get dressed　　go for a car ride　　go swimming　　get snack　　"finished" box

圖 6-6.　一名學前兒童使用的「家居作息盒子」，從左到右依序代表吃早餐、穿衣服、坐車兜風、去游泳、吃點心、做完了

圖 6-7.　一名自閉症青少年的作息表（由左到右，第一行：溫沙
中學、星期三、英文課；第二行：體育課、烹飪課、木
工課；第三行：坐212號公車（在車上吃午餐）、坐240
號公車、到深水灣撿拾垃圾；第四行：休息、打掃人行
道、走路回家；第五行：在家自由活動、坐車、到商店
購物）

6-6），如果是習作簿，就可以把符號翻過面來。接下來當然是去檢查下一個活動的符號，餘此類推。簡易的日曆或作息表是教導正在學習溝通的學生認識符號最佳的利器，因為從每天的經驗中他們可以自然而然地把符號和活動連結起來，需要高度規律性的學生會因為有幫他了解下一步要做什麼的符號，因而減少了行為問題。

留念物及對話溝通板

　　這類溝通板的目的是讓學生有能力和別人分享訊息，以達到社交親近的作用。留念物是指不同活動中保存下來的事物，藉著它們學生可以和他人分享過去（如週末）的經歷的事。把這些留念物存下來，懸掛、插入或釘在溝通板或板子上。例如，學生可把數學作業單、晚會節目單、美勞作品等存留下來，如此，一旦有人問：「數學課作哪些習題？」、「昨天晚會有些什麼內容？」時，學生就可以借助這些保留物來回應。他們也可藉此打開對話。圖 6-8 就是一個沒有口語的盲生所使用的觸覺項目盒。底下提示使用留念物的原則：

　　●盡量讓學生選擇要保留哪些留念物，對學生有意義的東西才可能在未來讓他聯想起那個事件或活動。

　　●讓學生去參與如何把這些留念物置於溝通板之上。

　　●確定附有留念物的溝通板在社交時機派得上用場，如

下課、午休、放學某時機。

　●鼓勵其他同學用自然的態度和重度障礙生對話，不必

231

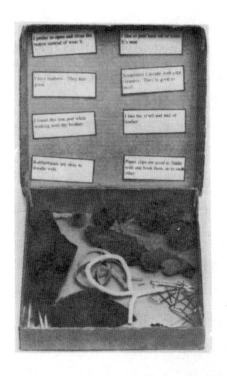

圖 6-8.　一名無口語的盲生使用裝滿小東西的盒子做好「對話盒」，其中項目可隨時更換，上面的句子用來回應對話夥伴。（由上而下，左列：「我喜歡玩鈕扣」、「我喜歡羽毛，摸起來很舒服」、「我和弟弟散步時發現這粒莢果」、「橡皮筋很好玩」；右列：「我喜歡剝樹皮，太好玩了」、「我喜歡玩小刷子」、「我喜歡聞皮革的味道」、「迴紋針可以勾串起來」；攝影：Diane Andres；設計：June E. Downing）

刻意針對保留物一直問問題，例如，可問：「我看到你去逛百貨公司，你看到什麼好玩的東西嗎？」

對話板（conversation display）是從舊金山州立大學的韓特等人（Hunt, Alwell, & Goetz, 1988, 1990, 1991a, 1991b）的研究衍伸過來的，通常是用小本相片做成的，裡頭放上學生喜歡的活動相片。當中也可以放進學生喜歡的小東西，例如棒球明星卡、流行歌手的相片或貼紙。留念物也可以放在裡面，相片或留念物旁應加些文字，具有傳遞訊息和詢問問題的功能；例如，珍妮的相片中有一張溫哥華水族館的明信片，上面寫有一行字：「上禮拜我去水族館，我喜歡那裡的鯨豚。你有沒有去過？你最喜歡哪種魚？」文字註解要以同齡友伴的口吻來寫，內容應該是他們會有興趣的話題。要點在於這些相片、留念物等事物是學生和其同儕所樂於談論的話題。這些東西要隨時更換，這樣其他同學才有可能和他交換他的近況軼聞。圖 6-9 展示了一本對話簿。

3、電動溝通輔具

現在有很多溝通板是用充電式電池來運轉的，有的既複雜又昂貴，但有些則操作簡便。電動溝通板的主要優點是它們會「說話」，學生只須按下符號鈕，溝通板就會把存在裡

圖 6-9.　一名盲生的對話簿，內有熟悉的東西和文字：「這些屬
　　　　於我的小狗」（攝影：Diane Andres）

頭的聲音播放出來。例如，學生可以按下小狗圖形的符號鈕，
然後輔具就發出「這是我的小狗沙沙，它是德國牧羊狗，你
喜不喜歡狗？」的聲音，你可以想見，在嘈雜的教室裡，這
樣的語音輸出裝置有多大的好處。

電動溝通板的種類

　　語音溝通板可分三種：「單層的」、「多層次的」、以
及「完全的」等。單層的（single-level）的輔具只能傳達數量

有限的訊息，通常不超過二十個，錄音和操作都很簡易。例如，大麥克（BIGmack; AbleNet, Inc）內建有麥克風開關，一啟動就可以播放長達二十秒的錄音訊息。

234

在大麥克錄製訊息只要數秒即可完成，新的訊息可以蓋住舊的訊息。有了同學幫忙的錄音，學生即可在上學時向同學老師打招呼（「嗨，你好」），在國語課時用它來「朗讀」課文。當然，大麥克是有限的，但加點創意和周密的規畫，它仍可幫重度障礙生積極參與課堂活動。其他單層的輔具有：Crestwood Company 的 TalkBack（六個訊息）、Messenger（一個）、Hawk（九個；ADAMLAB）、Message Mate（八至二十個；Words+, Inc.）、Parrot（十六個；Zygo Industries, Inc.）、Speak Easy（十二個；AbleNet, Inc.）、Voicemate/ Switchmate/ Scanmate 輔具（四至八個，Tash, Inc.）。附錄附有較完整的產品及廠商訊息（原著係一九九九年出版，譯作出版時這些資料或許會有些變動。譯者按）。

多層次輔具可以傳達二十個以上（有的可多達上千個）的訊息，錄製和使用比較困難，因為它們較複雜。這類的溝通板的優點是它們可以儲存大量的訊息，通常它們的符號面版也是多層次的設計，大多數的輔具可用手動去變換這些面版。較著名的例子有：Black Hawk、Whisper Wolf、Wolf（ADAMLAB）；Macaw（Zygo Industries, Inc.）；Say-It-

Simply Plus （Innocomp）。有的面板更換是用電動操作的，例如：Alpha Talker 和 Walker Talker（Prentke Romich Co.）及 Digivox（DynaVox Systems, Inc.）。

　　最後，所謂「完全的」電動溝通板也可以傳達多層的訊息，只是使用到一些進步的科技使得存取的速度和效率更高。許多輔具還配備有印表機、計算機、大容量記憶體，與一般電腦能相容的界面等。例子有：Delta Talker、Liberator 及 Vanguard（Prentke Romich Co.）；DynaVox（DynaVox Systems, Inc.）；Lightwriter（Toby Churchill, Ltd.）；Speaking Dynamically（Mayer-Johnson　Company）；Talking　Screen（Words+, Inc.）等。這些產品都適合在認知和視力缺損的多重度障礙生使用。

混合使用電動溝通板和其他輔具

　　電動溝通板的缺點有：裝備複雜、不易攜帶、不耐摔震、電池要換、開關容易損耗、錄製聲音費事費時。在它故障時，學生的溝通需要仍然存在，這時便要有一些變通的方式，同學、老師都應適時地成為他在溝通上的支援者。

　　在這些窘況發生時，教育團隊就必須有應變措施。環境的即時性評估可以幫忙了解所預期的溝通互動為何，以及應如何支援這些互動。可以徵召其他同學來擔任溝通夥伴，其

他成人也可以找來提供特定的協助。底下是電動輔具故障時的應變措施。

●一次給學生兩三種選項（如：「你要紅色蠟筆？還是藍色？」），學生可以用手比或目光注視來表示其選擇。

●把可有的選項逐一以是否問句呈現給學生如「大野狼向三隻小豬說什麼？他是不是說：我喜歡你。」（停下來等學生反應）「還是：我要把你們都吃掉？」（停下來等學生反應）「還是：我吹、我呼、我把你和屋子吹倒！」（停下來等學生反應）。

●用現成的實物或圖形，甚至是電動溝通板上原有的符號來溝通。例如，安琪通常在上課時使用二十五句的 Alpha Talker，去戶外教學時，他忘了把溝通板拿下車來，因為他們已經進入了蝙蝠洞才發現，因此老師就決定不回車上等。老師的替代方式就是利用實物（蝙蝠及其風乾的糞便）、以及展示館提供的資料摺頁上的圖片（蝙蝠、洞穴、小蝙蝠）。老師問她是否的問句，也鼓勵同學問她類似的問題，讓她有表示同意與否的機會。儘管有遺忘溝通板的失誤，但老師的即時補救措施仍讓安琪的戶外教學有積極參與的機會。等她回到車上時，她便使用電動溝通板問別人問題，也用它來表示意見。

三 摘要

　　本章說明了多重度障礙學生可使用種類繁多的輔助溝通法，不管輔具有多先進或複雜，最重要的還是支援團隊的投入與創意。詳細討論ACC的專書有許多不錯的著作，在此推薦：Beukelman & Mirenda（1998）；Glennen & DeCoste（1997）；Johnson, Baumgart, Helmstetter, & Curry（1996）；Lloyd, Fuller, & Arvidson（1997）；Reichle, York, & Sigafoos（1991）。

四 參考書目

Bailey, B., & Downing, J. (1994). Using visual accents to enhance attending to communication symbols for students with severe multiple disabilities. *RE: view, 26*(3), 101-118.

Beukelman, D.R., & Mirenda, P. (1998). *Augmentative and alternative communication: Management of severe communication disorder in children and adults* (2nd ed.). Baltimore: Paul H. Brookes Publishing Co.

Boardmaker [Computer software]. (1998). Solano Beach, CA: Mayer-Johnson Co.

Bornstein, H., Saulnier, L., & Hamilton, L. (1983). *The comprehensive Signed English dictionary.* Washington, DC: Gallaudet University Press.

Burkhart, L. (1993). *Total augmentative communication in the early childhood classroom.* Solana Beach, CA: Mayer-Johnson.

Glennen, S., & DeCoste, D. (1997). *Handbook of augmentative and alternative communication.* San Diego, CA: Singular Publishing Group.

Goossens', C. (1989). Aided communication interventin before assessment: A case study of a child with cerebral, palsy. *Augmentative and Alternative Communication, 5,* 14-26.

Goossens', C., & Crain, S. (1986). *Augmentative communication intervention resource.* Wauconda, IL: Don Johnston Developmental Equipment.

Goossens', C., Crain, S., & Elder, P. (1994). *Communication displays for engineered preschool environments* (Books 1 & 2). Solana Beach, CA: Mayer-Johnson.

Gustason, G., Pfetzing, D., & Zawolkow, E. (1980). *Signing Exact English* (3rd ed.). Los Alamitos, CA: Modern Signs Press.

Hunt, P., Alwell, M., & Goetz, L. (1988). Acquisition of conversational skills and the reduction of inappropriate social interaction behaviors. *Journal of The Association for Persons with Severe Handicaps, 13,* 20-27.

Hunt, P., Alwell, M., & Goetz, L. (1990). *Teaching conversation skills to individuals with severe disabilities with a communication book adaptation.* (Available from P. Hunt, San Francisco State Universit, 612Font Boulevard, San Francisco, CA 94132)

Hunt, P., Alwell, M., & Goetz, L. (1991a). Establishing conversational exchanges with family and friends: Moving from training to meaningful conversation. *Journal of Special Education, 25,* 305-319.

Hunt, P., Alwell, M., & Goetz, L. (1991b). Interacting with peets through conversation turntaking with a communication book adaptation.*Augmentative and Alternative Communication, 7,* 117-126.

Johnson, J.M., Baumgart, D., Helmstetter, E., & Curry, C. (1996). *Augmenting basic communication in natural contexts.* Baltimore: Paul H. Brookes Publishing Co.

Johnson, R. (1994). *The Picture Communication Symbols combination book.* Solana Beach, CA: Mayer-Johnson.

Light, J. (1988). Interactions involving individuals using augmentative and alternative communication systems: State of the art and future directions.*Augmentative and Alternative Communication, 4,* 66-82.

Lloyd, L.L., Fuller, D., & Arvidson, H. (1997). *Augmentative and alternative communication.* Needham Heights, MA: Allyn & Bacon.

Locke, P., & Mirenda, P. (1988). A computer-supported communication approach for a nonspeaking child with severe visual and cognitive impairments: A case study. *Augmentative and Alternative Communication, 4,* 15-22.

Mathy-Laikko, P., Iacono, T., Ratcliff, A., Villarruel, F., Yoder, D., &Vanderhei-den, G. (1989). Teaching a child with multiple disabilties to use a tactile augmentative communication decive. *Augmentative and Alternative Communication, 5,* 249-256.

Mirenda, P. (1985). Designing pictorial communication systems for physically able-bodied students with severe handicaps. *Augmentative and Alternative Communication, 1,* 58-64.

Murray-Branch, J., Udvari-Solner, A., & Bailey, B. (1991). Textured communication systems for individuals with severe intellectual and dual sensory impairments. *Language, Speech, and Hearing Services in Schools,22,* 260-268.

Reichle, J., York, J., Sigafoos, J. (1991). *Implementing augmentative and alternative communication: Strategies for learners with severe disabilities.* Baltimore: Paul H. Brookes Publishing Co.

Romski, M.A., & Sevcik, R.A. (1996). *Breaking the speech barrier:Language development through augmented means.* Baltimore: Paul H. Brookes Publishing Co.

Rowland, C., & Schweigert, P. (1989). Tangible symbols: Symbolic communication for individuals with multisensory impairments. *Augmentative and Alternative Communication, 5,* 226-234.

Sternberg, M. (1994). *American Sign Language dictionary* (Rev. ed.),New York: HarperCollins.

239

第七章
溝通夥伴的角色

242

一個人如何回應他人起了頭的對話會大大影響對話的結果。「錯的」回應方式使對話夭折，而「對的」反應則會鼓舞對話的進行。成功的對話也會誘發出未來更多的對話，因而產生友誼（Gaylord-Ross, Haring, Breen & Pitts-Conway, 1984; Hunt, Alwell, & Goetz, 1991）。

243

既然對話是社交關係的前奏，教師應如何鼓勵障礙生在教室中與同學有好的社會互動？只要教導合宜的技能（如：教導對別人的「嗨」作類似「嗨，你好」的反應）就夠了嗎？或是還要加點別的什麼？光把特殊學生安置在普通班級裡就可以期待同學懂得如何和他們對話了嗎？或是說，老師還必須教導這些同學如何應對？再者，對障礙生實施對話訓練真正的阻礙在哪裡？這些問題是本章作者針對重度障礙學生及其同學所作的三年研究的問題；本章將向讀者報告研究的結果。我們將呈現使用語音溝通板教導溝通的程序，以及如何鼓勵障礙生和普通生之間的對話。我們也將提出這個研究帶給我們的啟示。

一 鼓勵有意義的對話

障礙生和普通生之間若要進行有意義的對話，有三個要

件。第一，雙方都要具備有基本的溝通技能，可以是口語、符號，也可以是非符號（Downing & Siegel-Causey, 1988），本書第四、五章已描述如何教導重度障礙學生這些技能。其次，參與者要有動機去和彼此互動，知道怎樣交談不一定會帶來真正的交談。第三，雙方面如果都有共同的經驗，對話會來得更容易。要使對話持續一段時間，雙方都要有話可說，而共同的經驗就是持續交談的基礎。符合這三個要件，對話才有可能持續。

1、溝通技巧的訓練

在溝通互動當中，每個學生都會有他扮演的角色。訊息互換意謂著雙方都必須會表達並了解對方的訊息。因此，促進對話的第一步便是建立起某種溝通方法。在我們的研究計畫裡頭，我們先找到一群沒有溝通管道的學生，對他們來說輔助溝通法相當合適。我們的目標是讓這些障礙生使用語音溝通板（VOCA）和同學溝通，選擇 VOCA 的原因是受到先前研究的啟發。例如，倍羅辛（Bedrosian, 1997）和賴特（Light, 1988）都發現普通生對使用 VOCA 的障礙生比較會有反應。而有人估計障礙生若使用一般的溝通板（如溝通簿）來引發對話，只有不到三分之二的溝通嘗試會引起對方的反

應（Calculator & Dollaghan, 1982）。當然，如果引不起他人的回應，輔具在教室和社會上的應用價值就極為有限（Bedrosian, 1977; Heller, Allgood, Davis, Arnold, Castelle, & Taber, 1996; Rotholz, Berdowitz, & Burberry, 1989）。在本章後段我們會說明輔具的選用與訓練。

245

為障礙生選用一種和他人溝通的方法，不足以保證會產生有意義的溝通（Hunt, Staub, Alwell, & Goetz, 1994）。經驗顯示外加的輔助策略才有可能為障礙生開啟和同伴的溝通互動（Davis, Reichle, Johnston, & Southard, 1998）。教室實務和研究發現提示了一些策略，如讓學生在一起，互動會較易產生（Kuder & Bryen, 1993）；教導基本的溝通技能（Hughes, Harmer, Killian, & Niarhos, 1995; Hughes, Killian, & Fischer, 1996）；利用溝通簿來促進對話（Hunt et al, 1994; Kuder & Bryen, 1993）。再一次提醒讀者：「把障礙生和普通生聚合在一塊兒，並不能保證會有自然的互動，一定要採取步驟來教導和激勵互動。」

休斯等人（Hughes et al., 1995, 1996）教導中度障礙學生對話技巧，方法主要是技能訓練（skill-training approach）——包括示範「正確的說話方式」、教導自我檢查（如：「我做完了」）、自我增強（如：「我做得很棒」），結果發現普通生可以成功教會障礙生對話技巧，而且還可以類化到別的

談話對象。不過，現在並不清楚這一套訓練方法是否可以應用在重度和多重度障礙學生身上。這些學生或許需要更多的「直接教導」，而不是依靠大量的「自我管理」策略（如「自我檢查」、「自我增強」）。

韓特等人（Hunt, Alwell, & Goetz, 1991; Hunt, Alwell, Goetz, & Sailor, 1990）使用對話簿教導重障高中生和同學對話，發現障礙生可以參與持久的對話。這一系列的研究證明對話的教學確實可以增進重障生和同學的互動品質。

值得注意的是，很多教導的研究都以中學生為對象，因此我們想問：學生發展的程度如何影響教學的成效？學生之間的發展程度差異是否可以預測互動的結果？小學生能不能扮演促進障礙生對話能力的角色？在我們的研究計畫裡頭，我們也觀察發展程度的影響力。

2、動機

第四章提到，人們要有動機才會參與對話。通常兩人以上聚在一塊時間夠長的話他們會交談，然而未必總是如此，有時場合會限定人們是否互相交談。例如，在候診室等候就醫的陌生人之間通常不會彼此交談。同搭電梯的人，儘管身體靠得很近，通常也不會產生有意義的對話。即使在課堂當

中，初次把不認識的學生撮合在一起，也會有類似的情形產
生。小孩往往會各做各的，除非某些情況改變。不幸的是，
文獻很少提到哪種情況改變時，重度障礙學生和普通生之間
的交談才會發生。韓特等人（Hunt et al., 1994）的研究是一個
例外，那篇研究探討合作學習小組如何增進重度障礙學生和
同學的互動，他們使用溝通簿為工具，發現重度障礙學生在
許多方面進步很大。

247

　　我們自己的研究計畫也檢驗教室中可以應用什麼策略來
激勵對話。我們特別有興趣的是，小組若合作製作一個專題
作業會怎樣影響對話。學生在專題研究上有些選擇，這是為
了提高他們的興趣和動機，也可能會連帶刺激對話（Hough-
ton, Bronicki, & Guess, 1987; Kearney, Durand, & Mindell, 1995;
Peck, 1985）。讓普通生與障礙生都對專題有所貢獻，就可以
期待引發彼此更高昂的興趣。

3、共同的經驗

　　人們會參與對話是因為他們有話要說，這是大家認為理
所當然的事（見第一章）。對話雙方有共同的基礎是對話會
開啟及持續的主要動力。老師們會談到他們在假期裡頭要做
些什麼，學生們會談到對相同玩具、電視、電影的興趣。可

惜的是，重度障礙學生由於動作、感官或認知上和普通生的差異，生活經驗也會大異其趣，和同學的經驗、嗜好顯得格外不同（如，普通生可能會結伴逛街、聽最新流行的音樂、討論籃球賽的過程）。障礙生和普通生之間的共同經驗如此缺乏，他們之間的對話可能不易進行。

在我們的研究當中，學生參與主題計畫的目的就是培養學生有共同的經驗，讓他們有對話的動機。我們認為，讓學生共同為了一件事相處數週會創造出共有的經驗。對很少和人共享的障礙生而言，這點非常要緊，有了緊密的互動，對話的精緻內容自然就會呈現出來了。

📘 訓練內容

我們在十個學區中找出三十七位五至十八歲之間的重度障礙學生，另外也找了普通生來配對。研究之初，事先篩選出沒有視力和聽力問題的學生，然後把普通生和障礙生兩兩一起配對。在基準期間，這些小組被安置在一起，給他們 VOCA 但不給任何指導。這個安排是想評估學生是否可以不經正式的教導而使用 VOCA。雖然有些小組試著用 VOCA，但不是很有意義的使用。之後，這些小組隨機分為兩群，第

一群先參加「溝通技能訓練」，再參加「經驗分享」。第二
群的順序剛好顛倒。這種設計的目的是想評估每一種方式（以
及合併方式）的效果。

1、對話技巧訓練

對話技巧訓練有兩個目標，一是教會學生去使用
VOCA，二是教重度障礙學生和同伴對話。要達到這些目標，
老師用示範法、提示法、增強法來教障礙生和普通生；最後，
一旦小組成員開始自己有了對話時，老師就逐漸退出。

我們在 VOCA 上設計了不同的溝通訊息，有幾個按鈕用
來錄製對話的開頭語（如：「嗨」、「你好」、「我是阿
強」、「你想做什麼？」），有些按鈕是用來表示請求
（如：「我餓了」、「我要上廁所」、「我需要你的幫
忙」）（Durand, 1991）。我們使用「圖形溝通符號」
（PCS；Johnson, 1984）及相片。另外，為了誘導學生使用
VOCA，有好幾個按鈕用來表示喜歡做的活動（如：「我們
去打保齡球」、「我們去讀漫畫」）。訓練開頭先展示「喜
好活動」按鈕的位置，然後提示他按鈕。同伴被要求對障礙
生的壓鈕溝通嘗試快速回應，可以口頭表達高興和同意，也
因而用來增強障礙生對 VOCA 的使用。學生如學會了 VOCA

中的每一個按鈕都有它特定的效果，接下來便得學習把對話的主題延伸至小組想做的事。於是，同伴被要求在對話中起頭，提議他們可以做的活動，並與障礙生討論幾種可有的選擇。必要時老師給與障礙生口頭提示或肢體引導，在學生掌握了特定溝通行為的要領後，便逐漸褪除提示和協助。

對話技巧訓練的第二部分是教導對話的禮儀。小組成員學習在不同的場合使用一串的語句互動以使對話持續。例如：

障礙生：嗨！

同　伴：嗨。

障礙生：我是阿強。你叫什麼名字？

同　伴：阿倫。

障礙生：你吃過飯了嗎？

同　伴：吃過了，你呢？

障礙生：吃過了。

同　伴：再見。

障礙生：再見。

持續藉由提示、角色扮演方式訓練各小組，當小組對這些對話嫻熟了之後，老師的協助就褪除。再者，如果學生對這一步驟已夠熟悉，他們就可以加入其他題材，諸如：要做

什麼活動、週末有何打算等。到了這個步驟，對話技巧訓練
就告一段落。

2、共同的經驗

251

師生共同和小組商量，決定一個足以持續四至六週的專
題，這段期間內老師、助理在各項活動中都隨時待命伸出援
手。他們在這段期間並不教導和提示對話技巧、輪替方式和
VOCA 的使用。

三　對話技巧訓練的相關問題

1、同伴的選擇

很顯然，和障礙生同組的同伴在激勵對話上扮演很重要
的角色（Haring & Green, 1992）。有很多選擇同伴的問題要
考量，而其中有些因素並不是我們所能掌握得到的。

在研究中普通生和障礙生分配到同組的都要年紀相仿。
這樣作是因為先前有研究說，把年紀和性別相同的學生配對

在一起會有最佳的社會互動產生。不過，我們只能在年紀上控制得較理想，性別則有男女相混的情形，特別是年齡較輕的組別。普通生是來自普通班或特教班老師的推薦，有些人之前已擔任過障礙生的小老師。這些學生通常是被認為較能負責的學生，有的則是對這樣的研究有很高的興緻。

某個學區的普通生是來自被學校處分而不得不來的學生，把這些學生放在我們這個大型計畫裡有不得已的苦衷，但儘管一開始我們對此感到不安，但後來卻發現，有部分這樣的普通生從參與本活動中獲益最大，他們表示未來還希望有機會參與其同伴的活動，而且他們自覺自己所做的事是非常重要的。對普通生的組員而言，有些人的確覺得這次的活動讓他們覺得很自豪，對提升自尊來說幫助很大（Williams & Downing, 1998）。再者，他們得到正面的注意，而不是平日因問題行為所引來的負面注意。正如這些普通生的體驗是正向的，那些障礙生也何嘗不是如此。

同組的組員是在普通班級裡一起工作，有的組除了專題之外，也會參與一些共同的活動。在大班級當中，看到這些兩人組合使用溝通輔具去完成專題，其他同學也會表示意見或興趣。

參與計畫的組員有的為了專注專題的工作，便不參與普通班正規的活動。但是數學、語文和自然課，他們絕不能缺

課。要為他們排出專題研究的時間，非常艱難，特殊生除了一般正課外，有時也得去上語言治療或物理治療。因此，原先報名參加的障礙生，有的後來也不得不退出。所有老師的支持合作是使得時間的排定能夠順利的主要原因，為了讓他們能參與本計畫，老師常必須調整他們教導個別學生的時間。

253

參與本研究的「同伴」在和障礙生接觸的經驗有很大的個別差異。在開始時，多數人只有很少這方面的經驗，有的學生是全勤獎的學生、有的有很豐富志工的經驗、有的學生很害羞、在交友上有困難、有的有功課和行為上的問題，有人想以心理和特教為未來的職業選擇，也因此在找相關的經驗。所以，這群普通生其實是異質性很大的團體。觀察發現，本身有困難（如害羞或學業困難）待克服的學生，往往可以很快和障礙生打成一片，或許這些普通生本來就有與眾不同的體驗，所以可以更快進入狀況。

和所有兩人間的關係一樣，有的兩人組會產生較有意義的對話，其關係也較成功。有些因素（如性別、年齡）也許是其中的影響關鍵。很顯然，小組成員是否固定相聚是決定成敗的一個相當重要的因素；我們原先規畫每周至少聚會兩次，出席率愈高的小組愈有可能發展出好的關係來。

2、發展程度

254

　　影響我們計畫進展的一個因素是參與者的發展程度。出席最不穩定的是國中生，他們很在乎同學的看法，因此較不願參加同學認為難的或奇怪的活動（Williams & Downing, 1998）。這和一般發展研究的觀察吻合，也就是說在青春期友伴的意見很重要（Elkind, 1984）。國中的普通生說，在對話技巧訓練當中有很多重複的動作，讓他們覺得很不自在。他們會說，「好蠢」、「像是笨蛋一樣」。不過，這個年齡組的友伴卻也說「分享經驗」的部分是他們最喜歡的。事實上，和障礙生一起製作專題讓他們覺得好玩。或許未來對話訓練最好是在比較自然的情境中進行，以免他們覺得有人在監視或同學都在盯著他看，這樣的改變可能會比較有意義。

　　有一個很特別的狀況發生在障礙生阿滿身上，她有兩個組員麗莎及凱弟。普通班和特教班老師都覺得由於某些限制，對阿滿來說兩個組員的參與會最理想。這個狀況可以說明組員之間在建立關係的過程中有一些問題值得關注。

　　　　阿滿會參加這個研究有好幾個原因。她已有上普遍班的課，雖然表示有興趣和普通生互動，但受限於溝通

能力一直無法如願。阿滿加入計畫時十八歲，上當地的
中學，部分時間在自足式特教班，部分時間在普通班上
課。她沒有固定有效的溝通方式，但她有時會用一些手
語。沒有感官缺陷，相當依賴手勢和自創的手語和周圍
的人溝通。阿滿被診斷為重度多重障礙，過去一直在特
教班受教。

　　她參與本研究是利用普通班的美術課，我們給她的
輔具是語音溝通板（16-square Introtalker），之前從未固
定使用任何 AAC 的輔具。和其他配對組不同的是，她
有兩個同伴，有時也會有其他普通生來幫忙。同組同學
的工作是製作一份藝術檔案，其中包含描圖、放大圖
片、織印、彩繪、素描等。

　　麗莎和凱弟都是十六歲的高二生，他們都曾表示和
阿滿交往的意願，也願意花時間陪她。在之前填寫的問
卷裡，兩位都說願意和阿滿說話、工作，但不曉得阿滿
本人的想法。後來，兩位都說她們相信阿滿喜歡她倆的
陪伴。阿滿有了溝通輔具之後，才讓兩個同伴得知阿滿
的想法，之前阿滿根本無從清楚表達這一點。

　　阿滿和同伴先參加「經驗分享」，其後才是「對話
技巧訓練」。「經驗分享」階段時，同伴顯出和阿滿熱
切合作藝術專題的態度，其他同學對她的溝通板也感到

十分好奇，也利用這個輔具來與她交談。麗莎和凱弟得到許多同學讚賞的眼光，覺得花時間給阿滿是值得的。

在訓練期間，同伴們說對話技巧訓練有太多反覆的輪替訓練，令她們覺得很不自在；她們說這種方式讓她們感到尷尬，訓練一結束她們就如釋重負，因為又可以和阿滿「一起玩鬧」了。教室常是喧鬧嘈雜，使得訓練不易進行。噪音有時對組員和訓練的老師覺得會分心，而美術老師也抱怨說訓練干擾她正常上課。這個狀況說明，要想在自然環境（美術教室）中訓練和其他人的願望（美術老師不期望有干擾）之間取得平衡，並不容易。

在專題計畫進行期間，阿滿和同伴彼此的溝通能力增進不少。阿滿的進步表現在：適當的輪替次數、話題的範圍、開啟話匣子的次數等。她和同伴的共同經驗可能促進了她們彼此對話題材的豐富性。

阿滿和同伴的故事透露了若干「同伴選取」上的問題，從中我們學到了哪些因素或許會影響障礙生建立友誼是否成功。提供兩個同伴給阿滿證明對所有當事人來說都是可喜的事，一來阿滿可以同時和兩個個性不太一樣的人親近，二來這兩個友伴也可以彼此打氣鼓勵。也許這個故事告訴我們友

誼較容易在小圈圈裡滋長，而不是靠孤立的兩人組。在學生
團體裡就可以發覺學生們通常是成群結黨地消磨時光，很少
是兩人組的形態。三個人在一組可能是發展友誼較尋常的安
排。

257

　　研究小組在安排阿滿等人聚會活動上煞費心思，得把阿
滿的個性特徵考慮進去，才能讓彼此的互動多采多姿。阿滿
還蠻有幽默感的，如果在聚會當中她們把同學畫入漫畫圖中
消遣，彼此都會開懷盡興。研究小組要在為配對組安排活動
和讓他們自由發揮之間取得平衡，目的不外是使互動更有意
義。

　　另外一個使這個小組變得更有活力的一個因素是，麗莎
和凱弟在之前都表達想和阿滿作朋友的意願。很多時候，老
師選擇同伴的理由是學生負責守份而非有心去認識障礙生。
因此未來在選擇友伴時，應考慮學生對與障礙生交往的意願。
如果能把興趣（運動、藝術、戶外活動）相投者配對在一塊，
那會更好。

3、創造出共同的經驗

　　研究裡專題活動之設計，即著眼於讓普通生和障礙生從
共同參與的活動中，得到可以促進溝通的素材。如前所述，

障礙生的經驗很少與普通生雷同，普通生的社交網絡多半由同齡學生所組成，然而障礙生的社交網卻多半是由成年人所構成的（Lewis, Feiring, & Brooks-Gunn, 1987）。除了這類大範圍生活經驗的差異之外，重大的健康問題和溝通障礙也使得障礙生在生活的瑣細層面處處顯得與眾不同。例如，他們可能要搭不同的車上學，有特別的老師、特別的教室、特別的朋友。光把普通生和障礙生撮在一塊，沒給任何溝通輔助，不提供任何交談的素材，註定是會失敗的實驗。

為學生找出可以分享的經驗不太容易，這是有原因的。我們知道應該聽聽學生的想法，但在現實上往往做不到這點。例如，有些老師就堅持共同的經驗不能脫離學生正規的課程太遠，某班正在上物理的電子電路，問題是小組的同學往往很快就感到厭煩，這樣一來他們也不大會去在乎花時間互動。有時，學生的興趣會隨著時間遞減，年紀較小的學生更難保持他們的興趣，不只是整個研究時間的興趣難以持久，就連二十分鐘他們都很難堅持。

然而，還是有些小組的經驗分享做得格外成功。有一組的學生用可樂瓶建造植物溫室，在瓶子裡栽種植物然後觀察植物長大或枯萎。這組學生從基準期到訓練期間有巨大的進步：對話題材變廣了，不經提示的對話輪替次數增多了，這種種進步甚至是在對話技巧訓練期之前就已發生了。建造溫

室的專題使他們有共同的經驗。但等到溫室建造之後，他們仍繼續找到許多活動共同參與；他們會先就溫室植物的成長變化交換意見，然而就做其他有趣的事。

　　參加這個研究的學生似乎在自由活動期間更能盡興。通常我們在聚會一開始時，便提供一些活動的選擇，他們就其喜好找出一項來做，例如，製作自然報告的小組可以：(1)到戶外蒐集花草樹葉等標本；(2)設計報告封面；(3)撰寫文字內容；(4)畫插圖等選項中加以選擇。通常是普通生作較多的決定，不過，障礙生也可能提出意見。

259

　　前面說過，年紀較輕的學生較難專注在工作上，而且比較喜歡自由玩鬧的時間，這也許是兒童從沒有結構的玩耍中培養友誼的天性。兒童可能比大人更清楚如何交友，而且不需大人干預更容易成功。兒童或許需要某種「鷹架」的支持——例如提供活動的機會，但不是一個死板的活動結構，這會壓垮他們的自主性。從下面的例子中就可以發現，有時兒童自發性的遊戲會引起更多友伴之間的溝通（Knapcyzk, 1989; Marcovitch, Chasson, Ushycky, Goldberg, & MacGregor, 1995）。

　　　　七歲的莉恩是威廉氏症兒童，阿倫是二年級同班的普通生，他們共同的專題是從班上的作業延伸出來的，

莉恩的特教老師交付給這一小組的專題是照顧小雞，他
們也的確共同參與了這個活動。但私下的觀察卻發覺，
在自由活動期間這兩人之間的溝通才更緊密頻繁。也許
讓學生們自由自在會比限定某種活動得到更好的互動品
質。或許某種結構是必要的，不過大人還是要給一些自
由空間，讓他們有選擇的餘地（見 Giangreco, Edelman,
Luiselli, & MacFarland, 1997）。

4、和老師們合作

「完全融合」的作法在家長和教育圈內引起激烈的爭
辯，參與這個研究計畫的教職員之間對於融合的態度有時也
是南轅北轍。有些普通班和特教班老師強烈主張完全融合，
也有一些人認為障礙生應實施隔離教育，和我們合作的老師
大多數是中庸的意見，認為障礙生應部分時段參與普通的教
育環境。

當友伴、專題、輔具的選擇問題有所爭議時，往往對融
合教育的態度變成是關鍵之所在。這個研究的主要目的之一
是探討助長障礙生和普通生發展友誼的因素，以便促進融合
成為成功的經驗。很明顯的是，這些目標與融合教育的信念

一致，然而這類計畫能夠成功與否，還有賴老師們除了對話技巧訓練之外的介入協助。

我們研究主要的合作對象是特教老師，有時語言治療師也扮演重要的角色。特教老師是這個研究在學校的聯絡人，結果我們和普通班老師的接觸很少；事後回想起來，這是一個很大的錯誤。普通班老師常誤解這個研究的目標，對於同伴的參與往往也不了解其作用。普通班老師有時不願意學生缺課去參加我們研究的活動，有時他們也會責怪障礙生會干擾其他學生上課。或許一開始如果我們就和所有的教職員會商，並把他們當成團隊的一員，問題就會少了許多（見第八章）。這樣，計畫的目的會更清楚地被全校有關的教職員所體會，有這種公開的聚會，相信融合教育的擔心也能提出來彼此交換意見。

四　輔具的選擇

為障礙生選擇最適當、最有效的輔助溝通法並不容易（見第六章）。在作決定時，輔具的耐用性、攜帶性、彈性、費用，以及語音的品質，都是考慮的重點。此外，學生的溝通需求，使用AAC的能力或限制，也都是在提供輔具之前就

要想清楚的。我們研究中所用的輔具，是和老師、語言治療師共同商議出來的，也根據我們自己在AAC方面的經驗。在使用語音溝通板方面，往往也受限於經費的考量。

262

　　AAC使用上的問題在研究過程中也一再浮現。是不是要有語音輸出的功能，也是考慮的焦點之一。障礙生需要有代表自己聲音的輔具，特別是和別人建立友誼時（如：O'Keefe, Brown, & Schuller, 1998; Schepis & Reid, 1995; Schepis, Reid, & Behrman, 1996）。之前曾說過，語音溝通板的好處是即使障礙生不在眼前，其溝通意圖也可以藉由聲音被辨認出來。特別是當學生玩在一起時，他們的活動量又高又投入，障礙生不明顯的溝通嘗試有時很可能會被疏忽掉。這時語音溝通板就易成為引人注意的表達工具。我們的計畫裡，除了南西外，每個障礙生都用 VOCA。

　　　　南西是十四歲的腦性麻痺兼智障生，她無法用手去啟動語音溝通板，而痙攣的毛病也讓她無法使用掃瞄裝置。不過她的眼球運動控制不錯，也可以盯住某點看很久。於是我們就決定使用雷射頭棒（laser head pointer）及運用圖形符號的溝通板。此外，我們也給她一具只有一句話的語音溝通板，用來引起他人的注意。一旦對方注意之後，她就可以用雷射頭棒和人溝通。雖然較完備

的語音溝通板或許會更理想，但現有的便宜裝備也一樣可以發揮作用。

263

到底語音溝通板上要錄製什麼訊息，也是有待決定的問題。多數語音溝通板能錄製的訊息數都很有限，我們的研究中多半的輔具有十六句的容量；到底這十六句要放什麼以及用什麼符號（圖、相片、大小）來表示，都需要學生、同伴、老師、家長、語言治療師的意見。通常會放入對話開頭語，如：「你好」、「昨晚你做什麼？」、「你今天想做什麼？」、「我們來一起玩吧」等。也會放入基本需要的請求用語：「我想喝水」、「我想休息一下」。每個訊息都依個別學生而設計，但有些則和共同的經驗有關。例如，如果小組的工作是使用膠水黏貼乾燥花，那麼溝通板上頭也許會有「我還需要膠水」、「你還要一朵花嗎？」這些訊息會隨著需要，隨時更換。我們也可能考量學生的性別、年齡來設計這些訊息。

輔具的耐用性及攜帶性也是我們講究的。特別要注意障礙生在取用輔具方面應是「無障礙環境」，意即輔具要相當可靠，一旦故障則有備用裝置可用。VOCA 的電池要經常充電，如果疏忽這點的話，會造成暫時停擺的狀況。備用的裝置常是使用同樣符號的溝通板，只是少了語音輸出設置。雖

然備用裝置最好是備而不用，但總是要預為準備，以防萬一。
最好輔具有耐摔、耐撞的特性，因為難保使用時會不小心讓
它摔了下來。

264

　　老師和語言治療師有時對語音溝通板會有所保留，他們
怕 VOCA 會使某些學生不進反退，特別是他們發現這些學生
已有某些口語或手語時，他們擔心溝通板會讓學生把已有的
技能丟掉。然而，使用語音溝通板之後，這些學生通常溝通
能力會進步，甚至還會使口語和手語更加精進（Beukelman,
1987; Cregan, 1993）。

　　這三年的研究期間，我們學到許多有關 VOCA 的實際層
面；因此，我們有以下的建議：(1)任何依賴溝通輔具為主要
溝通方式者，都應有一套備用方法，預防萬一。(2)障礙者在
取用溝通輔具方面，一定要做到「無障礙環境」。電池總是
有電，而輔具總是在身旁。(3)輔具一定要用參與對話的訊息，
不要只能用「是」、「不是」來作反應。(4)選容易錄製訊
息、容易更換訊息的輔具。(5)使用的配音要符合障礙者的性
別和年齡。

1、成年人的角色

　　研究計畫的工作人員在協助學生建立友誼上扮演極關鍵

的角色。他們教育普通生認識殘障以及強調學生之間的相似性。為了取得學生的信任和安全感，與各小組配合的工作人員從頭到尾都保持相同。唯有這樣，工作人員才能充分認識每個參與者，所安排的活動與提供的指導才會適當。

265

　　在研究過程中，工作人員在「經驗分享」階段當中很少和組員有所互動。工作人員把材料準備妥適，讓組員相聚，除此之外不大需要介入。有些小組的確需要較多的安排和支援，這也和年齡、活動本質有關。在學生要求時，工作人員可以介入，但並不教導或提示溝通的方式。儘管學生要自己想辦法進行活動，但有時工作人員不得不被牽連進來。例如，如果活動是烹煮食物，工作人員基於安全考量可能就會有較多的介入。

　　不過，在對話技巧訓練期間，工作人員就有較多的涉入。他們教導學生開啟對話、如何持續及輪替反應，也提供示範。工作人員會提示障礙者如何使用 VOCA 和普通生溝通。工作人員也和普通生討論，以促使同伴了解障礙生的溝通嘗試。同伴往往之前不具有和障礙生利用 AAC 互動的經驗，因此，工作人員就和他們探討人們如何表達。一開始先從人們如何用非口語的方式表示情緒（快樂時笑、悲傷時哭）談起。然後，小組成員就比較對方和自己的非口語溝通有何異同。在此，盡量強調共同點（如臉部表情、手勢），如此

會使普通生在使用輔具時覺得較自在。這樣，他們就可以體會到人們溝通方式中的相同處多於相異處。經過工作人員的示範，同伴會逐漸了解障礙生的手勢、發聲及臉部表情，學會了解他們的意圖，提示他們去使用輔具。我們也建議老師們在班上對全班進行類似的討論，以促進所有普通生和障礙生間的溝通。

許多同組的普通生逐漸理解到障礙生不恰當行為的意圖，並努力和障礙生合作想出用溝通方式來替代那些問題行為。有一組學生唐娜和崔西之間的溝通互動，可以詮釋功能性溝通訓練當中夥伴的重要性（Durand, 1990）。

唐娜，十八歲，是自閉症高中生，部分時間在普通班上課。同組的崔西被選中的理由是她曾經表達要和唐娜交朋友的意願。唐娜的表達能力有限，使用發聲、自創手語、手勢來溝通，也有一些不適當的行為如脾氣發作和自傷行為。崔西一開始對唐娜的不適當行為表示不解，她常怕做錯什麼會讓唐娜不高興。當崔西說出了她的擔心之後，工作人員就設法讓她理解，唐娜的行為是嘗試想要溝通。儘管崔西這樣去想，她還是覺得她一定做錯了什麼。於是崔西便和工作人員一起進行了解，根據評估和她自己的觀察，她很驚訝地發現，唐娜在做事

感到厭煩時，或想從有壓力的情況中抽身而出時，會同
時表現出問題行為。一旦崔西對唐娜的行為有了進一步
的了解之後，她就更願意花時間陪唐娜，一旦她發覺唐
娜煩躁不安時，她就建議她們換點別的事做。經由工作
人員的提示，崔西鼓勵唐娜使用 VOCA 來表達她想休
息。之後，唐娜的問題行為減少了，兩人組在一起的時
間更為有趣。在研究期間兩人得以發展出友誼，部分的
原因是崔西了解唐娜使用不尋常的方式去溝通。而工作
人員的努力也是居間協調的功臣。工作人員也示範如何
對唐娜的非口語行為適當反應，同時也提示如何使用
VOCA。

五　研究結果回顧

這個研究的成就之一是，所有障礙生和人持續對話的能
力增強了，交談的題材也擴展了。目前雖然資料還不完整，
但初步的資料顯示，在對話技巧訓練之前先安排經驗分享其
實結果較好。

之前我們曾說，要突破只教對話技巧的瓶頸，其實還有
許多問題要考慮。例如，學生的發展程度就是一個應考量的

因素。在安排活動時，年級是一個決定因素。國中生很在乎別人的看法，這點活動設計時就要納入考慮。較小的學生活動的結構不要太僵化，更多自由遊戲的活動對他們較好。

另外也要注意，學生們對正式的對話技巧訓練普遍有負面的看法。不管工作人員怎樣努力，普通生也好，障礙生也好，都覺得這個訓練很枯燥、無聊。或許老師們應減少這類訓練，而花更多時間進行學生主導的活動。這些發現顯示，光教對話技巧可不是最佳的策略。

本章當中我們已強調對話在本質上相當複雜，我們也提出促進障礙生和一般學生溝通的考慮原則。顯然，只教對話技巧是不夠的，最重要的還是要讓友伴之間創造出共同的經驗，才可能促進障礙生和普通生間的溝通。

六 參考書目

Bedrosian, J. L. (1997). Language acquisition in young AAC system users: Issues and directions for future research. *Augmentative and Alternative Communication, 13,* 179-185.

Beukelman, D. (1987). When you have a hammer everything looks like a nail. *Augmentative and Alternative Communication, 3,* 94-96.

Boardmaker [Computer software]. (1989). Solano Beach, CA: Mayer-Johnson.

Calculator, S., & Dollaghan, C. (1982). The use of communication boards in a residential setting. *Journal of Speech and Hearning Disorders, 14,*281-287.

Cregan, A. (1993). Sigsymbol system in a multimodal approach to speech elicitation: Classroom project involving and adolescent with severe metal retardation. *Augmentative and Alternative Communication, 9,*146-160.

Davis. C.A., Reichle, J., Johnston, S., & Southard, K. (1988). Teaching children with severe disabilities to utilize nonobligatory conversational opportunities: An application of high-probabilit requests. *Journal of The Association for Persons with Severe Handicaps, 23,* 57-68.

Downing, J., & Siegel-Causey, E. (1988). Enhancing the nonsymbolic communicative behavior of children with multiple handicaps. *Language,Speech and Hearing Services in Schools, 19,* 338-348.

Durand, V.M. (1990). *Severe behavior problems: A functional communication training approach.* New York: Guilford Press.

Elkind, D. (1984). *All grown up and no place to go.* Reading, MA: Addison-Wesley.

Gaylord-Ross, R.J., Haring, T.G., Breen, C., & Pitts-Conway, V. (1984).The training and generalization of social intervention skills with autistic youth. *Journal of Applied Behavior Analysis, 17,* 229-247.

Giangreco, M.F., Edelman, S.W., Luiselli, T.E., & MacFarland, S.Z.C. (1997). Helping or hovering? Effects of instructional assistant proximity on students with disabilities. *Exceptional Children, 64,* 7-18.

Haring, T., & Green, C. G. (1992). A peer-mediated social network intervention to enhance the social integration of persons with moderate and severe disabilities. *Journal of Applied Behavior Analysis, 25,* 319-333.

Heller, K.W., Allgood, M.H., Davis, B., Arnold, S.E., Castelle, M.D.,& Taber, T. A. (1996). Promoting nontask-related communication at vocational sites. *Augmentative and Alternative Communication, 12,* 169-178.

Houghton, J., Bronicki, G.J.B., & Guess, D. (1987). Opportunities to express preferences and make choices among students with severe disabilities in classroom settings. *Journal of The Association for Persons with Severe Handicaps, 12,* 18-27.

Hughes, C., Harmer, M.L., Killian, D.J., & Niarhos, F. (1995). The effects of multiple-exemplar selfinstructional training of high school students'generalized conversational interactions. *Journal of Applied Behavior Analysis, 28,* 201-218.

Hughes, C., Killian, D.J., & Fischer, G.M. (1996). Validation and assessment of a conversational interaction intervention, *American Journal on Mental Retardation, 100,* 493-509.

Hunt, P., Alwell, M., & Goetz, L. (1991). Establishing conversational exchanges with family and friends: Moving from training to meaningful conversation.

Journal of Special Education, 25, 305-319.

Hunt, P., Alwell, M., Goetz, L., & Sailor, W. (1990). Generalized effects of conversation skill training. *Journal of The Association for Persons with Severe Handicaps, 14,* 250-260.

Hunt, P., Staub, D., Alwell, M., & Goetz, L. (1994). Achievement by all students within the context of cooperative learning groups. *Journal of The Association for Persons with Severe Handicaps, 19,* 290-301.

Johnson, R. (1994). *The Picture Communication Symbols combination book.* Solana Beach, CA: Mayer-Johnson.

Kearney, C.A., Durand, V.M., & Mindell, J.A. (1995). It's not where you live but how you live: Choice and adaptive/maladaptive behavior in persons with severe handicaps. *Journal of Developmentaland Physical Disabilities,7,* 11-24.

Knapcyzk, D.R. (1989). Peer-mediated training of cooperative play between special and regular education students in integrated settings. *Education and Training in Mental Retardation, 24,* 255-264.

Kuder, S.J., & Bryen, D.N. (1993). Conversational topics of staff members and institutionalized individuals with mental retardation. *Mental Retardation, 31,* 148-153.

Lewis, M., Feiring, C., & Brooks-Gunn, J. (1987). The social networks of children with disabilities and without handicaps: A developmental perspective.In S. Landesman, P.M. Vietze, & M.J. Begab (Eds.), *Living arrangements and mental retardation* (pp. 377-400). Washington, DC:American Association on Mental Retardation.

Light, J. (1988). Interactions involving individuals using augmentative and alternative communication systems: State of the art and future directions. *Augmentative and Alternative Communication, 4,* 66-82.

Marcovitch, S., Chasson, L., Ushycky, I., Goldberg, S., & MacGregor, D. (1995). Maternal communication style with developmentally delayed preschoolers. *Journal of Children's Communication Development,17*(2), 23-30.

O'Keefe, B.M., Brown, L., & Schuller, R. (1998). Identification and rankings of communication aid features by five groups. *Augmentative and Alternative Communication, 14,* 37-50.

Peck, C.A. (1985). Increasing opportunities, for social control by children with autism and severe handicaps: Effects on student behavior and perceived classroom climate. *Journal of The Association for Persons with Severe Handicaps, 10,* 183-193.

Rotholz, D., Berdowitz, S., & Burberry, J. (1989). Functionality of two modes of communication in the community for students with developmental disabilities: A comparison of signing and communication boards. *Journal of The Associ-*

270

ation for Persons with Severe Handicaps, 14, 227-233.

Schepis, M.M., & Reid, D.H. (1995). Effects of a voice output communication aid on interactions between support personnel and an individual with multiple disabilities. *Journal of Applied Behavior Analysis,28,* 73-77.

Schepis, M.M., Reid, D.H., & Behrman, M.M. (1996). Acquisition and functional use of voice output communication by persons with profound multiple disabilities. *Behavior Modification, 20,* 451-468.

Williams, L.J., & Downing, J.E. (1998). Membership and belonging in inclusive classrooms: What do middle school students have to say? *Journal of The Association for Persons with Severe Handicaps, 23,* 98-110.

第八章

團隊合作與整合服務

　　每個學生都應該擁有有效的溝通方式，然而責任並不落在任何一個單獨的個人身上。這個任務很艱鉅，有賴眾人的合作。最有效的合作是跨專業的合作模式，參與的人包括了學生、家長、家人、友伴、普通班和特教老師、教師助理、語言治療師、職能治療師、物理治療師、視力專家、聽力專家、定向行動教師、適應體育教師、行政人員、護士及學校心理學家。每個成員都可貢獻獨特的重要訊息，以幫助障礙學生有更好的溝通管道。團隊成員愈多，問題解決之道也愈多，同時每個成員的擔子也就相對的降低。不同經驗背景的成員一起合作固然有其集合眾意的好處，但和諧性不免就可能會成為問題（Bauwens & Hourcade, 1995）。當然，有其利（集合眾意）就有其弊（人多嘴雜、集合不易）（Rainforth, York, & MacDonald, 1992; Villa & Thousand, 1994）。事實上，江格科等人（Giangreco, Edelman, & Nelson, 1998）即認為，問題不在於團隊要有多少人，而在於他們能提供什麼服務給學生。由於團隊的不同成員不免有知識專業重疊之處，與其討論誰應在團隊之內，不如把注意力放在誰可提供需要的服務。

一 傳統抽離式服務的弊端

1、缺乏統整性

　　如果每個專業都固守本位而不管其他人為學生做了什麼，個別學生的教育計畫就會受到危害。每個專業在單獨作業時，都只是把重點放在如何矯正學生的缺點。沒有任何宏觀的藍圖去指引，各自為政的某某服務只依賴本身獨立的評估就決定其服務的目標。於是學生就從班級中被抽離出去，以個別的方式和各種專家進行矯治。個別治療所矯治的技術可以和課堂學習有關，也可以無關。當老師覺得學生的問題遠非其專業及責任所能照顧時，他們常偏好抽離式的服務（Jordan, Kircaali-Iftar, & Diamond, 1993）。對於持有「我單獨就可應付」（I can do it myself）想法的專家而言，要和其他人士一起合作簡直不可思議；然而，團隊合作模式確實有其存在的理由。

　　當學生在教室之外接受專業服務時，不同專家之間及和家長間的溝通就變成相當困難。時間的安排方式，使得專家必須看完一個學生之後立刻再看下一個，這使得訊息的分享

更不容易。當不同的專家在不同的環境中，使用不同的材料，懷抱不同的目的來為同一個學生服務時，想要全面了解學生簡直是難上加難。專業人士之間無法觀察彼此為同一個學生所做的協助，因而也無法從對方學到任何東西。

277

2、沈重的工作量

當專家都被期待以各自為政的工作方式獨立作業時，工作負荷可能十分沈重。假如平日他們都無法緊密的一起工作，他們聚在一起工作的時間必然會十分冗長，因為他們有太多關於目標、進展、治療技術及困難的訊息要交換了。實際上，黎德（Reed, 1993）發現，如果評量團隊使用跨專業整合模式，其所提出的建議就會完整一致，更有效率。

個別成員若獨立為 IEP 撰寫目標及實施評估，所耗費的經歷更多，以此方式所形成的目標與評估結果凌亂、片段，而且可能不是學生最理想的目標。很多筆者所認識的家長常表達對 IEP 的冗長、累贅和不一致感到徬徨，也就是 IEP 經常不是一份完整的計畫。甚至有些專家還為了爭奪 IEP 的主導性而有所爭執，忘記 IEP 的目標是為了學生而存在的事實。

3、錯失教育良機

278

當學生被抽離出普通班級去接受特殊的服務（如語言治療）時，他們就錯過了普通班的教育。很可能他不在時班上正好在上自然科學實驗，錯失的部分很難補救。有可能班上的同學正好有上台報告的機會，那個部分恰巧是障礙生所喜歡參與的。當學生回到原班時，他不只有一種被排除在外的感受，更可惜的是學業上的損失。把學生從原班抽離剝奪了吸收知識的機會，減少接觸教材的次數，失去了理解正規課程的支持。而他從專家所接受的教導可能和課程毫無關係，因此他面對的是一個四分五裂的課程內容。

江格科等人（Giangreco, Dennis, Cloninger, Edelman, & Schattman, 1993）發現，普通班老師對專業人員把學生抽離去治療感到挫折，他們覺得學生的學習受到干擾，而他們擔心學生會趕不上。江格科等人的後續研究（Giangreco, Edelman, & Nelson, 1998）也有類似的發現，普通班老師不認為專業人員對學生的進步有所幫助。家長對於專業服務不在正常課程中實施感到十分不安，特別是低年級的家長（Wesley, Buysse, & Tyndall, 1997）。傾聽團隊成員所關注的事，是整合性服務模式第一件該做的事。

　　專業人員或許會抱怨，如果不把學生從班級中抽離出來，他們 IEP 的目標如何能在備受干擾的教室中完成呢？（Rainforth & York-Barr, 1997）。不過，究竟學生在隔離的環境中有多少學習，從隔離環境類化到其他環境又有多少成效，其實都不肯定（Warren & Yoder, 1994），因此抽離服務的價值很值得再檢討。

279

二　改變會有哪些困難？

　　要改變服務實施的形態並不容易，有些專業人員在受訓時接受了在特殊的抽離情境中進行孤立的技能訓練才是好的想法，就很難接受不是抽離的觀念。當然，學校的組織形態（班級導師主導一切）也是專業人員喜歡獨立作業的原因之一（Janney, Snell, Beers, & Raynes, 1995; Skrtic, 1991; York, Giangreco, Vandercook, & MacDonald, 1992）。不了解究竟整合性服務會帶給學生何種利益是專業人士卻步的主要原因，提供訊息並協助專業人員從不同的角度來看服務方式會使改變較順利。改變需要時間，而了解並掌握一個新的措施需要更久的時間。焦斯及魏爾（Joyce & Weil, 1986）估計任何新措施至少都要實施至十二至十四回合之後，人們才會穩定下

來。然而，教育（特別是特殊教育）領域的問題是沒有充裕的時間讓你去試驗任何新措施。想找到一個速效的萬靈丹對特殊需要的服務是行不通的，要找到有效的介入策略總要有充裕的時間去磨。

280

　　專業人士一定要體認到他們對特殊教育學生的學習具有特殊的貢獻，他們也要認知到團隊成員肯定其貢獻，雖然彼此意見可能不同。如果成員對其所貢獻的覺得不自在，那麼參與團隊可能不怎麼愉快。有些研究發現老師對本身效能的感受與和他人合作的意願有相關（Morrison, Wakefield, Walker, & Solberg, 1994），認為自己效率高的人合作意願也高。這個發現對人員訓練具有重要的啟示。

　　理解到每個團隊成員都想幫助學生會使彼此的歧見不致太傷感情。由於不是只有一種正確的方法，因此對他人的意見保持開放的態度是一個重要的合作技能。團隊成員要互相傾聽以便學習成長，而尊重他人表達意見的權利更是重要。有時妥協是化解歧見之道，也就是說，沒選擇時混合幾種不同的方式也可以考慮。例如，如果家長堅持口語訓練，而專業人員卻主張替代方式，這時就有了衝突。不過，沒有證據說同時訓練口語和替代方式會有什麼不利的結果（DeViveriros & McLaughlin, 1982; Romski & Sevcik, 1992）。實際上，兩者都教也沒什麼不對，只要很自然、又滿足需要，有何不可？

因此，折衷是團隊合作的必然途徑，它也是促進學生學習的
主要動力。

三 合作的絆腳石

1、臨時組合

　　團隊由專業極為不同的人組成，他們之所以在一起就是
為了幫助學生。這個組合可能是臨時編組，成員的流動性極
高。原來的人走了，新的人進來，非常頻繁，受到很多因素
的牽制。這種高流動性使得原來難以合作的團隊雪上加霜。

　　每次什麼人離開然後加入一個新人時，整個團隊的默契
就受到了干擾，又得重新來過。例如，白蘭的教育團隊有八
個成員，花了六個月定期開會才有個團隊的樣子；三個月後，
白蘭準備進入中學，此時她的祖母發現她的團隊幾乎已經全
部改組。這樣的情形在一個學生就學的過程中，一再地發生。
每次發生重組，白蘭的祖母就覺得她有責任讓其他成員進入
狀況，她實在受不了了。有人建議採取所謂「行動計畫」
（Making Action Plans, MAPs）的決策程序，把焦點放在學生
是誰，他的目標及長處，如此就不必再把重擔放在某人身上

（Vandercook, York, & Forest, 1989）。

2、經驗有別

團隊合作的另一個困難是成員間的經驗有別；儘管分享彼此不同的經驗是好的，但經驗不同使得了解別人的觀點都很難。例如，如果教師助理只有特教班的經驗，那麼要他接受在普通班支援特殊學生是難以想像的事。

人們的經驗會左右他們的判斷，因而團隊要完成安置和介入措施的共識確實非常困難。重點是，提供的訊息要切合實際又符合各方的利益。在訊息分享的過程中，不要讓某些成員覺得低人一等。

3、訓練背景有異

教育團隊成員不只是經驗互不相同，他們的教育背景也各不相同。不同的訓練對個人擁有的知識技能及其應用所產生的影響不容忽視（Ferguson & Ryan-Vincek, 1992）。

團隊成員從教育所得的評量、安置、介入等各方面可能是互相矛盾的，我們無法期待人們去了解非其專業訓練所得的知識，由於高等教育學府對於行政人員、教育、專業人員

應如何訓練並無共通的哲學，團員之間的知識技能會很接近的可能性不高。因此，團隊成員只有敞開胸懷去吸收知識並與他人分享。

如果一名語言治療師的訓練以構音、口吃、語言困難為主，而從未學習輔助溝通法，或許他在有指導無口語的學生時會備感吃力。墨非（Murphy, 1997）發現語言治療師對於輔助溝通法通常感到很不自在，特別在器材的設置與維修上。語言治療師寧可說，介入對學生無效，卻不想辦法使介入有效。當訓練不足時，會造成不安的情緒，特別是所有成員都預期語言治療師來擔負所有溝通問題的責任時更是如此。團隊如果可以不必特別在意頭銜、學位、訓練，而傾力合作，這種尷尬的狀況會減少，團隊也會更成功。

有些專業人員被教導去相信學生一定要有某種認知能力才能接受訓練，他們的腳步就會和持相反意見的專業人員和家長不一致。文獻並無證據支持這種延宕教導的看法（Kangas & Lloyd, 1988; Romski & Sevcik, 1988; Zangari, Kangas, & Lloyd, 1988），但很多專業人員還有這個觀念（見第一章）。可以想見，持這種看法的成員在團隊會議中會遭到他人的抵制。

最後，很多語言治療師的訓練並不包括如何和普通班級老師合作（Friend & Cook, 1996），他們全部的訓練與經驗都

是臨床性質；反過來說，普通班老師的經驗中很少有其他成年人在他們的教室中，因此，這樣的事令他們非常不舒服。如果說，有這樣的背景合作不大容易，一點也不奇怪。

4、期待不同

團隊成員對學生的期待不同，也會使團隊的和諧氣氛受到影響，而之所以會有不同的期待，則又和文化背景、宗教信仰、家庭價值、訓練、經驗，以及學生的特質有關。有些人期待學生可以溝通，可以對他人的溝通行為有所回應；然而，有人卻看不到學生行為背後隱藏有溝通的意圖。例如，合作家園中的工作人員很想幫助重度障礙學生馬修學會溝通技巧，然而雖然馬修試圖和周遭的人互動，但這些工作人員卻不知道他的意圖。他看到不想吃的食物，身體會往後退，頭別到一側，臉部露出厭惡的表情。如果給他選擇，他會把手或臉朝前、眼瞪著所要的項目。雖然也向工作人員解說馬修這些行為的意涵，但他們就是不認為這些行為是溝通。他們先入為主地認為馬修是重度障礙者，因此，對於明顯的溝通表示視而未見。而馬修原本應可從溝通輔具中得到助益的，這些工作人員卻從不考慮這樣工作。顯然，不同的期待和觀感會對如何教導溝通產生影響。

　　蘇妥（Soto, 1997）的研究發現，特教老師對學生學習溝通能力的印象，和他們是否有意願去提供及教導 AAC 有關。他們調查了三百一十七名教師，結果發現相信學生可以溝通的老師較願意考慮去採用 AAC。

5、想要掌控局面的需求

　　想要掌控局面是人類的天性，這不僅是人類之所以要溝通的理由，也是專業人員日常工作中的願望。團隊合作的前提之一是互相妥協，也就是不堅持要主控一切。因此，想要主控的需求就會迫使有些人選擇不要合作。事實上多數專業人員都被訓練要去控制局面——去評估學生、診斷問題、執行訓練、評估成效——這些多半是在孤立中完成的（Friend & Cook, 1996），基於在普通教室中協助重度障礙學生有效溝通相當複雜的理由，任何一位專業人員很難有本事、時間和精力單獨挑起所有的責任。

6、時間問題

　　團隊合作最大絆腳石可能是成員的時間不夠（Gallagher, 1997; Ryan & Paterna, 1997; Utley, 1993）。合作需要時間，而

時間是老師的稀有財。要找到時間去試試各種選擇、解決問題、交換心得，有可能極其困難，特別是當學生的組織形態是專業人員各自在不同的辦公室裡各做各的（Friend & Cook, 1996）。成員愈多，共同會商的時間就愈難找到。在中學裡頭，排時間的難度更高，不過，賴恩和帕培納（Ryan & Paterna, 1997）主張團隊成員應克服時間不夠的因素每週開會。

支持融合教育的行政人員要想法子使團隊有時間開會，可以利用早自習、寒暑假、教師進修等時間開會（National Staff Development Council, 1994; Raywid, 1993）。有時，行政人員、代課老師、家長、志工也都可以代為督導班級，讓老師有時間與會。這種建議對老師、學校比較管用，對相關專業人員就幫不上忙了。實際上，傳練和庫克（Friend & Cook, 1996）即提出警告，聲稱相關服務的本質原來就讓成員難有足夠的時間相會。

為了讓有限的時間得到最大的利用，成員就得在集會之間找出方便的方法來互通聲息（Robertson, Haines, Sanche, & Biffart, 1997）。因為尊重彼此的時間也是合作的要件，因此，善用科技可以省時。例如把學生的行為錄影下來，可以方便成員間交換訊息，激盪策略，尋求解答；利用電子郵件可以傳遞通知、報導近況。

另一個有效利用時間的方法是傳遞的訊息必須愈確切愈

好。傳遞時若要表達關切、詢問問題、了解進展，應明確陳
述，而勿模糊其詞（如只說有事商榷），留言（電話或信
箱）明確時，對方給與的回覆也會較確切，因此能節省彼此
的時間。例如，留話不要只說，「老師想見語言治療師」，
而應敘明某某人並未依 IEP 所述使用溝通輔具，請治療師在
某個時間前來觀察學生。治療師於是可以立即用電話約定時
間去了解學生（或老師）的需要。再者，由於治療師對於老
師的擔心已有若干了解，因此在兩人見面前以可稍作計畫，
還可省去許多時間。

287

四 整合性服務團隊合作的優點

　　文獻已明白記載團隊合作的種種優點（Giangreco, Edel-
man, Luiselli, & MacFarland, 1996; Rainforth et al., 1992; Villa &
Thonsand, 1994），責任均分、互給回饋、學習新知、資源共
享、情感支持等都是合作帶來的好處。江格科等人（Giangreco
et al., 1996）發現團隊成員希望更多的協調、更少的服務重
疊、更多他人的意見。也許最重要的是，團隊合作可以提供
學生更有效能的服務計畫。

1、提升專業知能

288

前文曾說過，專業人員的合作對成員本身和學生都互蒙其利（Villa & Thousand, 1994），與其他成人一起工作要有成效往往比和學生工作難度高，也許因為學生的彈性較大，也較不執著於某一方式。教師會抱怨「學生不難，難的是大人！」其來有自。不過，雖然成人會拒絕合作，他們也知道團隊合作會改善他們的溝通技巧，增廣他們的視野，而不用再局限在本行的偏見之中。這些優點應讓能加入的人員了解，其投入的時間、精力將是值得的。

2、改進學生的教育計畫

團隊既是為某個學生而存在，工作就必須更加協調，以提升學生特定能力為目標。團隊合作提供整合服務理應改善學生教育計畫的品質，例如，江格科等人（Giangreco et al., 1996）的研究報告指出，他們運用所謂「佛蒙特團隊合作模式」（Vermont Interdependent Service Team Approach, VIS-TA）之後，團隊成員說，所提供的服務之間較少落差、教導的重複較少、家長的參與較多、服務的內容和方式共識更多。

　　不只是障礙生從團隊服務合作模式中獲益，即使是普通
生也有收穫。專業人員在普通班級中服務時，學生的支援也
變多了。例如，當語言治療師到嘉雯的健康教育課中協助他
和同學的互動時，治療師同時也幫了同組同學的忙。這類的
幫助不只減輕老師工作負擔，也讓老師有更多時間和精力幫
助其他學生。

3、團隊成員平等同濟

　　真正的團隊合作，會泯除成員的地位高低，使得大家的
角色平等，而且尊重每個人的專業和興趣。一個人想要和衷
共濟，協助學生的意願與承諾比他的學經歷、證照資格更重
要。團隊若有普通生，他對障礙生溝通需求的意見重要性並
不下於其他成員，對學生教育計畫的貢獻大小並不全由個人
專業的職務而決定，和成員的熱忱與資源共享的意願有關
（York et al., 1992）。

　　一但成員發現自己是重要的一分子，他們會更自在，更
不保留地為學生的教育計畫付出，使得計畫的執行落實，因
此，成員的自主性對學生教育計畫的正面影響不容小覷。

五 增進學生對普通班的歸屬感

本書的基本前提是重度障礙學生隸屬於同齡的普通班，他們不上特殊班級，卻和普通生一起在普通班裡上課。視個別情況不同，有些學生對班級的歸屬感就比其他人來得強些，然而歸屬感的產生有時也需要他人的協助支持。

重度障礙學生在普通教室裡往往需要更多的支持和服務才能享受一般的教育，其結果是，教室中也許會有教師助理待命支援。雖然這種支持對學生的教育會有好處，但不免使得師生的互動減到最小的地步。或許是出於善意，有些助理會替代教師的職責，於是造成師生互動不足的問題。老師或許會覺得助理唯一存在的理由即是幫助某一個學生。江格科等人（Giangreco et al., 1997）訪談團隊不同的成員，發現助理有時會把重度障礙學生和班上其他人隔離開來，因而使他減少了和老師學生互動的機會。團隊成員應努力防止此種狀況的發生。

教師是團隊成員之一，也是教室中的靈魂人物，他有責任像對待其他同學般地與重度障礙學生互動。研究者發現，教師投入的程度和學生進步的幅度成正比（Giangreco et al.,

1998）。有些老師和障礙生的互動自然輕鬆，但有些人卻需要教導和協助才能扮演這個角色。

協助老師懂得如何和障礙生互動並不複雜也不會花太多時間，無論如何，教師也都最好具備有若干技能（Downing, 1996a）。教師要學會即使你的話引不起學生（正確）的反應也不氣餒，他必須知道學生表現不如預期時如何反應。在和障礙生打交道時，不要透過特教老師或助理，而是直接當面對著學生說話。如果學生沒有反應，教室如有其他成人（如特教老師或助理），這時可進來協助，但後者不必去揣測老師處理學生行為的能力，否則他會隨時都想不當地介入。唯有教師一視同仁對待障礙生，融合教育才可能成功，其他支援者都只有在必要時提供後備的支持。

若支援者擔起全部的責任，普通班教師有可能會減少和障礙生的互動。一旦老師發現學生有人照顧，他有可能就撤除了他的注意力，而只專注在班上其他學生。由於普通班老師也許不喜歡教室中有其他成人在場（Wood, 1997），支持性人員對於他們所提供的支援方式就得格外小心。例如，支持性人員不僅只幫助重度障礙學生，也得協助其他學生。透過和教師一起設計教學和合作教學，也可以避免只提供所有的服務在一人身上。若其他協助者避免不當的介入，普通班教師和障礙生間的關係也會更好。

六 統整性服務

292

　　團隊若無真誠合作，統整性的服務根本不可能做得到。為了達到協助學生的目標，團隊應該遵循若干原則。

1、培養共同的願景

　　「團隊要有效運作，就必須在成員間培養共同的默契，包括對教育、兒童、家庭、未來等的信念、價值和假定。」（Giangreco, Edelman, McFarland, & Luiselli, 1997, p. 341）。如果成員共享同一願景，團隊才有良好的默契。第二章建議使用生態功能評量法，以找出學生日常的需要，這種評量的第一步是為學生找到希望和夢想。「行動計畫」和「人本計畫」（Mount & Zwernick, 1988）可用以協助團隊為學生找到有意義的生涯目標，因而據以形成教育計畫（見表 8-1 的範例）。

　　若團隊成員隊連對於重要的目標都沒有共識，要談整合有如緣木求魚。例如，若有人認為七歲兒童可以說 ba-ba-ba 來表示請求，但有人認為別人輕拍兒童手臂時，他可以轉頭

表 8-1. 小二生<u>書雅</u>的行動計畫過程樣本

293

- **誰是<u>書雅</u>？**
  七歲、好玩、好動、固執、小二、強壯、喜歡電腦、喜歡機構、家人多、蒐集細繩、對很多東西過敏。
- **<u>書雅</u>的目標為何？**
  交朋友、了解別人、表達更好、和別人玩得起來、能把事情做完、能控制脾氣、用更有意義的方式打發時間、學習閱讀。
- **<u>書雅</u>的優勢為何？**
  好惡分明、喜歡探索、能讀一些字、對圖畫有反應、可以從做中學、協調能力佳。
- **不喜歡什麼？**
  獨處、無法表達所要的、無聊、讓討厭他的人照顧、吃對他有害的東西。
- **達成<u>書雅</u>目標所需的支持為何？**
  與同齡同學為伍、朋友、輔助溝通法、懂得如何促進互動的師長、行為管理專家、溝通障礙專家、想協助他的助理、好的作息表。
- **理想的一天應該是怎樣？**
  整天和小二同學在一起、有很多機會可以作選擇和表達自己、視覺輔助、放學後有同伴一起玩、有結構的課後活動（如童軍、練足球）。

IEP 的主目標和次目標

- **主目標：**和他人互動的頻率增加百分之五十，至少交兩個朋友。
- **次目標：**在小組合作學習時，<u>書雅</u>可以用手勢或圖形符號適當地回應同學至少兩個問題，連續十次分組討論都做到。
- **次目標：**在很有興趣的活動中，當<u>書雅</u>需要同學的協助時，他會用合適的方式引起同學的注意，並用圖卡或實物提出清楚的要求，連續兩週每天至少做到一次。

- **主目標：**挫折時表現出自制力，在百分之七十的互動中可以做到。
- **次目標：**在工作中遇到挫折時，他不會尖叫或敲打，而會以手語打出「幫我忙」引起老師注意，十次有九次做到。
- **次目標：**當<u>書雅</u>想向同學要一樣東西，他不會尖叫、踢桌椅，而會用手比或碰觸那個東西，並打出「我要」的手語，十次有七次做到。

面對他人才是更重要的目標，這時，團隊的訓練計畫就顯得不夠劃一。在班上訓練學生反覆說 ba 會干擾到其他同學，因此只能把他抽離教室做此訓練。再者，這項訓練對提升學生的自尊及同儕互動似乎助益不大。

如果訓練某項技能顯得很勉強，而場合又有點造作（如重複說 ba），那麼，這樣的技能很有可能對學生的生活是不太重要的。團隊成員最好從共同的願景出發檢視這種技能，成員可以問些深入的問題，以確定技能的重要性。為什麼成員認為這個技能重要？這個技能可達成什麼作用？它如何幫助學生得到好的結果？有沒有其他更好的方法達到那個目標？或許某成員誤解教導某技能的目的，例如，依據學生的教育計畫，我們要教他說 ba 作為請求拿球的用語，而球是學生很喜歡的事物。這個訓練是下課期間在球場發生的，其他同學也都會聚集。很顯然這項技能因為可以促進與同學的互動，所以是重要的。只有在特定的時機，說 ba 才有它的重要性，而此點未能為某成員們所理解。這就是何以團隊成員的共同願景有助於澄清介入方案裡的措施。

2、以平等共濟的精神擬訂 IEP

一旦團隊成員對學生形成共同的願景，就可以擬訂 IEP，

而每個成員的意見在這過程中都很重要。老師和語言治療師不要各擬一套，江格科等人（Giangreco, Edelman, & Dennis 1991）發現不同專業人員的作為和統整性服務易有所衝突，其中一個問題是成員各寫各的 IEP。團隊是一整體，必須共同為學生擬訂出合宜的目標來。目標不但要融入活動當中，也應當是每個成員平等共濟的產物。團隊應制定技能應如何融入活動中教學，才能讓學生更有效地參與學習。理想的作法是從學生參與教室學習的角度思考應教哪些技能，而不是單獨把技能抽離出來教導（如想向他人請求某事務時即發出某聲音）。許多技能都可融入在一次活動之中。表 8-2 是把技能視為可孤立抽離的角度撰寫的 IEP 目標；表 8-3 則是從統整、整合的觀點撰寫的例子。

3、認識所有的目標

　　或許溝通是某些學生 IEP 中重要的成分，但並非唯一的目標。團隊的所有成員都應認識整個 IEP，而不是只注意到與其專業有關的部分。做得好的話，IEP 應嘗試讓學生在重要的活動中學習，而不是在抽離的情境中教導個別無關的技能。

　　雖然 IEP 中有些目標不屬於個別成員的專長領域，他仍有責任去協助學生去達成所以的目標。再者，IEP 也只反映了

表 8-2. 不是活動本位或不夠整合的 IEP 目標敘寫方式

主目標：提升說話清晰度。
次目標：<u>小吉</u>在發／ㄎ／開頭的字時，百分之七十可以正確發音。
次目標：<u>小吉</u>在發／ㄙ／時，叫他把舌尖頂住上齒齦後方，百分之七十五做得到。

主目標：增進接受性溝通能力。
次目標：<u>小馬</u>可聽從兩個步驟的指令，百分之七十五做得到。
次目標：<u>小馬</u>在以從三張照片中正確指認面前的實物，百分之八十做得到。

主目標：增進發聲能力。
次目標：<u>小娜</u>聽到她的名字時會出聲，百分之六十做得到。
次目標：<u>小娜</u>聽到大的聲音時會出聲，百分之六十做得到。

表 8-3. 整合式活動本位的目標敘寫方式

主目標：在校內活動中，增強開啟與同學的互動達百分之五十似上。
次目標：在分組活動時，<u>小羅</u>會碰觸同學引發注意去取得完成作業所需的材料，十次有八次做得到。
次目標：午休或下課時，<u>小羅</u>會摸同學的手，並展示從家裡帶來的東西，或他的剪貼本，十次有七次做得到。

主目標：在數學和自然時，主動參與分組學習活動，達百分之八十以上。
次目標：<u>小黛</u>會聽同學的指示從籃子中挑出一張彩色紙卡，讓同學解題，十二次中有十次做到。
次目標：<u>小黛</u>會聽同學指示，執行一個步驟的演算，十次有八次做得到。

主目標：一個月當中，每天以適當的方式至少表達六次對人事物的喜好。
次目標：上課前<u>小羅</u>會用目光看著兩個志工之一，請其推輪椅進教室，一週內每節課都做到。
次目標：在戲劇課時，給他工作機會時，<u>小羅</u>會從三個符號中看著其中之一，並依此取得該符號的代表的事物，連著兩週的戲劇課都做到。

學生整體教育方案的一小部分。學生每日參與的活動中有很多也未載明在 IEP 中。江格科等人（Giangreco, Cloninger, & Iverson, 1993）稱呼這些不在 IEP 目標範圍內的活動為「課程寬廣面」。江格科和他的同事認為教師應體認到這個寬廣面，以免窄化學生的教育經驗。若能熟悉學生完整的 IEP，教師和團隊成員也就能夠找到教導重要技能的時機。

4、決斷介入的最關鍵時機

由於普通班教學的步調很快，教學中又涉及許多繁瑣的細節，教師幾乎不可能完全利用每個機會來教導溝通技能。但是，退而求其次，我們仍可以找出最關鍵的機會來實施。團隊成員可以共同找出何時、何地將溝通目標付諸行動。底下的例子即說明團隊合作的益處。

　　高三陶藝課被認為是羅根良好的學習環境，他不會說話，但他會聽。他正在學習使用輔助溝通法中的手語、圖形。他喜歡觀看別人，也喜歡色彩明亮的東西。老師向語言治療師和特教老師說明他的課程所包含的主題，藉以設計介入方案。團隊互相研商要用的圖片，並決定要教他及班上同學什麼手語。他們定出羅根應向同

學問好和回應他人問候的時機。老師同意教他手語，在
手語教導中即可有機會讓<u>羅根</u>回應老師和同學的問題。
團隊決定使用圖片說明取用和歸還材料這個流程圖，<u>曾</u>
<u>同學</u>問他下一步要做什麼時，他可用比手語的方式回
應。

298

　　團隊的成員在不同時間中參與學生的活動，因此每個人
的意見都很重要。讓彼此了解不同的機會是重要的訊息。如
果某刻的焦點是在其他技能訓練時，卻硬要插入溝通訓練也
未免太不自然了。例如，午餐時，某個學生的重點是如何把
食物送入口中好好的咀嚼吞嚥，雖然此刻是社交互動訓練的
良機，但事有本末先後之別。當然，也許家長會主張把進食
的訓練放在家中自個兒訓練，寧可學校教師把心思放在社會
技巧的訓練。表 8-4 至 8-7 舉例說明使用抽離模式和整合模式
的溝通訓練方式，可以藉此看出整合模式有賴團隊合作。

5、了解介入的精髓

　　所有團隊成員都需要認識協助學生有效溝通的最佳策
略。團隊成員應透過討論以充分認識這些策略，否則學生會
對期望不一而感到困惑，家人應就過去效果良好或覺得心安

表 8-4.　一名學前兒童服務模式的兩種方式

・抽離模式

　　星期三上午八點三十分，小傑到語言治療室接受語言治療師的服務。小傑活潑、好奇、很能和人互動。他極重度聽障、兼有智障，在學美國手語時遇到很大的困難。在治療時，和治療師坐在桌前反覆練習手語詞，包括帽子、鞋子、衣服、廁所、遊戲、跳等詞。治療師打出這些詞，並要求他模倣。她直接用手引導他打出，做了二十五分鐘，小傑才回去教室。

・統整模式

　　治療師在不同的時間到達學校，包括點心時間、晨會、角落時間、戶外活動等。她鼓勵同學使用手勢、臉部表情和少許手語，來邀請小傑參與遊戲和分享玩具。她向同學說明怎樣用實物來吸引小傑的注意力，或了解他想不想和他們玩。有時，她教班上同學晨會歌詞中的部分手語，同學都很有興趣去學動物、數學、顏色等手語。治療師鼓勵小傑使用手勢、臉部表情、實物，以及手語來溝通。

的策略提供給團隊參考。假如家人無法或不願用某種方式來和學生互動，必須告知團隊所有成員。例如，某家庭不喜歡其子弟使用語音溝通板，寧可和他使用口語，而任其使用自然手勢和臉部表情。明白此點之後，團隊即可向家人保證鼓勵學生使用家人偏好的溝通模式，但也會教學生使用輔具，以便在校更清楚地表達。家人的需求和願望受到重視，同時也讓學生有另一種溝通模式。

表 8-5. 一名小學生服務模式的兩種方式

・**抽離模式**

　　星期二上午十點四十五分，語言治療師走進小五教室，然後帶走小美到另一個房間內練習語言技巧，共三十分鐘。在小房間裡，他們把圖片排順序、指認圖片和實物。然後小美被帶回教室，她想參加活動，可是已進行了一大半。治療師沒跟老師說她在治療室裡的情形，因為下一個小朋友已經在等了。

・**統整模式**

　　支持小美的治療師會在不同的時間進入小五教室，好了解她在不同活動中的情形，包括：語文、下課、自然、午休等。治療師會觀察她和老師、同學互動的情形，檢視不同老師所作的紀錄，判斷她是否需要圖卡或實物輔具。她會以小美小組成員的身分和她一起學習，她協助建立小美引起注意的適當行為（碰觸別人的手），教她對別人回應（用臉部表情、手勢、使用圖卡）。小組其他同學需要協助時，治療師也會伸出援手。不同的活動裡的社會溝通需求會讓治療師決定她應如何介入。治療師直接在小五教室裡利用不同的活動來教小美所需要的技能。

七　齊一步調

　　如果團隊成員用不同方式和學生互動，又有不同的期待標準，學生肯定會不知所措。雖然這些學生被貼上特殊的標籤，但從作者的經驗來看，大多數重度障礙學生都可以分辨出對待不同人的方式。例如，學生知道如果他只是等待而不

表 8-6.　一名國中生服務模式的兩種方式

・**抽離模式**

　　小琳每週兩次到治療室接受語言治療，她不上班上的語文課而來治療室報到，一對一來學習打招呼的方式（揮手），也學習被叫到名字時會發聲反應。教導的方式是角色扮演及反覆練習。

・**統整模式**

　　治療師到國二語文課教室來協助她參與課堂學習，有時助理會留下來看治療師怎樣和小琳工作，有時助理會去協助其他同學。如果正在進行的是講授、全班討論或自習，治療師就幫小琳準備、整理圖片／照片符號。她會提醒小琳用這些符號（去開啟互動、表示意見、請求協助），也會示範如何使用。她和小琳預先練習待會兒要進行的活動。例如，讀完伊莉莎白時代的一首詩之後，學生可以獨立作業，或組成小組，討論作者的涵義。通常有些學生都想和小琳一組，因為她有治療師的幫忙。一位同學重新朗讀詩，然後他們就討論詩的含意。他們問小琳的意見，或是告訴她他們的想法，小琳可以使用句卡如「還不錯」、「我喜歡」、「不好」來回應，她也可以用聳聳肩來表示她不知道。同學們寫下分析的結果，並附上插圖，小琳的任務是去找出適當的圖片和顏色。她用「你能幫我嗎？」的符號請同學協助她從雜誌上剪下圖片；她用的是電動的剪刀。

反應，某個成員就會提示線索，那麼，他一定就會等著不反應。有些學生知道哪些行為一定會引發某個成人的負面反應，如此，他只會在這個成人之外的大人面前表現出該行為。對用心良苦的成員而言，這有時是一件殘忍的事。例如，作者就知道有個學生，他不想完成工作只想呆坐時，他對某些師長會吐痰，他對其他人就不會。每次他對這些老師吐痰時，

表 8-7.　一名高中生服務模式的兩種方式

·抽離模式

小西，高二生，不上西班牙語課，都要到治療室報到，一週兩次，每次四十分鐘。小西全盲，只能發出一些聲音。在治療室裡，他們練習發出某些聲音，像是媽媽的／ㄇ／、耶穌的／一／。助理陪小西到治療室，這段期間他就只是坐在那兒看。

·統整模式

治療師每週兩次到小西的西班牙語班上來，每週一開始，小西就從家裡帶來熟悉的事物，老師會把這些東西的詞彙融入課程裡，同學們就會把這些字拿來造句。他們會用西班牙話要小西去找出這些項目，幾個同學擔任他的小組夥伴，他們先搭他的肩，說「嗨」，然後用西班牙話說出他們的名字，接著他們說出一個西班牙字，要他拿出那個東西來。治療師對他們和小西的互動方式提供意見，也盯著他們學西班牙語，並協助小西養成合適的反應方式。小西喜歡聽西班牙話，和很多同學都有互動的機會，也學習認識這些人，並學習當有人跟他說話時會把臉朝向他。有時同學會學西班牙歌曲，小西把這些歌錄下來，然後播放給同學聽。同學在唱歌時，鼓勵他跟著哼出來，一週當中有一天助理跟著治療師學，另一天他就去協助其他同學。

他們就會很生氣地說「你再這樣，我就不幫你了」，因而增強吐痰的動作。其他成人則忽視他，但在活動一開始時即強調他不想做時可以用什麼方式表示（如在語言溝通板上按鍵表示「我累了」、「我想休息」），後一種作法減少了學生不良舉動的次數。

當然，每個學生對不同的成人都有特殊的好惡感，在協助學生增進表達力時，我們不能忽略掉學生有可能說出我們

不願聽的話（「我不喜歡你」），引導式溝通法的使用者已有紀錄顯示表現此點（Biklen, 1993; Biklen & Duchan, 1994）。尊重學生的好惡相當重要，也因此才能促進有效的互動。我們無法永遠如其所願，但只要情況允許，學生的好惡應得到尊重。

303

八 摘要

團隊所有成員都應為學生的教育方案負責，又由於溝通能力是學習的關鍵，團隊所有成員都要在促進他的接受和表達能力上扮演積極的角色。這裡所說的成員，不僅止於專業人員，還包括所有照顧和關心學生的人。合作式的團隊服務不只有助於學生，對參與者也都有好處。一旦每個人都有付出，也認識到整個方案的目標，那麼團隊就能更有效地運用有限的資源，充分掌握住每個學習機會。

團隊的成功與否，端視成員的付出、投入與勤奮。把焦點集中在學生身上，而不以成員的利益為主要考量，如此才能創造出真正合作的契機。

九 參考書目

304

Bauwens, J., & Hourcade, J.J. (1995). *Cooperative teaching: Rebuilding the schoolhouse for all students.* Austin, TX: PRO-ED.

Biklen, D. (1993). *Communication unbound.* New York: Teachers College Press.

Biklen, D,. & Duchan, J.F. (1994). " 'I am intelligent' ": The social construction of mental retardation. *Journal of The Association for Persons with Severe Handicaps, 19,* 173-184.

DeViveriros, E.C., & McLaughlin, T.F. (1982). Effects of manual sign use on the expressive language of four hearing kindergarten children. *Sign Language Studies, 35,* 169-177.

Downing, J.E. (1996a). *Assessing the school-age student with dual sensory and multiple impairments (age 6-15).* Columbus, OH: Great Lakes Area Regional Center on Deaf-Blindness.

Downing, J.E. (1996b). *Including students with severe and multiple disabilities in typical classrooms: Practical strategies for teachers.*Baltimore: Paul H. Brookes Publishing Co.

Ferguson, D.L., & Ryan-Vincek, S. (1992). Problems with teaming in special education: From the technical solutions to reflective practice. *Journal of Learning about Learning, 5*(1), 66-81.

Friend, M., & Cook, L. (1996). *Interactions: Collaboration skills for school professionals* (2nd ed.). White Plains, NY: Longman.

Gallagher, P.A. (1997). Teachers and inclusion: Perspectives on changing roles. *Topics in Early Childhood Special Educating, 17,* 363-386.

Giangreco, M.F., Cloninger, C.J., & Iverson, V.S. (1993). *Choosing outcomes and accommodations for children (COACH): A guide to educational planning for students with disabilities* (2nd ed.). Baltimore: Paul H.Brookes Publishing Co.

Giangreco, M.F., Dennis, R., Cloninger, C., Edelman, S., & Sschattman, R. (1993). "I've counted Jon" : Transformational experiences of teachers educating students with disabilities. *Exceptional Childrem, 59,*359-372.

Giangreco, M.F., Edelman, S., & Dennis, R. (1991). Common professional practices that interfere with the integrated delivery of related services. *Remedial and Special Education, 12*(2), 16-24.

Giangreco, M.F., Edelman, S.W., Luiselli, T.E., & MacFarland, S.Z.C.(1996). Support service decision making for students with multiple service needs: Evaluative data. *Journal of The Association for Persons with Severe Handicaps, 21,* 135-144.

Giangreco, M.F., Edelman, S.W., Luiselli, T.E., & MacFarland, S.Z.C. (1997). Helping or hovering? Effects of instructional assistant proximity on students with disabilities. *Exceptional Children, 64,* 7-17.

Giangreco, M.F., Edelman, S.W., MacFarland, S.Z.C. & Luiselli T.E. (1997). Attitudes about educational and related service provision for students with deafblindness and multiple disabilities. *Exceptional Children,63,* 329-342.

Giangreco, M.F., Edelman, S.W., & Nelson, C. (1998). Impact of planning for support services on students who are deaf-blind. *Journal of Visual Impairments and Blindness, 92*(1), 18-29.

Janney, R.E., Snell, M.E., Beers, M.K., & Raynes, M. (1995). Integrating students with moderate and severe disabilities into general education classes.*Exceptional Children, 61,* 425-439.

Jordan, A., Kircaali-Iftar, C., & Diamond, C.T.P. (1993). Who has a problem, the student or the teacher? Differences in teacher beliefs about their work with at risk and integrated exceptional students.*International Journal of Disabilities, Development, and Education,40,* 45-62.

Joyce, B., & Weil, M. (1986). *Models of teaching.* Needham Heights,MA: Allyn & Bacon.

Kangas, K.A., & Lloyd, L.L. (1988). Early cognitive skills as prerequisites to augmentative and alternative communication use: What are we waiting for? *Augmentative and Alternative Communication, 4,*211-221.

Morrison, G., Wakefield, P., Walker, D., & Solberg, S. (1994). Teacher preferences for collaborative relationships: Relationship to efficacy for teaching in prevention-related domains. *Psychology in the Schools,31,* 221-231.

Mount, B., & Zwernick, K. (1988). *It's never too early, it's never too late: An overview of personal futures planning.* St. Paul, MN: Governor's Planning Council on Develpment Disabilities.

Murphy, J. (1997). Direct work with adults who use AAC: Comparison of attitudes and activities of speech and language therapists and non-speech an dlanguage therapists. *Augmentative and Alternative Communication,13,* 92-98.

National Staff Development Council. (1994, April). Finding time for reform. *School Team Innovator, 8.*

Rainforth, B., York, J., & Macdonald, C. (1992). *Collaborative teams for students with severe disabilities: Integrating therapy and educational services.* Baltimore: Paul H. Brookes Publishing Co.

305

Rainforth, B., & York-Barr, J. (1997). Collaborative teams for students with severe disabilities: Integrating therapy and educational services (2nd ed.). Baltimore: Paul H. Brookes Publishing Co.

Raywid, M.A. (1993). Finding time for collaboration. *Educational Leadership, 51* (1), 30-31.

Reed, M.L. (1993). The revised arena format (RAF): Adaptations of transdisciplinary evaluation procedures for young preschool children.*Education and Treatment of Children, 16,* 198-205.

Robertson, G., Haines, L.P., Sanche, R., & Biffart, W. (1997). Positive change through computer networking. *Teaching Exceptional Children,29*(6), 22-31.

Romski, M.A., & Sevcik, R.A. (1988). Augmentative and alternative communication systems: Considerations for individuals with severe intellectual disabilities. *Augmentative and Alternative Communication, 4,*83-93.

Romski, M.A., & Sevcik, R.A. (1992). Developing augmented language in children with severe mental retardation. In S.F. Warren & J. Reichle (Series& Vol. Eds.), *Communication and language series: Vol. 1. Causes and effects in communication and language intervention* (pp. 113-130). Baltimore: Paul H. Brookes Publishing Co.

Ryan, S., & Paterna, L. (1997). Junior high can be inclusive: Using natural supports and cooperative learning. *Teaching Exceptional Children,30*(2), 36-41.

Skrtic, T.M. (1991). *Behind special education: A critical analysis of professional culture and school organization.* Denver, CO: Love.

Soto, G. (1997). Special education teacher attitudes toward AAC: Preliminary survey. *Augmentative and Alternative Communication, 13,* 186-197.

Utley, B.L. (1993). Facilitating and meansuring the team process within inclusive educationl settings. *Clinics in Communication Disorders,3*(2), 71-85.

Vandercook, T., York, J., & Forest, M. (1989). The McGill action planning system (MAPs): A strategy for building the vision. *Journal of The Association for Persons with Severe Handicaps, 14,* 205-215.

Villa, R.A., & Thousand, J.S. (1994). One divided by two or more: Redefining the role of a cooperative education team. In J.S. Thousand, R.A. Villa, & A.I. Nevin (Eds.), *Creativity and collaborative learning: A practical guide to empowering students and teachers* (pp.79-101). Baltimore: Paul H. Brookes Publishing Co.

Warren, S.F., & Yoder, D.J. (1994). Communication and language intervention: Why a constructivist approach is insufficient, *Journal of Special Education, 28,* 248-258.

Wesley, P.W., Buysse, V., & Tyndall, S. (1997). Family and professional perspectives on early intervention: An exploration using focus groups.*Topics in Early*

Childhood Special Educating, 17, 435-456.

Wood, M. (1997). Whose job is it anyway? Educational roles in inclusion. *Exceptional Children, 64,* 181-195.

York, J., Giangreco, M.F., Vandercook, T., & Macdonald, C. (1992).Integrating support personnel in the inclusive classroom. In S. Stainback & W.Stainback (Eds.), *Curriculum considerations in inclusive classrooms:Facilitating learning for all students* (pp. 101-116). Baltimore: Paul H. Brookes Publishing Co.

Zangari, C., Kangas, K,. & Lloyd, L. (1988). Augmentative and alternative communication: A field in transition. *Augmentative and Alternative Communication, 4,* 60-65.

第九章

常見的問題答客問

　　本章的目的在於探討使用替代式溝通法可能產生的困難。作者親自經歷的特定狀況在此呈現，並提供可行的建議，對施予服務的人員或許會有些助益。

311

　　每個重度障礙學生都是與眾不同的個體，各有各的經驗、技巧、興趣、需求及期望，因此有些人儘管診斷相同，但對甲有效的方法未必對乙有效。也因此，以下的建議也僅只是建議，或許不完全適用於某生，但總也可以讓團隊有所參考。

　　第一問：家長不喜歡讓學生使用溝通輔具，深恐輔具會替代說話，然而他們的學生確實沒有口語，急需溝通的替代方案。我們可以做些什麼？（第一章）

　　答：家人（甚至是團隊成員）並不完全了解溝通輔具的用意。很多人想當然爾就推斷說輔具會替代甚至是阻礙了口語的發展，結果是並非所有成員對輔具都有極高的期待。又由於使用輔具的人少，人們便覺得學生使用身體外部的器具來溝通相當無法接受，總認為難以學習，沒有必要，難以負擔，甚至干擾家人作息（Hourcade, Parette, & Huer, 1997）。家人想要融入主流社會的期待，可能會強過讓學生有溝通出口的考慮。而家人會希望學生使用語言來溝通，也常出於使學生看起來正常、讓人接納的念頭，此種期望既非不切實際

也不難理解，團隊成員可以全力去支持家人想融入的期待。

團隊成員需要事實來輔助他們的說法，其中最重要的資訊即溝通輔具確實可以支持口語的發展且不妨礙他的發展，這個訊息應和家人及團隊成員分享（Beukelman, 1987; Clarke, Remington, & Light, 1986; Cregan, 1993; Romski & Sevcik, 1992）。重度障礙學生的師長有必要認識，溝通輔具對沒有口語或口語不清的學生是有效的溝通方式，可以協助學生與人互動，同時助長口語的發展。假如家人或團隊成員偏好口語的溝通方式，他們的要求應得到尊重。大部分溝通輔具的使用者也都期望更自然的溝通（Murphy, Markova, Moodie, Scott, & Bon, 1995; Smith-Lewis & Ford, 1987），即使如此，教育人員也應設法強調輔具有可以促進口語的功效，假如家人明乎此理，他們就會轉而支持輔具了。服務提供者必須了解，他們並未放棄口語，相反的，他們是協助學生溝通，以防止挫折的產生。這個目的應該是所有關切者都會舉雙手贊成的。

第二問：普通班級的步調很快，身為教師，我並不認為我有時間來幫助學生增進其溝通技能。我怎樣做，才能兼顧學生學習溝通的需求以及照顧及班上其他同學？（第二章）

答：普通班的步調的確比特殊班快，刺激量也大，對於

要花更多時間來消化訊息的學生而言，也未必都是壞事。老師們應體認，對該名學生來說，要在所有事項上都跟得上其他同學並非主要目的；在一項活動中側重某些部分，其他部分放輕鬆，或許才是好的因應之道。了解教室中最易產生溝通的時機（見第三章）應有助於教師的教學計畫。

313

　　例如，高二陶藝課中，學生在學期中做多項作品，重度障礙學生的目標顯然會不同於其他同學，教師不應以犧牲其他重要技能（如溝通）為代價，只為了訓練某些特定的技能。重點不必特地放任活動（如製作陶藝品）之上，反倒是可以著重尋求協助（藉由臉部表情、使用合適的物品）、表達對同學作品的看法（透過臉部表情、指著文字或圖示的意見如「很不錯」、「好酷」）、決定何種設計的樣式（透過手指或注視選項）、要求同學觀賞自己的作品（藉由發聲、手指作品）。

　　底下也顯示以障礙生的個別需要為目標而非一味依循全班的步調的另一個例子。在學前班級中，學生可以選一首歌，然後唱歌及律動。美麗是個重度多障生，每日也可以選一首自己喜歡的歌曲，每天做這個選擇對她而言相當重要。她不必如其他小朋友一樣得依循特定的形式律動，而是在教師的協助下以她自己的方式擺動即可。在歌曲進行之中，教師常停下來問她是否還要繼續。她一旦使用微笑發聲或揮手等方

式表示意願後，老師便繼續協助她舞動身子。老師這麼做是遵照團隊的決定，即美麗有機會表達她的偏好遠比被動去擺動身子來得要緊。美麗的視障和肢障讓「搖擺」成為不切實際的目標，既然隨著歌曲律動對她而言不是那麼重要，團隊因此認為溝通技能對美麗來說更形重要，至少可以為她贏得某種控制力。

314

第三問：我有一個學生，對自我刺激行為（如摳指頭、敲打頭、揮舞手臂、揉擠眼睛等）比和同學互動的興致來得高昂。我如何阻止他這些行為，而引發他對人感到興趣？（第四章）

答：老師可以先想法子去了解這類行為的原因，是什麼導致學生去自我刺激？所有的行為都有目的（Donnellan, Mirenda, Mesaros, & Fassbender, 1984; Reichle & Wacker, 1993），知道了動機之後，團隊便可找尋方法來替代這種行動，用較合宜的行為來滿足學生的需要，以及防止干擾正常的學習。

自我刺激的常見的誘因是無聊，自我刺激可以娛樂學生，因此誘因很大。很多人在感覺無聊時，就會撥弄頭髮、抖腿、轉筆、折迴紋針等。和他人互動通常會紓緩這類行為的需要，但並不永遠如此。之前曾提示過，揣測學生藉由這類行為想表達的企圖，可以讓老師把焦點放在問題的解決上

頭。例如，一旦老師察覺學生所要表達的是說他很無聊，那麼老師的責任便是想法子去讓學生有事做。不顧他的需求，只會加強他這種不當的行為。

通常有普通生為伍或與之互動可以消滅這類行為，李及歐登（Lee & Odom, 1996）發現，只要同伴被教會如何與他們互動的技巧，小學的自閉症和其他障礙生會減少自我刺激。同樣的，勞得與何普金（Lord & Hopkins, 1986）也探討了自閉症學生的固著行為和與普通生間互動的關聯。其他的研究也有相同的結果（Brusca, Nieminen, Carter, & Repp, 1989; Donnellan, Anderson, & Mesaros, 1984; Durand & Carr, 1991; Wacker et al., 1990），和很有反應的同伴交往具有很大的刺激性，因而可以減低自我刺激行為的驅力。由於普通學生的數目遠超過成人，讓他們與障礙生互動可以說是極有助益的事。

自我刺激也可能表示逃避不愉快或不具酬賞性質的活動（Durand & Carr, 1987; Wacker et al., 1990）。學生或許發現自我刺激行為可以得到大人更多的注意，一旦行為得到增強，他的頻率就會增加。只要學生藉由自我刺激就可逃避工作，這個行為就受到增強。了解學生想逃避工作的動機即可解決該一問題行為。例如，這個活動是否太無趣、太難、太簡單，或和現實生活差距太大？活動可不可以改一改？活動的某部

315

分可否變動？學生在活動中有無選擇性？學生是否被教會使用其他方式來表示想中止活動？

　　如果學生的活動機會獲得注意，那麼在他沒有自我刺激時，就應給與更多的注意。同時，老師應設法使他有替代方式來贏得注意。

　　第四問：在我教的三年級班上，有一個學生會像鸚鵡一樣地仿說我的話，譬如，假如我說「拿出書本來」，他就重複說「拿出書本來」或「書本來」，讓人覺得很挫折。我該如何是好？（第四章）

　　答：「鸚鵡式的仿說」是不符慣例的說話行為，但它仍有它的功能。實際上，有些研究人員曾認為它具有某種功能（McEvoy, Loveland, & Landry, 1998; Prizant & Duchan, 1981; Schuler & Prizant, 1985），譬如：維持對話、表示理解、降低壓力、用以獲得想要的事物。除了有這些特定的功能外，有人還認為它有助於較合常軌的說話發展（Prizant, 1983; Schuler, 1979）。果真如此，鸚鵡式仿說就不一定要去禁止。

　　處理這種行為的第一步即是詳細記載這項行為發生的場合，功能分析可以讓我們知道行為背後的目的（Donnellan et al., 1984; Durant & Crimmins, 1987）。一旦確定了以後，行動的計畫便可應用。

假如學生在聽不懂老師的意思時便會有仿說產生，老師可使用圖片或照片來澄清自己的意思。老師也可使用實物和手勢，並鼓勵學生也使用相同的方法來表達。

學生的目的是贏取注意力，那麼老師可教學生使用其他簡易有效的方法，例如，舉手或使用語音板。

如果學生是為了排解無聊，那麼老師就得分析學生的活動，看他們是否有興趣。有沒有辦法提高學生的主導性（如可以決定使用什麼材料、進行的步驟、如何參考、活動的地點等）？主導性提高之後是否可以促進學生參與活動的興趣？

學生也可能藉由仿說來持續與他人的互動（Reichle, 1991），既然這個目的是好的，老師就應協助他找到其他方法來達成（如透過圖片或照片）。顯然，學生之所以會有仿說的行為具有各種不同的原因，只有分析了解後才能找到適切的溝通替代方案。

第五問：如果學生拒絕使用溝通輔具，老師應該怎麼辦？（第四及五章）

答：如果學生不願使用溝通輔具，原因可能是它作用不大，要不然就是無法滿足學生的需要，老師因而必須重新評估學生溝通的機會。或許他們需要製造各種溝通的情境來刺

激學生，或許他們應創造出有利於學生應用輔具的環境（Re-ichle, 1997）。例如，重度障礙學生湯姆就不喜歡使用黑白圖形符號的溝通板來開啟與人的互動，之後換成有滑稽臉部表情圖片的語音溝通板，出來的聲音是好玩的話語，如「真好玩」；可能他喜歡那個聲音，也有可能是他喜歡看到人們聽到那個聲音的反應，無論如何，湯姆開始使用輔具來和人互動，同學也學到了當湯姆使用這句話時，就問他問題。

　　儘管學生有使用輔具的肢動能力，也有溝通的需求，但由於不知道如何操作，所以也未必使用輔具。另一個不用的原因是，或許學生覺得輔具比不上其他溝通方式好用。之前說過，輔具使用者經常偏好非輔具的溝通法，例如：說話、臉部表情及姿勢動作等（Schubert, 1997; Smith-Lewis & Ford, 1987）。老師們仍有必要再評估他們協助學生使用溝通輔具的策略。該團隊所蒐集到的資料是否有進步，若沒有進步就表示介入方式要調整。團隊應再研議更合適、有效的介入方法。團隊有人有辦法讓學生了解溝通輔具的優點，有些人則沒這個本事。協助成功的話，學生就會自發地去使用。團隊或員工之間要充分溝通，以齊一步調。

　　最後，問題也有可能是出在輔具本身，可能不好操作，可能超出學生肢動能力。例如：輔具可能是一本溝通簿，翻頁的工作很重要，但如果學生的手操作能力不佳，就會覺得

使用這本簿子太吃力。其他可能性是：符號太難、學生不懂、符號不夠大或者配置凌亂，不易理解。老師可多試幾種符號和配置方式，以取得最好的效果。老師應盡量讓學生對使用什麼符號以及符號如何呈現有更大的主導性。

319

第六問：學生已學會開啟對話及回應他人，不過，要持續互動會有困難。我怎樣做才能使他維持對話？（第五章）

答：想教導學生維持對話是很難的工作，特別是面對只學會表達要求的學生時（Reichle, 1991）。學生在需求表達了之後，他通常就不覺得有繼續互動的理由。為了誘導他去和人正常交談，教師應讓學生有很多和人對話的機會，他要有和不同的人在不同的場合中對話的各種練習。對話夥伴也要很有回應，例如：問問題、有夠長的候答時間、提供視覺線索、盡量引發對話的動機。

要使障礙生了解對話是一來一往的過程，絕非只是提出要求而已（Light & Binger, 1998），老師可藉由學些特殊的技巧來教學生認識此點。例如讓他和一兩位普通生互動，然後在旁提示線索，一旦學生掌握住持續對話的要領後即逐漸撤走提示。

在教導維持對話之上，老師應謹記，對話之所以能持續是因為話題是對話雙方都感到興趣的。結果令人意想不到的

實驗以及有趣的電玩遊戲都是對話的素材，班上同學或家人活動的相片也是對話的基礎，老師的責任便是提供豐富的素材誘導重度障礙學生發展出溝通技能，同學間的共同經驗更是對話不可或缺的要素（見第七章）。

320

只有提出要求是很難培養出好的對話能力，這時師長的任務是鼓勵學生發展出更多的溝通功能（見第五章）。我們可以教導普通生不要只是把障礙生的話都當成是提出要求，如此方能誘導出各式各樣的功能。舉例來說，假使學生對某物有興趣，他身旁的人就可問他：「你正在看什麼？」，候答，之後便可追問：「這個是你喜歡的嗎？」或是給點意見：「我也有一個這種東西。很棒吧？」假如學生當真要這個東西，老師可引導他使用更確切的溝通行為（如「想要」的符號）。此外，對話夥伴可在有提示的情境下，設法讓障礙生有機會參與持久的對話。例如，韓特等人（Hunt, Alwell, & Goetz, 1991）教導二至四年級的學生使用對話簿來維持對話，障礙生和普通生學生使用對話簿去選擇話題、詢問問題、表達意見。回應者在回答之後，可再以問話接續。這種結構化的方法應用了多種暗示，如：手勢、口頭暗示、直接的口頭指導，以及身體協助等。這個研究中的三位障礙生在輪流發言的能力上有很明顯的進步。不過，這個能力沒有類化到研究外的場合，顯示對話夥伴的訓練也相當重要。

第七問：我教的一位學生是「引導式溝通法」（facilitated communication, 簡稱FC）的使用者，但是沒人曉得該生或引導者是否真的有所溝通。你的看法怎樣？（第五章）

答：使用得宜的話，FC是結合了身體與情緒支持，高度期望，以及系統褪除的技巧，以協助障礙人士獲得有效的溝通。FC 的文獻資料不算少（Biklen, 1990, 1993; Biklen, Saha, & Kliewer, 1995; Biklen & Schubert, 1991; Cardinal, Hanson, & Wakeham, 1996; Salomon, Weiss, Wagner, & Bauman, 1996）。許多自閉症和其他障礙的患者以由此種計畫周詳的程序中獲益（Biklen & Duchan, 1994; Crossley, 1992; Janzen-Wilde, Duchan, & Higginbotham, 1995）。如同其他溝通輔具，在使用 FC 時，學生用手比符號（字母、字、圖形、實物）來表達，引導者的角色是協助學生有效地執行動作；必要時，引導者固定住學生的手、臂，提供必要的阻抗力，幫助學生把手移離符號處，阻止重複性的動作，引導者和被引導者必須共同適應一段很長的時間，使用得當的話，引導者可以逐漸撤離他的支持，而讓學生獨立溝通（Biklen, 1993; Crossley & Remington-Gurney, 1992）。

當然，如果認識不足或學習不夠透徹，任何介入的技術都有可能被誤用。有時，引導者會主動引領學生的手，並過

度影響學生的表達內容。如果是如此，我們就難以判斷訊息有多少是來自學生本人。學生究竟是被動或主控表達的內容就看FC的訓練過程如何進行。引導者（老師、助理、語言治療師、或其他學生）應注意不要變成自己是訊息的製作人。他們應該有耐心、示範輔具的操作法，等候學生來製造訊息，鼓勵學生，提供回饋和身體支持等。

　　FC就如同其他介入策略，都是改進溝通的方法。不幸的是，這個技術所引起的爭論已模糊了事實的真相（Biklen & Duchan, 1994; Green & Shane, 1994; Kaiser, 1994）。這個技術中的特質反映了這個領域中被認為很不錯的優點，例如：期望並鼓勵障礙生能與人溝通都是任何有效介入技術中好的特質，假如FC可以讓學生被當成有反應力的個體對待，這就是一個好的成果（Downing, 1994; Schubert, 1997）。賴特（Light, 1997）認為訊息是由成人和學生共同創造出來的，成人先用幾個字或符號起個頭，再由學生接續。這樣的共同創作會發生，是因為學生的符號與經驗都有限。FC的反對者則是認為，成人承擔過多製造訊息的責任了，然而，這種批評也應該適用於所有缺乏有效溝通法的人士與他人的互動場合。

　　到頭來，我們在互動過程中都彼此受到對方的影響，我們對於對方的認識會左右我們說話的方式和內容，布朗等人（Brown, Gothelf, Guess, & Lehr, 1998）質疑是否有可能在支

322

持極重度人士時而不去影響他們。認清這種影響力但盡量不過度去影響，總比設法毫不影響要來得接近現實。

第八問：我從未得到我想為學生準備的溝通輔具，在無法獲得必要的符號時，我該如何是好？（第六章）

答：優良教師的一個特質是彈性，不管老師的計畫有多麼周詳，有時事情總會出差錯，當老師沒有替代方案時，有做總比沒做好，而無論如何也要想辦法讓學生爭論班上的活動。在教室裡總有一些圖片（牆上的掛圖或毛巾的插畫）或實物可用來作為替代的符號。再說，同學、助理、語言治療師或任何其他人都可以快速的手繪或唾手可得的東西來應急。當然，如果平時就有蒐集舊雜誌或從廣告目錄剪下大量的圖片，這時更派得上用場。電腦圖形庫也非常有用，讓學生有許多圖片選擇可鼓勵學生決定這放在報告、畫作或信函當中。顯示不同表情的圖片也可用以幫助學生表達他對某項活動的感受。

符號數目不足來應付各種場合的需要是個老問題，這個領域中的專業人員不斷想找出能讓所有學生都可理解別人、也讓別人理解的法子。使用溝通輔具的學生對符號的接受性當然不如常人（Light, 1997），教師應盡全力使學生有溝通互動的機會，要領是要有創意，也要夠堅持。例如：想找到一

件能滿足所有溝通需求的輔具，可能比不上找到若干能應付不同活動的輔具。第六章提到安琪在蝙蝠洞中的例子，就足以表明臨場應變的重要性。

第九問：我所任教的普通班級來了一個重度障礙學生，但我從未接受過輔助溝通法的訓練，學校的語言治療師的訓練和經驗都以構音、口吃和口語為主。有哪些資源是我可以運用到的？

答：團隊合作模式的好處之一是可以結合不同背景、知識、經驗的人一起工作，通常語言治療師知道各種輔助溝通法，以及各種溝通輔具對各種學生的利弊得失，也有各廠牌名單及訂購的訊息。大部分廠牌都有其試用期，免得買了不合用又昂貴的器具，只能陳放在櫃子當中，一開始覺得理想的溝通輔具也常因為學生覺得難以使用、沒有效率、或不喜歡用，就束之高閣。

好在目前在輔具的選擇上有許多資源，很多團體在研討會時也會展示各種輔具（例如：加州大學北嶺分校 California State University-Northridge、科技與障礙人士 Technology and Persons with Disabilities、溝通輔具製造商協會 Communication Aid Manufacturers Association、跨越鴻溝 Closing the Gap、國際輔助溝通學會 International Society for Augmentative and Alternative Communication, ISAAC 等）。出席研討會的人士和廠商直接交談，看他們展示輔具如何操作，並獲得親自動手的訓練。有些研習的費用較高，但也有便宜的，推廣溝通輔具的機構團體會釋放各種研究活動的訊息，其中包括國際輔助溝通學會美國分會（USSAAC）、美國聽語學會（American Speech-Language-Hearing Association）。網路是很好的資源，大部分輔助溝通法有關的團體都有在網站上提供訊息，並有網站連結。網站上通常會公布產品的說明、圖像和價格等訊息。本書附錄也提供一份團體和廠商的清單，以供讀者參考。

第十問：我們的團隊沒有時間開會，導致大家的步調不一，我們可以做些什麼？

答：上策自然是大家找出時間來開會，教育工作者都了解，知易行難。專業人員只能盡可能利用時間和其他成員交換意見，隨地均可（Graham, 1998）。即使是同校的團隊都已經覺得相當困難了，何況是在不同校園裡巡迴服務的語言治療師。

團隊成立之初的開會很重要，因為可以釐清重要的工作準則，例如對學生溝通反應力的期望、教導溝通技能的方法、何時要進行溝通的教學，以及個別成員的職責等。如果不這

麼做，會有步調不一的後果。初期的開會可能很耗費時間，
目的是讓成員能習慣彼此，也了解團隊的運作模式（York,
Giangreco, Vandercook, & MacDonald, 1992）。一旦成員對採
用的模式都達成共識，開會就可以很簡短，只討論學生的進
步情形。由於開會對於教育方案的成敗影響極大，行政人員
應盡可能勻出時間來讓成員開會（McLaughlin, 1993）。

　　團隊中至少要有一位成員負責會議的籌畫及方向制定，
會議才可能看到成效。約克等人（York et al., 1992, p.112）提
供以下的建議讓有心但無暇開會的人參考：⑴開會應準時開
始和結束。⑵不同的成員應分任不同職掌，如主持人、記錄
及計時員；而角色應經常替換。⑶會前應有清楚的議程。⑷
議程中的提案應依優先順序排列。

　　如果因為時間不允許，利用錄影帶來交換訊息也可以考
慮，有研究顯示使用錄影帶可以改變某些行為（Fox & West-
ling, 1991; Reamer, Brady, & Hawkins, 1998）。例如：霍斯和
魏士林（Fox & Westling, 1991）發現家長藉由觀看錄影帶就
可以改進他們與重度障礙子女的互動情形。在校內，自信自
己處置方式良好而使學生有進步的教師大可把自己和該生工
作的情況錄影下來，錄影帶可以提供給有疑問或自認為自己
成效不佳的成員觀看。錄影帶很方便，因為成員可利用開暇
觀看並做筆記，再找時間和錄影當事人討論。再者，自覺成

效不佳或對他人建議仍有疑難者，也可把自己的作法錄影下來，讓他人給與意見。一起觀看時，可以用口頭給與建設性的意見，有時也可私下看後用書面給與對方意見。

　　儘管面對面的會議最好，但其他方式的意見交換、詢問、提供回饋、腦力激盪也很有必要，例如：電話及電子郵件也是不錯的方式。某種有效的訊息交換方式對團體合作是不可或缺的要素。

　　第十一問：由於我的訓練背景是語言治療，我可以看出學生即使是輕微的身體動作卻具有溝通的意涵。可惜的是，我沒法說服其他經常和他接觸的人說這是有意的動作。他們認為他在溝通方面的準備度還不夠。我沒法影響他人，因為我一週只來兩次，每次都很短暫，我該怎麼辦？（第八章）

　　答：也許對學生最大的支持即是假定並期望所有的學生都有溝通的潛力，如果連這種最基本的支持都不存在，那麼溝通困難的學生就會受困於學習的機會也被剝奪的窘境。「準備度」的理念（學生準備好了才教溝通的想法）只會拖延教育介入的時機，如果教師堅持這個觀念，學生就會顯現「習得的無助感」（Seligman, 1975），被動、退縮、挫敗、攻擊他人等。私人溝通是極其基本的需求，一旦受到忽略，學生的全人發展便會受到危害（Cook-Gumperz, 1986; Hanson, Gutierrez, Morgan, Brennan, & Zercher, 1997; Vygotsky, 1978）。

顯然訓練服務人員認識學生隱微的溝通行為並據以做出回應是重要的第一步，而為成員示範如何辨識，何時及如何協助學生，通常會有良好的成效。如果在課堂上示範為達成上課的干擾，那麼，可以用錄影帶來觀摩，如此，團隊成員可以更仔細的看，甚至重看，也可筆記介入的策略。成員在觀摩時不必在意說話討論，因為不會干擾學生。不同活動中的溝通教學也可盡量攝影下來，供給同仁參考。

儘管不同成員在判斷學生是否有溝通行為上仍有困難，但也許大家仍可依循影帶的模式把學生帶入溝通的活動中，進行介入。一開始可試驗，再予錄影，再接受他人的回饋。試驗期（如一個月）過後，成員又可以再評估學生的溝通行為。不過，試驗期間的投入很重要，彼此才會有一致性。

溝通行為引而不顯的學生更需要支持度和回應力高的夥伴（Heller, Alberto, & Bowdin, 1995）。如果團隊中沒有人可以承擔這個責任，另覓人選很重要。依法每個學生都有權接受最合適的教育，而有回應的溝通夥伴應該是合適教育中的必要成分。

第十二問：某生的家長不斷要求，希望學生接受更多的直接式語言治療。團隊成員覺得學生在過去已經從同學、普

通班老師、特教老師、助理及語言治療師等不同人士中得到
各種溝通介入的協助。語言治療師更多的直接服務是否有更
大的效果，令人質疑。我們該怎麼和家長溝通？（第八章）

　　答：這個問題常常遇到，反映家長恐懼在普通班裡頭得
不到足夠的教學。當然，量與質是不同的，但很多人還是將
兩者混為一談。家長對增加服務量一直有要求，無論這種服
務是否沒有成效（Giangreco, 1996; Giangreco, Edelman, Mac-
Farland, & Luiselli, 1997）。

　　約克等人（York et al., 1992）提醒說，服務增加未必保證
品質提升，支持性服務增加了，和同儕相處的時間就減少了，
日常上課也受干擾，甚至也會影響到其他需要支持的學生。
家長需要資訊，以充分了解支援性服務（如語言治療）的角
色，有效的服務模式，以及融合的優點。如此，團隊成員即
可幫助父母了解只著重某專業的個別服務可能會失去團隊統
整性的服務。

　　語言治療師的工作是在團隊以齊一步調所提供整體性服
務的一環，目的是給學生最好的教育輔導（Downing & Bailey,
1990）；因此，全體成員對溝通問題都會提供協助，而不只
依靠語言治療師一人。團隊服務模式所提供的溝通介入其實
更直接，因為學生是被一群具有同樣目標的人（老師、同學、
助理、他班的同學）所包圍。語言治療師較特別的職責是確

保學生有適用的溝通輔具，並能與他人互動；但我們不能期望他只靠一週幾小時一對一的訓練就能滿足所有溝通的需求。把這樣的道理解釋給家長聽，讓他們知道團隊的模式其實是增加而非減少學生溝通訓練的服務，這種說明一定會有效果的。就像一個剛入幼稚園小朋友的家長向筆者所說的：「我不擔心她沒有語言治療，因為她隨時都有三十個語言治療師與她為伍──她的同學。」這三十個「語言治療師」會很有效果，雖然一開始，她只有一些簡單的手勢，但一年過去之後，她的手勢減少了，且說話愈來愈像其他同學了。

參考書目

Beukelman, D. (1987). When you have a hammer everything looks like a nail. *Augmentative and Alternative Communication, 3,* 94-96.

Biklen, D. (1990). Communication unbound: Autism and praxis. *Harvard Educational Review, 60,* 291-314.

Biklen, D. (1993). *Communication unbound: How facilitated communication is challenging traditional views of autism and ability/disability.* New York: Teachers College Press.

Biklen, D,. & Duchan, J.F. (1994). "I am intelligent" : The social construction of mental retardation. *Journal of The Association for Persons with Severe Handicaps, 19,* 173-184.

Biklen, D., Saha, N., & Kliewer, C. (1995). How teachers confirm the authorship of facilitated communication. *Journal of The Association for Persons with Severe Handicaps, 20,* 45-56.

Biklen, D., & Schubert, A. (1991). New words: The communication of students with autism. *Remedial and Special Education, 12*(6), 46-57.

Brown, F., Gothelf, C.R., Guess, D., & Lehr, D. (1998). Self-determination for individuals with the most severe disabilities: Moving beyond chimera. *Journal of The Association for Persons with Severe Handicaps, 23,*17-26.

Brusca, R.M., Nieminen, G.S., Carter, R., & Repp, A.C. (1989). The relationship of staff contact and activity to the stereotypy of children with multiple disabilities. *Journal of The Association for Persons with Severe Handicaps, 14,* 127-138.

Cardinal, D.N., Hanson, D., & Wakeham, J. (1996). Investigation of authorship in facilitated communication. *Mental Retardation, 34,*231-242.

Clarke, S., Remington, B., & Light, P. (1986). An evaluation of the relationship between receptive speech skills and expressive signing.*Journal of Applied Behavior Analysis, 19,* 231-239.

Cook-Gumperz, J. (1986). Caught in a web of words: Some considerations on language socialization and language acqusition. In J. Cook-Gumperz, W.Corsaro, & J. Streeck (Eds.), *Children's worlds and children's language* (pp. 37-64). Hawthorne, NY: Mouton de Gruyter.

Cregan, A. (1993). Sigsymbol system in a multimodal approach to speech elicitation: Classroom project involving an adolescent with severe mental retardation. *Augmentative and Alternative Communication, 9,*146-160.

Crossley, R. (1992). Getting the words out: Case studies in facilitated communication training. *Topics in Language Disorders, 12*(4), 46-59.

Crossely, R., & Remington-Gurney, J. (1992). Getting the words out: Facilitated communication training. *Topics in Language Disorders,12*(4), 29-45.

Donnellan, A., Mirenda, P., Mesaros, R., & Fassbender, L. (1984). Analyzing the communicative functions of aberrant behavior. *Journal of The Association for Persons with Severe Handicaps, 9,* 201-212.

Donnellan, A.M., Anderson, J.L., & Mesaros, R.A. (1984). An observational study of stereotypic behavior and proximity related to occurrence of autistic child-family member interactions. *Journal of Autism and Developmental Disabilities, 14,* 205-210.

Downing, J. (1994). Facilitated communication: The Impact on expectations.*Network, 3*(4), 28-30.

Downing, J., & Bailey, B.R. (1990). Sharing the responsibility: Using a transdisciplinary team approach to enhance the learning of students with severe disabilities. *Journal of Educational and Psychological Consultation, 1,* 259-278.

Durand, V.M., & Carr, E.G. (1987). Social influences on "self-stimulatory" behavior: Analysis and treatment application. *Journal of Applied Behavior Analysis, 20,* 119-132.

331

Durand, V.M., & Carr, E.G. (1991). Functional communication training to reduce challenging behavior: Maintenance and application in new settings. *Journal of Applied Behavior Analysis, 24,* 251-264.

Durand, V.M., & Crimmins, D. (1987). Assessment and treatment of psychotic speech in an autistic child. *Journal of Autism and Developmental Disorders, 17,* 17-28.

Fox, L., & Westling, D. (1991). A preliminary evaluation of training parents to use facilitative strategies with their children with profound disabilities. *Journal of The Association for Persons with Severe Handicaps, 16,*168-176.

Giangreco, M.F. (1996). *Vermont interdependent services team approach (VISTA): A guide to coordinating educational support services.* Baltimore: Paul H. Brookes Publishing Co.

Giangreco, M.F., Edelman, S.W., MacFarland, S., & Luiselli T.E. (1997). Attitudes about educational and related service provision for students with deaf-blindness and multiple disabilities. *Exceptional Children,63,* 329-342.

Grahman, A.T. (1998). Finding time to teach. *Teaching Exceptional Children, 30* (4), 46-49.

Green, G., & Shane, H.C. (1994). Science, reason, and facilitated communication. *Journal of The Association for Persons with Severe Handicaps, 19,* 151-172.

Hanson, M.J., Gutierrez, S., Morgan, M., Brennan, E.L., & Zercher, C. (1997). Language, culture, and disability: Interacting influences on preschool inclusion. *Topics in Early Childhood Special Education, 17,*307-336.

Heller, K.W., Alberto, P.A., & Bowdin, J. (1995). Interactions of communication partners and students who are deaf-blind: A mdoel. *Journal of Visual Impairments and Blindness, 89,* 391-401.

Hourcade, J.J., Parette, Jr., H.P., & Huer, M.B. (1997). Family and cultural alert! Considerations in assistive technology assessment. *Teaching Exceptional Children, 30*(1), 4-44.

Hunt, P., Alwell, M., & Goetz, L. (1991). Interacting with peers through conversation turntaking with a communication book adaptation. *Augmentative and Alternative Communication, 7,* 117-126.

Janzen-Wilde, M.L., Duchan, J.F., & Higginbotham, D.J. (1995).Successful use of facilitated communication with an oral child. *Journal of Speech and Hearning Research, 38,* 658-676.

Kaiser, A.P. (1994). The controversy surrounding facilitated communication: Some alternative meanings. *Journal of The Association for Persons with Severe Handicaps, 19,* 187-190.

Lee, S., & Odom, S.L. (1996). The relationship between stereotypic behavior and peer social interaction for children with severe disabilities. *Journal of The As-*

sociation for Persons with Severe Handicaps, 21,88-95.

Light, J. (1997). "Let's go star fishing." Reflections on the contexts of language learning for children who use aided AAC. Augmentative and Alternative Communication, 13, 158-171.

Light, J.C., & Binger, C. (1998). Building communicative competence with individuals who use augmentative and alternative communication.Baltimore: Paul H. Brookes Publishing Co.

Lord, C., & Hopkins, J.M. (1986). The social behavior of autistic children with younger and sameage nonhandicapped peers. Journal of Autism and Developmental Disabilities, 16, 249-262.

McEvoy, R., Loveland, K., & Landry, S. (1988). The functions of immediate echolalia in autistic children: A developmental perspective. Journal of Autism and Developmental Disabilities, 18, 657-668.

McLaughlin, M.W. (1993). What matters most in teachers' workplace conttex. In J.W. Little & M.W. McLaughlin (Eds.), Teachers' work: Individuals, colleagues, and contexts (pp. 79-103). New York: Teachers College Press.

Murphy, J., Markova, I., Moddie, E., Scott, J., & Bon, S. (1995). Augmentative and alternative communication systems used by people with cerebral palsy in Scotland: Demographic survey. Augmentative and Alternative Communication, 11(1), 26-36.

Prizant, B.M. (1983). Language and communication in autism: Toward and understanding of the "whole" of it. Jounal of Speech and Hearning Disorders, 48, 296-307.

Prizant, B.M., & Duchan, J. (1981). The functions of immediate echolalia in autistic children. Jounal of Speech and Hearning Disorders, 46,241-249.

Reamer, R.B., Brady, M.P., & Hawkins, J. (1998). The effects of video self-modeling on parents' interactions with children with developmental disabilities. Education and Training in Mental Retardation and Development Disabilities, 33, 131-143.

Reichle, J, (1991). Developing communicative exchanges. In J. Reichle, J.York, & J. Sigafoos (Eds.), Implementing augmentative and alternative communication: Strategies for learners with severe disabilities (pp.133-156). Baltimore: Paul H. Brookes Publishing Co.

Reichle, J. (1997). Communication intervention with persons who have severe disabilities. Journal of Special Education, 31(1), 110-134.

Reichle, J., Wacker, D.P. (Vol. Eds.). (1993). In S.F. Warren & J. Reichle (Series Eds.) Communication and language intervention series: Vol. 3.Communicative alternatives to challenging behavior. Intgrating functional assessment and intervention strategies. Baltimore: Paul H. Brookes Publishing Co.

333

Romski, M.A., & Sevcik, R.A. (1992). Developing augmented language in children with severe mental retardation. In S.F. Warren & J. Reichle (Series& Vol. Eds.), *Communication and language series: Vol. 1. Causes and effects in communication and language intervention* (pp. 113-130). Baltimore: Paul H. Brookes Publishing Co.

334 Salomon Weiss, M.J., Wagner, S.H., & Bauman, M.L. (1996). A validated case study of facilitated communication, *Mental Retardation, 34,*220-230.

Schubert, A. (1997). "I want to talk like everyone": On the use of multiple means of communication. *Mental Retardation, 35,* 347-354.

Schuler, A.L. (1979). Echolalia: Issues and clinical applications. *Journal of Speech and Hearing Disorders, 44,* 411-434.

Schuler, A.L., & Prizant, B.M. (1985). Echolalia. In E. Schopler & G.Mesibov (Eds.), *Communication problems in autism* (pp. 163-182). New York: Plenum.

Seligman, M. (1975). *Helplessness: On depression, development and death.* San Francisco: W.H. Freeman.

Smith-Lewis, M.R., & Ford, A. (1987). A user's perspective in augmentative communication. *Augmentative and Alternative Communication, 3*(1),12-17.

Vygotsky, L.S. (1978). *Mind in society: The development of higher psychological processes.* Cambridge, MA: Harvard University Press.

Wacker, D.P., Steege, M.W., Northrop, J., Sasso, G., Berg, W., Reimers,T., Cooper, L., Cigrand, K., & Donn, L. (1990). A component analysis of functional communication training across three topographics of severe behavior problems. *Journal of Applied Behavior Analysis, 23,* 417-431.

York, J., Giangreco, M.F., Vandercook, T., & Macdonald, C. (1992). Integrating support personnel in the inclusive classroom. In S. Stainback & W.Stainback (Eds.), *Curriculum considerations in inclusive classrooms:Facilitating learning for all students* (pp. 101-116). Baltimore: Paul H.Brookes Publishing Co.

輔助溝通法廠商或機構名錄

AbleNet, Inc.
1081 10th Avenue, SE
Minneapolis, MN 55415-1312
612-379-0956
800-322-0956
customerservice@notes.ablenetinc.
com

Adaptivation
Post Office Box 626
Ames, IA 50010-0626
800-723-2783

Adaptive Communication Systems,
Inc.
Post Office Box 12440
Pittsburgh, PA 15231
412-264-2288

Attainment Company, Inc.
Post Office Box 930160
Verona, WI 53593-0160
800-327-4269
info@attainment-inc.com
www.attainment-inc.com

Augmentative Communication
News
One Surf Way, Suite #215
Monterey, CA 93940
408-649-3050
sarahblack@aol.com

Box-Talk
Post Office Box 1180
Litchfield, CT 06759
860-567-0107
boxtalk@esslink.com

Linda Burkhart
8503 Rhode Island Avenue
College Park, MD 20740
lindaub13@aol.com

Communication Aid Manufacturers
Association (CAMA)
Post Office Box 1039
Evanston, IL 60204-1039
847-869-5691
cama@northsore.net

336

Communication Devices, Inc.
421 Coeur D'Alene Avenue, Suite 5
Coeur D'Alene, ID 83814-2862
208-765-1259
hollycom@indlink.com

Communication Skill Builders
555 Academic Court
San Antonio, TX 78204
800-228-0752
www.hbtpc.com

Creative Communicating
Post Office Box 3358
Park City, UT 84060
435-645-7737
phei@creative-comm.com

Crestwood Co.
6625 North Sidney Place
Milwaukee, WI 53209
414-352-5678
Crestcomm@aol.com
www.communicationaids.com

Don Johnston, Inc.
1000 North Rand Road
Building #115
Wauconda, IL 60084
800-999-4660
djde@aol.com

Dynavox Systems Inc.
5001 Baum Boulevard
Pittsburgh, PA 15213
800-344-1778
www.dynavoxsys.com

Imaginart
307 Arizona Street
Bisbee, AZ 85603
520-432-5741
imaginart@aol.com

Innocomp
26210 Emery Road, Suite 302
Warrensville Heights, OH 44128-5771
800-382-8622
jerihoff@aol.com

International Society for Augmentative and Alternative Communication (ISAAC)
49 The Donway West, Suite 308
Toronto, Ontario M3C 3M9
CANADA
416-385-0351
isaac_mail@ail.cepp.org

Mayer-Johnson Co.
Post Office Box 1579
Solano Beach, CA 92075-7579
619-550-0084
mayerj@mayer-johnson.com

Prentke Romich Co.
1022 Heyl Road
Wooster, OH 44691-9744
330-262-1984 x257
tlb@prentrom.com

Special Communications
916 West Castillo Drive
Litchfield Park, AZ 85340
602-935-4656
carmussel@inficad.com

TASH International, Inc.
Unit 1, 91 Station Street
Ajax, ON LIS 3H2
CANADA
800-463-5685
tashcan@aol.com

Trace Research and Development
   Center
Room S-151 Waisman Center
University of Wisconsin
Madison, WI 53705-2280
608-263-2237
http://trace.wisc.edu

Words+
40015 Sierra Highway, B-145
Palmdale, CA 93550-2117
800-869-8521
info@words-plus.com

Zygo Industries, Inc.
Post Office Box 1008
Portland, OR 97207-1008
503-684-6006
www.zygo-usa.com

國家圖書館出版品預行編目資料

教導重度障礙學生溝通技能：融合教育實務／
June E. Downing 原作；曾進興譯. -- 初版.
-- 臺北市：心理，2002（民 91）
面；　公分. --（溝通障礙系列；65001）
含參考書目
譯自：Teaching communication skills to
students with severe disabilities
ISBN 978-957-702-506-7（平裝）

1. 特殊教育－教學法　　2. 語言障礙－教育

529.6　　　　　　　　　　　　　　91004735

溝通障礙系列 65001

教導重度障礙學生溝通技能：融合教育實務

作　　者：June E. Downing 等著
譯　　者：曾進興
總 編 輯：林敬堯
發 行 人：洪有義
出 版 者：心理出版社股份有限公司
地　　址：231 新北市新店區光明街 288 號 7 樓
電　　話：(02) 29150566
傳　　真：(02) 29152928
郵撥帳號：19293172　心理出版社股份有限公司
網　　址：http://www.psy.com.tw
電子信箱：psychoco@ms15.hinet.net
駐美代表：Lisa Wu（lisawu99@optonline.net）
排 版 者：辰皓國際出版製作有限公司
印 刷 者：辰皓國際出版製作有限公司
初版一刷：2002 年 4 月
初版六刷：2018 年 2 月
I S B N：978-957-702-506-7
定　　價：新台幣 400 元